제주 숲과 오름
# 치유력

감성치유탐방 20선

| 일러두기 |

- 산림치유 체험을 기록함에 있어 오름을 자연 생태적 관점이 아닌 사람에 의해 만들어가는 독립된 하나의 가정으로 묘사했다. 가정을 꾸리고 있는 세대주는 굼부리(분화구)의 형태에 따라 선비와 부인으로 구분했다. 선비(남성)는 굼부리가 없는 원추형 오름을 의미하고 부인(여성)은 굼부리가 있는 오름을 뜻한다. 오름의 비고는 건물높이로, 오름의 면적은 건물을 둘러싸고 있는 정원으로 표현했다. 오름과 인접해 있는 자연은 이웃시설로, 숲길은 오름과 오름을 이어주는 도로로 묘사했다. 이곳은 다양한 치유인자들을 낳고 키우고 사라지게 하는 과정의 반복이다.
- 치유탐방 실측현황에 표시된 걸은 거리와 시간은 공식적인 거리에 맞춰 걸은 것이 아니기 때문에 실측거리와는 다소 차이가 있다. 그리고 치유탐방코스에 따라 난이도를 상·중·하로 표시한 것은 필자가 실제 탐방하면서 일반적인 수준에서 느낀 어려움의 경중을 감안해 표시한 것이다.
- 원고 내용 가운데 오름의 형태 등 기본적인 현황은 김종철의 《오름나그네》 등의 자료를 참고했다.

# 제주 숲과 오름
# 치유력

글·사진 **한영조**

― 감성치유탐방 20선 ―

헌출판

Prologue

# 제주산림치유는 말한다

사람 사는 세상은 직선 환경에 심하게 노출돼 있어 지나칠 정도로 앞서려는 다툼이 연속이지요. 그렇게 되면 부드러웠던 너와 나의 몸과 마음은 자신도 모르는 사이에 딱딱해져 갑니다.

몸과 마음이 굳어지면 유연성이 떨어지고, 유연성이 떨어지면 판단력이 흐려지고, 판단력이 흐려지면 실수를 범하게 되고, 실수가 잦으면 서서히 병들어갑니다. 스스로 어떻게 살고 있는지조차 모른 채 딱딱한 직선 환경에 파묻혀 허우적대는 것은 오직 한 번밖에 주어지지 않는 이 세상 기회를 헛되게 낭비해버리는 건 아닌지요. 그래서 하루빨리 갇혀 있는 울타리에서 벗어나 딱딱한 몸과 마음을 풀어줄 수 있는 숲과 오름 그곳과 함께할 수 있는 기회를 많이 가지는 것은 어떤지요.

나무 끝자락에서 힘차게 밀어 올리는 생명력을 보고, 수직으로 뻗어가는 나무들과 이야기를 나누고, 숲속 그늘에 피어난 들꽃의 아름다움을 느끼고, 보드라운 흙을 천천히 밟고 걸으며 사색을 하고, 마지막 남은 잎사귀마저 지나가는 바람에 맡겨놓은 수많은 숲과 오름의 생명들과 벗 삼아 딱딱한 몸과 마음을 말랑말랑하게 풀면 어떨까요.

그렇게 되면 정신까지 부드럽고 유연하게 돼 아무리 어려운 일이 닥쳐도 흔들리지 않고 여유를 갖고 대처할 수 있는 능력이 생기고, 앞으로 일어날 일에 대해서는 사전 준비가 되고, 너와 내가 만나는 과정에서는 늘 밝고 긍정적이며, 남을 아끼고 도와줄 줄 아는 배려의 마음을 갖게 되지요. 고로, 제주산림치유와 더불어 세상 모든 것이 말랑말랑한 꽃으로 활짝 피어날 수 있겠지요.

따뜻한 마음이 더 필요했는지…. 산림치유탐방 기간인 지난겨울에는 유독 눈이 많이 내렸습니다. 그만큼 어려움이 많았습니다. 어떤 때는 치유탐방 일정이 취소되기도 하고 어떤 때는 상대적으로 눈이 많이 내리지 않는 해안이나 저지대로 코스를 변경해야 하기도 했습니다. 그럼에도 참여자들의 적극적인 협조가 있었기에 이번 산림치유체험 프로젝트는 기한 내에 무사히 마칠 수 있었습니다. 참여자 여러분들에게 진심으로 감사의 마음을 전합니다. 특히 이 사업의 주관단체인 제주경실련과 김정수 전 공동대표님, 그리고 탐방내용을 꼼꼼하게 검토하고 다듬어주신 한삼인 제주대학교 법학전문대학원 명예교수님에게 고마움을 전합니다. 아울러 사회공헌사업으로 진행될 수 있도록 지원을 아끼지 않으신 제주특별자치도개발공사에게도 깊은 감사를 드립니다. 마지막으로 모자람이 많은 글과 사진들을 꿰어 한 권의 책으로 만들어주신 정은출판 사장님과 편집장님의 노고에도 고마운 마음을 전합니다. 모두 감사합니다.

2018년 6월

한 영 조

**목차**

책머리에 _ 제주산림치유는 말한다   4
시작하며   8
마치면서   328

### Part 1 _ 해안·저지대 치유탐방 4선

비양도와 비양봉   12
올레12코스 수월봉과 당산봉   23
두산봉과 지미봉   41
올레9코스와 월라봉   57

### Part 2 _ 중산간지대 치유탐방 7선

쫄븐갑마장길과 따라비오름   76
올레7-1코스와 고근산   88
백약이오름과 좌보미오름   102
교래자연휴양림과 큰지그리오름   115
새별오름과 이달오름   131
구두리오름·가문이오름·쳇망오름   147
머체왓숲길과 소롱콧길   162

## Part 3 _ 저고산지대 치유탐방 7선

장생의숲길과 큰절물오름   180

추억의숲길과 검은오름   195

큰노꼬메와 족은노꼬메   208

사려니숲길과 물찻오름   222

애월 붉은오름과 천아오름   237

한라산둘레 동백길과 시오름   253

해맞이숲길과 말찻오름   271

## Part 4 _ 고산지대 치유탐방 2선

성판악탐방로와 사라오름   288

윗세오름과 영실기암   305

# 시작하며

　제주는 산림치유의 섬이다. 섬 전체가 치유의 안식처이다. 한라산 백록담에서부터 굴곡진 능선을 따라 해안까지 경사를 이루며 이어진 화산 지형은 세계에서 유일하다. 그 지형은 368개의 오름을 거느린 오름왕국을 형성하고 있다. 오름왕국 곳곳에는 계곡이 나 있고 숲길이 뚫려 있다. 너른 들판에는 고도별로 다양한 치유인자들이 분포하고 있다. 제주 섬 한 곳에 모여 대가족을 이루고 있다. 산림치유라는 관점에서 최초의 탐방길을 연다.

　제주는 해안에서 백록담까지 해발고도가 1,950m에 이른다. 이렇듯 고도의 격차가 크기 때문에 이에 따른 치유인자의 특성이 다양하다. 이를 감안해 4개 고도권역으로 나눴다. 첫째는 가장 낮은 고도권역이다. 해안 및 저지대로 해발 100m 이하이다. 이곳은 바다와 접해 있고 해안 마을이 형성돼 있다. 둘째는 중산간지대이다. 해발 101~500m의 권역이다. 이곳은 중산간 마을과 목장지대를 이루고 있다. 셋째는 저고산지대이다. 해발 501~1,000m의 권역이다. 이곳은 울창한 원시림지대를 이루고 있다. 넷째는 고산지대이다. 1,001m

이상의 권역이다. 이곳은 원시림지대와 함께 고도가 높아질수록 고원의 관목지대를 이루고 있다.

산림치유탐방코스는 권역별로 총 20곳을 선정했다. 권역별 비중 여부에 따라 해안 및 저지대 20%(4곳), 중산간지대 35%(7곳), 저고산지대 35%(7곳), 고산지대 10%(2곳)로 안배한다. 이와 함께 치유탐방에 참여한 인원은 40대 4명, 50대 3명, 60대 2명, 70대 1명 등 모두 10명이다.

치유탐방 기간은 2017년 11월부터 2018년 5월까지 7개월간이다. 늦가을에서 겨울을 거쳐 봄에 이르는 시기이다. 유난히 눈이 많이 내려 치유탐방에 어려움을 겪기도 했다. 그럼에도 계절에 맞는 치유인자들이 생성되면서 감성 치유력을 향상시켰다.

치유탐방코스별로는 다음과 같은 정보를 기록하고 있다. 첫째는 기초조사를 통해 오름 등 치유탐방코스에 대한 기본현황을 기록하고 있다. 둘째는 탐방지에 대한 당일 날씨 등 실측 정보를 알려주고 있다. 셋째는 치유탐방하면서 관찰된 주요 산림치유인자를 6개 분야로 구분해 제시하고 있다. 넷째는 산림치유 체험을 통해 현장의 생생한 이야기를 담아내고 있다. 다섯째는 고도권역별로 주요 산림치유인자의 특성과 적용할 수 있는 치유요법을 제공하고 있다. 여섯째는 참여자들의 치유소감을 정리하고 있다.

참여자들이 느낀 치유탐방 소감은 설문조사를 통해 확인했다. 구조화된 설문지는 6가지 사항에 대해 묻는 단답형으로 구성했다. 질문내용은 •탐방 후 전체적으로 느낀 소감, •인상 깊었던 것이나 오감을 자극했던 것, •육체적·정신적으로 치유효과가 있었던 특별한 점, •대표적인 감성자극 치유인자, •불편했거나 개선할 사항, •추가로 덧붙이고 싶은 의견 등이다.

마지막으로 20곳의 산림치유탐방코스별로 도출된 치유적 시사점이 제시되고 있다. 이에 따른 구체적인 내용은 본문에서 설명하고 있다.

# Part 1
# 해안·저지대 치유탐방 4선

일렁이는 쪽빛 바다에 마음이 뺏긴다.
아침의 거센 물결은 사라지고
햇살이 넘치는 은빛물결이 수놓는다.
갈매기들이 떼를 지어 자유로움을 만끽한다.

# 비양도와 비양봉

## ▲ 비양봉 현황

| 대표명칭 | 비양봉 |
|---|---|
| 세 대 주 | 비양부인(쌍굼부리 복합형) |
| 주 소 | 한림읍 협재리 산100-1 |
| 시설규모 | 해발높이 114.7m / 건물높이 104m / 시설면적 260,428$m^2$ |
| 이웃시설 | 넓은 바다, 섬마을, 펄랑못, 살아 있는 화산박물관 |
| 특 징 | 도기념물 제48호 비양나무, 대나무·산뽕나무 군락 |

| 치유탐방코스 |

한림항(도항선 9시, 12시, 3시 출발) → 비양항 선착장(15분 소요) → 펄랑못 → 수석거리 → 자갈밭해변 → 돌공원(애기업은돌) → 코끼리바위 → 비양마을회관 → 비양봉 정상/등대 → 정상능선 → 비양보건진료소(드라마 '봄날' 촬영지) → 비양항(약 5.4km)

⇒ 비양도 탐방 및 점심까지 할 경우 대략 2시간 50분 소요

## ▲ 탐방지 날씨 및 실측정보

탐방일자  2017년 11월 22일   탐방인원  7명

탐방시간  09:15

종료시간 11:15(차량 이동 시간 등은 제외, 이하 동일)

현장날씨 흐림 / 온도 14° / 체감온도 11° / 습도 66% / 풍속 2m/s

실측현황(삼성헬스, 이하 동일)

**걸은 거리** 5.4km    **걸은 시간** 2시간 00분(휴식시간 등 포함)

**만보기** 7,600보    **칼로리소모량** 298kcal    **난이도** 하

## ▲ 관찰된 주요 산림치유인자

| | |
|---|---|
| 생물 요소 | 대나무, 비양나무, 함박이, 갯질경이, 갯잔디, 황근, 억새, 산뽕나무, 흑염소, 도항선 등 |
| 오감 요소 | 탁 트인 경관, 가을 식물 색채, 독특한 바다 냄새, 외롭게 서 있는 등대 등 |
| 지형 요소 | 오름 정상, 비양봉 오르막길의 경사진 계단, 푸른 바다, 등대, 붉은 송이, 해안 및 오름 둘레길 등 |
| 기후 요소 | 청정한 공기, 변화 심한 날씨, 구름, 바람, 습도 등 해안 및 저지대 날씨 |
| 심리 요소 | 탈출감, 해방감, 쾌적감, 황홀감, 평화, 자신과의 대화, 자기이해 등 |
| 사회 요소 | 대화의 기회, 이해와 배려, 소통, 교감 등 |

## ▲ 적절한 치유요법

- 해안길과 오름 경사지를 걷는 유산소 운동요법
- 광활한 바다 섬에서 제주시 해안과 한라산을 조망할 수 있는 경관요법
- 비양나무·함박이·대나무 등 섬 자생식물을 자세히 보는 관찰요법
- 천년의 섬 지질공원 탄생 역사와 섬마을 생활 등을 이해하는 지식

요법

- 여름철 해안가에 누워 비타민D를 얻을 수 있는 일광요법
- 해산물 등을 직접 잡아 시식할 수 있는 바릇잡이 체험요법
- 자신과의 대화, 자기 이해 등의 심상요법

### ▲ 산림치유 체험

한림읍 협재리에 있는 비양도와 비양봉飛揚峯은 섬 속의 섬으로 바다와 해안, 저지대를 특징으로 하는 치유인자가 있는 곳이다. 11월 22일 7명의 일행은 7시 50분 제주시종합경기장에서 집결해 한림항으로 발길을 옮긴다. 한림항과 비양도를 잇는 오전 9시 출발 도항선을 타기 위해서이다.

비가 간간이 내리다 그치기를 반복한다. 파랑주의보라도 내리면 어떨까 하는 걱정이 앞선다. 한림항에 도착해 확인해 보니 도항선은 이상 없이 출발을 알리고 있다. 비양도가 눈앞에 보인다. 특이한 갯내음이 코를 자극한다. 도항선은 15분을 달려 오전 9시 15분 그렇게 기다리던 비양도에 닿는다.

| 천년의 섬 비양도 |

전설에 의하면 비양도는 날아온 섬이라는 뜻이 있다. 한 부인이 굉음을 내며 날아오는 산봉우리를 보자마자, "거기 멈추라."고 소리를 치자, 지금 위치에 떨어져 섬이 됐다는 이야기이다. 뿐만 아니라 비양도는 제주의 화산활동 가운데 가장 최근에 일어난 섬으로 보기도 한다.

동국여지승람에 의하면 고려시대인 1002년(목종 5년) 6월에 제주해역 한가운데에서 산이 솟아나왔다는 내용이 기록돼 있다. 산꼭대기에서 4개의 구멍이 뚫리고 붉은 물이 닷새 동안 흘러 나왔는데 그 물이 엉켜 기왓돌이 됐다고 기록돼 있다. 그 기록에 미루어 볼 때 이 시기에 비양봉 화산활동이 있었던 것으로 추정할 수 있다. 그 기록시점을 기준으로 2002년에는 비양도 탄생 천년 맞이 각종 행사가 열리기도 했다. 물론 일부에서는 그 기록에 의심을 갖는 의견이 있기도 하다.

비양봉이 섬 전체를 떠받들고 있는 비양도 면적은 0.59$km^2$이른다. 크기는 동서 및 남북의 길이가 각각 850m 정도로 원에 가까운 타원형이다. 해안선 연장 길이는 3.5$km$이다. 해안을 따라 포장된 산책길을 걸으며 화산활동의 흔적을 관찰할 수 있고 짙푸른 쪽빛 바다의 색다른 맛을 느낄 수 있다. 그리고 비양봉에 올라 한라산을 비롯해 굽이굽이 뻗은 제주시 서쪽 해안지역을 조망할 수 있다.

한림항에서 바라본 비양도 전경

| 비양분교 |

일행은 마을 안길을 따라 오른쪽 방향으로 발길을 옮긴다. 처음 인상 깊게 마주하는 곳은 비양분교이다. 비양분교는 1953년 비양분교장으로 인가를 받는다. 1966년에는 초등학교 인가를 받기도 했지만 다시 1982년에 분교장으로 인가받아 오늘에 이르고 있다. 2017년 2월 제42회 졸업생 1명을 배출한다. 그리고 현재 1명의 선생과 2명의 학생이 있는 아담한 학교이다. 운동장은 잔디로 뒤덮여 있다.

| 펄랑못 염습지 |

비양분교를 지나면 얼마 가지 않아 오래된 나무를 중심으로 울타리 돌담을 둘러 만든 포제단(마을제 지내는 곳)이 보인다. 마을과 가정의 안녕을 기원하는 곳이다. 자세히 보지 않으면 그냥 지나칠 수 있다. 이곳을 지나면 염분 습지로 이뤄진 펄랑못이 눈에 들어온다. 바닷물

비양도에 있는 펄랑못

로 둘러싼 섬 안의 습지이다. 신기할 따름이다. 바닷가 가까이 있어 밀물과 썰물 때 땅속 돌 틈 사이로 바닷물이 스며드는 것으로 알려지고 있다. 보통의 바다와는 달리, 썰물 때는 높아지고 밀물 때는 낮아지는 신기함이 있다. 펄랑못에는 964m의 목재 데크 산책로를 만들어 생태관찰을 할 수 있도록 하고 있다. 이곳에서 자생하는 식물들이 눈에 띈다. 갯질경이·갯하늘지기·갯잔디·황근·해녀콩 등이다.

| 살아 있는 화산박물관 |

펄랑못을 지나면 화산박물관이 펼쳐진다. 비양도는 제주섬에서 가장 나이가 젊은 화산섬이다. 해안가를 따라 용암과 관련된 풍경이 다양한 모양으로 아름다움을 뽐내고 있다. 수석거리에서부터 자갈밭해변·돌공원·코끼리바위가 있는 곳까지 매우 특이한 화산생성물 '호니토'와 초대형 화산탄들이 잘 보존돼 있어 살아 있는 화산박물관이라고 한다. 호니토는 용암류 내부의 가스가 분출해 만들어진 작은 화산체이며 일반적으로 화산체 내부가 빈 굴뚝 모양을 하고 있다. 40여 개에 이르는 호니토 화산생성물은 이곳에서만 관찰되고 있다. 이 중에서 원형이 잘 보존돼 있는 호니토는 애기 업은 돌이 유일하다. 호니토 분포지의 서쪽 해안에는 바닷물에 잠겨 있는 초대

비양도의 애기업은돌

형 화산탄들이 발견되고 있다. 이 같은 점들로 비춰볼 때 비양봉 외에 또 다른 분석구가 바다쪽에 있었다는 추론이 가능하다. 뿐만 아니라 용암기종군이 있는 1,323㎡의 공유수면에 대해서는 화산활동의 학술적 가치가 높아 국가지정 문화재 천연기념물 제439호로 지정해 보호 관리되고 있다.

| 비양봉 |

코끼리바위를 지나면서 화산박물관도 마지막을 알리고 있다. 불타오른 흔적들, 붉은 송이가 비양봉 속을 채우고 있다. 비양 부인은 협재리 산100-1번지 바다 한가운데 홀로 집을 지어 섬 전체를 아우르며 일행을 맞이한다. 정원 규모는 260,428㎡이며 집(비고) 높이는 104m이다. 해발 10.7m(비고를 뺀 고도) 위에 짓는다. 방(굼부리)은 큰 방, 작은 방 두 개를 꾸며놓고 있다. 마을 사람들은 이 안방을 큰 암메, 작은 암메로 부르기도 한다. 집으로 들어서는 길목은 가파르다. 나무데크 계단을 마련해 나그네들에게 편의를 제공하고 있다. 나그네들이 얼마나 많이 찾고 있는지 경사면에는 뚜렷한 가르마가 생

비양봉 정상의 대나무터널

긴다. 넓은 바다와 한라산 어머니, 제주시 서부지역을 조망할 수 있도록 망원경까지 준비해 놓고 있다. 푸른 바다에서 불어오는 시원한 바람을 안고 한라산을 바라보는 전경은 최고의 멋이다. 최근에는 옥상 둘레를 한 바퀴 돌 수 있도록 능선 길까지 열어놓고 있다.

비양 부인은 부지런하다. 그 어디서도 자생하지 않는 유일한 비양나무를 정원에 심어 정성을 다해 키우고 있다. 철조망까지 둘러 사람이나 동물의 출입을 통제하고 있다. 넓은 지역에는 대나무 군락이 조성돼 있다. 과거 사냥에 필요한 화살대 공출을 위해 심어졌다는 이야기가 전해진다. 옥상으로 다가가는 지점에는 대나무 터널을 만들어 나그네에게 환영의 마음을 전하고 있다. 곳곳에는 산뽕나무가 있어 제철 열매의 맛을 느끼게 한다. 뿐만 아니라 흑염소의 놀이터로도 제공되고 있다. 그러다 보니 정원 곳곳이 훼손돼 붉은 속살이 드러나 있다. 얼마나 아플까 생각하니 마음이 착잡하다. 정상에는 바다의 길잡이 역할을 하는 무인등대가 세워져 있다. 1955년에 세워진 것이다. 최근에는 태양열로 불을 밝히고 있다. 밤 사이 비추는 불빛은 칠흑 같은 망망대해 어둠에 한 줄기 빛이 되고 있다.

비양봉 등대

| '봄날' 드라마 촬영지 |

  일행은 비양 부인이 베풀어 준 호의에 감사 인사를 전하고 내려온다. 그리고 2005년 방영했던 드라마 '봄날' 촬영지를 찾는다. 이복형제들이 한 여자를 사랑하는 이야기이다. 주인공이 처음 만나게 됐던 선착장 앞 비양보건진료소와 아기자기한 마을 골목길이 따뜻한 사랑을 움트게 했던 곳이다. 이렇게 해서 실제 걸은 거리는 2시간에 걸쳐 5.4km이며 걸은 걸음 수는 7,600보이며 이로 인한 칼로리 소모량은 298kcal이다.

### ▲ 참여자 소감

  비양도와 비양봉 치유탐방을 마친 후 참여자들이 느낀 소감을 설문조사를 통해 확인한 결과를 종합적으로 정리하면, 비양봉 치유탐방코스는 바다와 뭍, 오름 등 3박자를 동시에 접할 수 있는 독특한 치유탐방코스로 손색이 없다. 배를 타고 물을 건너 떠나는 것은 도시를 벗어나 미지의 세계로 가는 설렘을 갖게 한다. 아기자기한 골목길과 작은 집 등 고즈넉한 마을의 자급자족 풍경은 평화를 안겨준다. 살아 있는 듯한 화산박물관을 지날 때는 1002년 시간으로 돌아간 착각을 들게 한다. 오름 정상에서 굽이굽이 이어진 제주시 서쪽 해안선과 그 중심에 우뚝 솟은 한라산 전경은 이색적인 느낌으로 다가온다. 그리고 건물 꼭대기에 설치된 하얀 등대와 일렁이는 넓은 바다가 묘한 감정을 자극한다. 이외에도 비양봉 등성이에 군락을 이룬 대나무, 바다 위에 떠 있는 배, 펄랑못에 드리운 비양봉 그림자, 거기서 노니는 청둥오리, 발붙여 자라는 황근·갯질경이·해녀콩 등도 치유인자로 한몫한다. 그리고 찬바람을 맞으며 돋아난 갯무와 보말죽 한 그릇은 부족한 에너지를 보충하는 데 충분하다. 이런 치유인자들로 인해 머리가 개운해지고 피로했던 눈이 회복됨을 느낀다. 개선사항으로는 비양도 탐방코스가 짧아 낚시나 바릇잡이 등 바다체험 활동을 곁들이는 것이 필요하다는 점, 오름 곳곳이 많이 훼손돼 있어 관리방안이 마련돼야 한다는 점, 간이화장실이 필요하다는 점을 의견으로 제시하고 있다.

### ▲ 치유적 시사점

지금까지 천년의 섬 비양도와 비양봉이 보여준 영화 한 편을 감상한다. 배를 타서 바다를 건너 섬 속의 섬에 도착하는 것에서부터 이야기는 시작된다. 영화 속에는 비양도와 비양 부인·펄랑못·화산박물관 등 수많은 치유인자들이 등장한다. 비양도의 전체 모양을 보면 볼록하게 솟아난 비양봉과 호흡기관처럼 열어놓은 펄랑못, 그리고 해안선과 접한 구릉지 곡선이 마치 모시조개와 닮았다. 시원한 국물 맛을 내는 모시조개처럼 비양도의 탐방 역시 답답한 마음을 시원하게 풀어주는 역할을 한다. 비양도는 힘이 넘치는 곳이다. 가장 젊은 나이의 화산섬이기 때문이다. 아직도 식지 않고 용솟음칠 것 같은 강렬한 에너지가 화산박물관에 서려 있다. 살아 있는 듯한 해변을 따라 한 바퀴 돈다. 그리고 건물 꼭대기에 올라 망망대해의 길잡이 안내를 하는 등대의 힘을 받으며 오름 능선을 순환한다. 다시 말해 에메랄드빛 바다가 펼쳐진 해변을 따라 화산박물관 등이 주는 힘을 느끼며 섬 한 바퀴를 걷고 비양봉 정상에 올라 비양 부인이 제공하는 하얀 등대 등 다양한 에너지를 받는다. 그리고 한라산 어머니와 무언의 대화를 나눈다. 보양식으로 갓 잡은 바다의 맛 보말죽을 한 그릇 한다. 이처럼 천년의 섬 비양도는 금방 날아오를 듯 그 열기가 남아 있다. 그래서 비양봉을 연계한 치유에너지는 몸과 마음이 쇠약한 사람들에게 원기를 회복시켜주는 치유력을 갖고 있다.

# 올레12코스 수월봉과 당산봉

### ▲ 수월봉과 당산봉 현황

| 대표명칭 | 수월봉(노꼬물오름) |
|---|---|
| 세 대 주 | 수월선비(원추형) |
| 주 소 | 한경면 고산리 3763번지 |
| 시설규모 | 해발높이 77m / 건물높이 73m / 시설면적 249,820$m^2$ |
| 이웃시설 | 한장동마을, 당산봉, 자구내포구, 고산평야, 해안, 바다, 차귀도, 고산리선사유적 등 |
| 특 징 | 제주최서단 海蝕 오름, 고산기상대, 노꼬의 눈물, 화산쇄설층, 수월정, 방풍 등 |

| 대표명칭 | 당산봉(당오름) |
|---|---|
| 세 대 주 | 당산부인(말굽 복합형 굼부리) |
| 주 소 | 한경면 용수리 4705번지 |
| 시설규모 | 해발높이 148m / 건물높이 118m / 시설면적 534,135$m^2$ |
| 이웃시설 | 자구내포구, 고산리선사유적, 차귀도, '저승굴', 안녕기인 뱀 귀신 '차귀당' 용수포구, 고산평야, 해안, 바다 등 |
| 특 징 | 해식층리 발달, 당산봉알오름, 생이기정, 봉수대, 해안절벽, 큰보리장나무 등 |

| 대표명칭 | 당산봉알오름 |
|---|---|
| 세 대 주 | 당알선비(원추형) |
| 주 소 | 한경면 용수리 2705번지 |

| 시설규모 | 해발높이 83m / 건물높이 53m / 시설면적 184,267㎡ |
|---|---|
| 이웃시설 | 자구내포구, 고산리선사유적, 차귀도, '저승굴', 안녕기원 뱀귀신 '차귀당' 용수포구, 고산평야, 해안, 바다 등 |
| 특   징 | 당산봉 굼부리 내 작은오름, 이중식 복식화산 등 |

| 치유탐방코스 |

신도리 산경도예(0km) → 신도바당올레(2.4km) → 신도포구(3.3km) → 소낭길 입구(4.9km) → 한장동마을회관(5.4km) → 수월봉(6.4km) → 엉알길(7.2km) → 고산(자구내)포구(8.5km) → 당산봉(9.4km) → 생이기정(10.1km) → 용수포구(11.4km)

⇒ 실제 탐방코스는 신도포구에서 소낭길과 한장동마을회관을 거치지 않고 곧바로 해안변 노을해안로를 따라 수월봉으로 진입함.

## ▲ 탐방지 날씨 및 실측정보

탐방일자 2018년 1월 17일    탐방인원 5 명

탐방시간 10:30         종료시간 14:35

현장날씨 흐림 / 온도 10° / 체감온도 5° / 습도 87% / 풍속 7m/s

실측현황

**걸은 거리** 11.4km    **걸은 시간** 2시간 57분(휴식시간 등 제외)

**만보기** 16,498보    **칼로리소모량** 642kcal    **난이도** 하

## ▲ 관찰된 주요 산림치유인자

| 생물 요소 | 양배추, 무, 보리(밭), 띠(새), 방풍, 갯무, 해송, 까마귀쪽나무, 큰보리장나무, 예덕나무, 가마우지, 재갈매기 등 |
|---|---|
| 오감 요소 | 고산평야 경관, 북서풍(계절풍)의 촉감, 일렁이는 쪽빛 바다 느낌, 한적한 포구의 풍경, 해식으로 깎인 벼랑 모습 등 |
| 지형 요소 | 시루떡처럼 생긴 화산쇄설층, 지질트레일, 수월봉, 당산봉, 자구내포구, 차귀도, 고산평야, 고산리유적, 봉수대, 절부암 등 |
| 기후 요소 | 세차게 부는 바닷바람, 쌀쌀한 기온, 서녘에서 비추는 햇볕 등 해안 및 저지대 겨울 날씨 |
| 심리 요소 | 탈출감, 해방감, 농촌의 한적함, 해안포구의 고요함, 자신과의 대화, 자기 이해, 긍정적 사고 등 |
| 사회 요소 | 여행객과의 대화, 이해와 배려, 소통, 교감, 관계 형성, 넉넉한 마음, 추억의 회상 등 |

## ▲ 적절한 치유요법

- 해안가, 오름, 농촌의 아스팔트길 등을 걷는 유산소 운동요법
- 해안가와 농경지, 드넓은 에메랄드빛 바다를 조망하는 경관요법
- 해식층리가 발달한 오름의 변화된 모습과 해안마을, 고산평야의 밭 농사 등을 관찰하며 배우는 지식요법과 사진 등으로 남기는 기록요법
- 수확이 끝난 밭에 하나씩 남아 있는 무·양배추 등의 이삭을 숨는 낙수落穗요법
- 한적한 농촌과 해안가 등을 걸으며 복잡하게 얽혀 있는 머릿속 문제들이 자연스럽게 풀리고 비우고 새롭게 채울 수 있도록 하는 정화요법(폐목강심, 閉目降心 : 눈을 감고 마음을 가라앉힌다)
- 현지에서 생산하거나 잡은 물고기 등으로 조리한 음식을 선별해서

먹는 식이요법
- 풀밭에 자연적으로 자란 야생 갯무 등을 채취한 후 깨끗하게 씻고 생채로 먹는 식선食膳요법
- 겨울철 탁 트인 해안가 오름이나 농촌 시골길을 걸으며 강도 낮은 햇볕을 쬐며 호르몬 분비의 활성화와 비타민D를 보충하는 일광요법
- 서로 함께 어울려 걸으며 마음을 열어놓고 교감하는 소통요법
- 바닷바람으로부터 얼굴 등 피부 마사지 자극을 받는 냉기요법
- 해안가를 맴도는 재갈매기, 마을 오솔길·오름 능선 등에서 마주치는 동박새·박새·까마귀 등과 소리로 주고받는 '지순至純'의 대화요법

### ▲ 산림치유 체험

올레12코스 연계 수월봉과 당산봉은 제주 서부지역인 한경면 저지대와 해안지대를 특징으로 하는 치유인자가 있는 곳이다. 한경면은 해안과 바다, 넓은 평야, 오름이 어우러져 밭농사를 짓고, 고기를 잡는 전형적인 반농반어半農半漁의 마을이다. 며칠 전만 하더라도 폭설이 휘몰아쳐 탐방이 불가능할 것처럼 여겨졌었으나, 이내 폭설은 잦아들고 평년기온을 되찾는다. 그동안 미뤄졌던 사라오름을 탐방할 예정이었으나, 탐방 전날(1월 16일) 중산간지대와 해안 저지대에는 많은 비가 내린 반면 한라산에는 눈이 내린다. 안전을 위해 사라오름 탐방은 취소하고 해안 및 저지대인 수월봉과 당산봉을 중심으로 한 올레12코스를 탐방하기로 한다.

1월 17일 5명의 일행은 언제나처럼 제주시종합경기장 수영장에서

오전 8시 40분에 집결해 탐방코스로 발길을 옮긴다. 비는 조금씩 내린다. 평화로를 따라 달리는 새별오름 인근 길에는 안개가 가득하다. 머리 한편에는 김승옥의 무진기행에 나오는 구절이 스친다. '이승에 무슨 한이 있어 밤마다 찾아와 여귀가 내뿜는 입김과 같다.' 깊은 생각에 젖는 순간 어느덧 영어교육도시를 넘고 녹남봉 옆을 따라 대정읍에 있는 산경도예에 도착한다. 그리고 탐방계획을 세운다.

| 신도 해안가 |

흙으로 빚은 생활도자기를 전시하고 판매하는 산경도예는 대정읍 소재 폐교된 신도초등학교 건물을 활용하고 있다. 운동장에 도착한 일행은 이곳을 둘러볼 새도 없이 곧바로 신도바당올레(해안가)로 길을 나선다. 마을 안길을 걷는다. 드넓은 밭에 마늘과 무, 양배추 등 농작물이 심어져 있는 정경이 눈에 들어온다. 여태껏 다녔던 다른 탐방코

신도 노을해안로 너머 저 멀리 수월봉과 당산봉이 희미하게 보인다.

스와는 사뭇 다르다. 농로를 따라 신도 해안가에 이른다. 해안을 따라 노을해안로가 조성돼 있다.

바람이 세게 불어온다. 머리에 쓴 모자가 벗겨진다. 걷다 보면, 바다 쪽으로 화살표시가 돼 있는 도구리(함지박)알 표지석이 있다. 해안가 바위에 자연적으로 생겨난 둥그런 물웅덩이다. 밀물 때 해안가로 들어왔던 물고기와 문어 등이 썰물과 함께 미처 빠져나가지 못해 갇히는 일종의 자연어장(원담의 기능)이다. 안내문에는 큰 것 1개와 작은 것 3개가 있다고 소개한다.

인근에는 소공원이 조성돼 있다. 소라껍데기와 원추형 돌탑, 팔각정이 공원을 꾸미고 있다. 2017년 8월에 건립된 하멜일행 난파희생자위령비가 있다. 이곳에 세워진 이유는 당시 자료에 한라산과 녹남봉으로 추정되는 오름이 그려져 있기 때문이다. 하멜일행 64명은 1653년 8월 네덜란드 동인도회사 무역선 스페르웨르호에 승선해 일본 나가사끼長崎로 항해하다 태풍을 만나 표류한다. 이곳까지 밀려온 무역선은 암초를 만나 난파되고 28명이 숨지는 사고가 발생한다.

제주시와 서귀포시 경계를 이루는 앞내창

우리 일행은 신도2리 표지석

이 있는 신도포구에서 알동네로 들어서지 않고 곧바로 노을해안로를 따라 직진한다. 넓은 농경지 사이로 작은 냇가가 보인다. 제주시와 서귀포시 경계선인 앞내창이다. 이곳을 넘어서면 한경면이다. '안녕히 가십시오.'라는 돌팻말이 눈에 들어온다. 드넓은 농경지가 평야를 이룬다. 무밭에는 무들이 흙속에 반쯤 파묻혀 시든 잎을 안고 추운 겨울을 이겨내고 있다. 해안가에는 가마우지들이 떼를 지어 먹잇감을 찾고 있다. 노을해안로는 굴곡 없이 고속도로처럼 길게 뻗어 있다. 한장동마을이 다가온다. 수월봉으로 진입하는 올레길과 만난다.

| 수월봉 |

남서쪽 들머리에서 수월 선비와 조우한다. 오름왕국의 가장 서쪽 해안에 위치한 오름이다. 수월봉의 명칭 유래 또한 다양하다. 향토지에는 오위장군을 지낸 수월공 고지남水月公 高智男의 숭모비가 1910년에 세워져 그의 호를 따면서 부르게 됐다는 기록이 있다. 그렇지만 수월봉은 나지막한 원추형 오름이다. 그래서 부인이 아닌 선비를 지칭한다. 선비는 한경면 고산리 3763번지에 터를 잡는다. 해발높이 4m에 불과하다. 17,000년 전(지질트레일코스 설명에는 18,000년 전)으로 추정되는 시기에 73m 높이로 집을 짓는다. 마그마와 물이 만나 폭발하면서 생기는 수성화산형의 집이다. 정원 규모는 249,820㎡이다. 집과 정원의 대부분은 해식海蝕작용에 의해 쓸려 없어지고 있다. 안내표시판 내용을 보면 거의 사라져 해안을 따라 조금 남은 모양으로 설명되고 있다. 선비는 조금 남아 있는 것만이라도 지키려 안간힘을 쓴

수월봉 서쪽 입구 계단에서 자라고 있는 띠들이 바람에 펄럭인다.

다. 그럼에도 자연의 힘 앞에는 어쩔 수 없다. 지금도 조금씩 깎이며 사라지고 있다. 그런 아픈 마음을 달래기라도 하듯 맑은 날이면 저녁 해넘이가 아름다움으로 다가온다.

건물 옥상에는 기우제를 지냈던 육각정 모양의 수월정이 있다. 계절풍이 지나가는 곳이기도 하다. 고산기상대가 세워져 있다. 정원 곳곳에는 해송, 까마귀쪽나무, 방풍 등이 자라고 있다. 경사진 면에는 계단 모양으로 밭을 일궈 보리농사를 짓고 있다. 띠(새)들도 바람의 흐름에 맞춰 파도치듯 덩실덩실 춤을 추고 있다.

| 엉알길과 고산리선사유적지 |

일행은 수월봉 정상을 넘어 동쪽 들머리로 나온다. 수월봉교차로 입구에서 선비와 작별인사를 하고 엉알해안이 있는 엉알길로 들어선다. 교차로입구 가장자리에는 화산활동 과정이 자세하게 안내되고

수월봉 엉알해안 절벽에 드러난 화산쇄설층

있다. 이들 자료를 종합하면 1만 7천 년 전쯤에 강력한 화산폭발이 이뤄진다. 뜨거운 마그마가 물을 만나 폭발하면서 화산재와 작은 돌 알갱이로 부서진다. 이들 돌알갱이들은 주변을 덮고 덮어 퇴적층을 이룬다. 해안가 절벽을 따라 시루떡처럼 겹겹이 쌓여 있는 것이 수월봉 화산쇄설층(천연기념물 제513호 : 2009. 12. 11.지정)이다. 기기묘묘한 줄무늬 절벽을 이루고 있다. 해안길을 따라 그 길이가 1.5km에 이른다. 화산쇄설층 상층부는 작은 알갱이로 덮이면서 딱딱한 암석이 없는 넓은 고산평야를 이룬다. 알갱이들은 수많은 시간이 지나면서 식물이 자라기 좋은 기름진 토양으로 바뀐다. 이 같은 환경조건 때문에 신석기인들이 이곳에 가장 먼저 정착해 삶의 터전을 일군다.

엉알길 위쪽에는 넓은 농경지이다. 밭과 밭의 경계를 이루는 돌담이 거의 없는 고산평야이다. 바둑판과 같다. 제주에서 이렇게 넓은 평야는 찾아볼 수 없다. 계절에 따라 보리 등 밭농사를 짓고 있다. 이곳에는 고산리선사유적지가 있다. 제주도 최고 신석기시대 유적지이다. 유물들을 보면 좀돌날석기·식물줄기혼입토기 등이 출토되고 있는 것으로 미뤄볼 때, 1만 년 전의 신석기시대로 추정되고 있다. 수월봉 화산활동(14,000년 전) 이후 몇천 년이 지난 후 신석기 사람들이 이곳에 정착한 것이다. 1998년 사적 제412호로 지정돼 관리되고 있다.

일행은 해안의 엉알길을 따라 이동한다. '엉알길'의 '엉'은 절벽이며 '알'은 아래의 뜻으로 절벽 아래의 길을 말한다. 온갖 모양의 지층이 해안절벽을 둘러싸고 있다. 갯바위 또한 다양하다. 나무기둥처럼 서 있는 바위가 있다. 거북등처럼 갈라진 바위도 있다. 절벽 아래에는 용천수인 용운천龍雲泉이 있다. 일명 녹고물이라고 한다. 선조들의 얼이 깊은 샘물이다. 지금은 수질이 불량해 식수로 이용하지 않고 있다. 안전을 위해 사람들이 출입을 통제하고 있다.

이곳은 '녹고의 눈물' 전설이 전해진다. 수월이(여동생)와 녹고(오빠) 남매가 어머니 병을 고치기 위해 약초를 캐러 이곳 절벽에 올라선다. 수월이가 오빠의 손을 잡고 절벽 밑으로 내려가 약초를 캐 넘기려는 순간 오빠의 손을 놓쳐 떨어져 죽는다. 오빠는 그 자리를 떠나지 못하고 너무 슬퍼 눈물을 흘린다. 이 눈물이 바위틈으로 흘러 노꼬물이 됐다는 슬프고 슬픈 이야기이다.

| 자구내포구와 차귀도 |

자구내포구(차귀도포구)로 들어선다. 자구내포구는 동쪽은 당산봉, 서쪽은 수월봉, 남쪽은 화산쇄설물 절벽, 북쪽은 차귀도로 감싼 아늑한

포구이다. 37가구가 해안마을을 이루고 있다. 어업과 관광서비스가 주요 소득원이다. 겨울철이라 그런지 북적임은 없다. 한산하다. 가느다란 줄에 나란히 매달려 있는 오징어(준치)가 바람에 흔들린다. 차귀도로 가는 배가 바다 위를 미끄러지듯 나간다.

포구 근처에는 돌로 만들어진 등대가 보인다. 일제시대 세워진 제주전통 돌등대(도대불)이다. 1km 앞에는 제주에서 가장

당산봉에서 본 차귀도 모습

큰 무인섬 차귀도가 보인다. 배로 5분이면 갈 수 있다. 면적이 0.16km에 이른다. 대섬(죽도)과 지실이섬, 와도 등 3개의 섬과 장군여, 썩은여, 간출암 등의 여(礖. 돌)로 이뤄진다. 지금은 낚시터로 유명하다. 이어도 영화를 촬영했던 곳이기도 하다.

차귀도에도 전설이 있다. 그 옛날 중국에 대항할 큰 인물이 제주에서 날 것이라는 소문이 난다. 그래서 중국 송나라 사람 호종단이 제주에 와서 지맥과 수맥을 모두 끊고 차귀도를 통해 돌아가는 뱃길에 오른다. 그때 날쌘 매 한 마리가 돛대 위에 앉는다. 별안간 돌풍이 분다. 배는 좌초되고 호종단은 돌아가지 못한다. 그래서 끊을 차(遮)와 돌

아갈 귀歸를 써서 '차귀도'라 불리고 있다.

| 당산봉과 당산봉알오름 |

일행은 자구내포구를 돌아 당산봉 들머리에 다다른다. '당산唐山' 명칭의 유래 또한 다양하다. 일반적으로는 한자 표기를 참고해 당산봉으로 불리고 있다.

당산 부인은 한경면 고산리가 아니라 용수리 4705번지에 정착한다. 해안과 접해 있어 해발 30m 위에 집을 짓는다. 건물 높이는 118m에 이른다. 북쪽인 용수 방향으로 터진 안방은 다양한 용도로 사용할 수 있도록 복합적으로 만들어져 있다. 정원은 534,135$m^2$에 이른다. 부인의 집으로 들어가는 서쪽 출입구는 조금 가파르다. 나무 계단으로 돼 있다. 당산 부인과 첫인사를 나눈다. 들머리를 넘어 나무계단을 따라 정원으로 들어선다. 들어가는 계단은 잘 정비돼 있다. 건물 옥상에 오르면 서부권이 한눈에 들어온다. 수월봉과 바다로 둘러싸

고산평야에 심어진 무밭을 넘어 뚜렷하게 들어오는 당산봉 전경

인 차귀도, 고산평야지대가 광활하게 펼쳐진다. 돌담이 없는 농경지가 눈에 띈다. 고려 때 목장 터인 '한장밭'이다. 옥상 꼭대기에는 거북바위가 있다.

용수리 방향으로 보면 당산봉 내에 또 하나의 오름 봉우리가 드러나 있다. 이것이 당산봉알오름이다. 굼부리가 없는 원추형이다. 작지만 선비이다. 한경면 용수리 2705번지에 정착해 있다. 해발높이는 당산봉과 같은 40m에 있다. 그 위에 53m 높이로 건물을 짓는다. 당산부인의 건물보다 나중에 지어진다. 하나의 오름에서 시차를 두고 다른 종류의 화산활동이 있다. 이런 유형의 건물은 이외에도 송악산·우도봉·두산봉 등을 들 수 있다. 정원 면적은 184,267㎡에 이른다.

일행이 가는 소로에는 올레12코스와 연결된 당산봉의 굼부리가 있다. 과거 봉수대가 있었던 곳이다. 당산봉 봉수대는 차귀진에 소속돼 있던 봉수대이다. 봉수대가 있었던 평평한 굼부리는 현재 농경지로 이용하고 있다. 올레길을 따라 해안절벽 능선을 탄다. 에메랄드빛 바다가 햇볕을 받으며 수정처럼 반짝인다. 수정빛이 바다 위를 수놓는다. 능선 절벽에는 큰보리장나무가 많다. 덜 익은 열매가 주렁주렁 달려 있다. 그중에 붉은 빛을 띤 열매를 따서 먹었지만 텁텁하다. 4~5월쯤이 돼야 맛있게 익는다.

| 생이기정과 용수리포구 |

일행은 당산 부인과 작별인사를 하고 생이기정 바당길로 들어선다. 바닷물과 접할 수 있는 해안길이 나 있다. 당산봉 해안절벽은 겨

울철새들의 낙원이다. 가마우지, 재갈매기 등이 떼 지어 산다. 그래서 그곳을 생이기정이라고 지었다. 생이기정의 '생이'는 새이며 '기정'은 벼랑이다. '바당'은 바다를 뜻하는 제주어이다. 새가 살고 있는 당산봉 해안절벽을 바라보며 걸을 수 있는 바닷길을 뜻한다. 가파른 절벽에는 큰 암석 하나가 무너질 듯 위태롭게 서 있다. 가마우지 떼들이 위험에도 아랑곳없이 절벽 이곳저곳에 보금자리를 틀고 먹이를 찾아 날개를 퍼덕인다. 가마우지는 잠수성이 뛰어나지만 깃털에 기름샘이 없어 잠수를 한 후에 깃털을 말려야 한다. 주로 갯바위나 해안절벽에 떼를 지어 앉아 깃털을 말린다. 깃털을 말리면서 배설도 하는데 그곳이 마치 밀가루를 뿌려놓은 것처럼 하얗게 된다.

생이기정 바당길을 지나고 용수리 해안도로와 만난다. 용수포구가 가까이 다가오고 있음을 알린다. 용수마을로 들어가는 해안도로 변에는 방사탑이 있다. 나쁜 기운을 막고 마을의 안녕을 기원하기 위해 세워진 것이다. 용수리포구에 이른다. 자구내포구에서처럼 여기에서도 오징어를 긴 줄에 걸어놓아 말리고 있다.

포구 앞에는 우리나라 최초의 가톨릭 김대건신부 제주표착기념관이 건립돼 있다. 이곳은 중국 상하이에서 사제서품을 받고 귀국하던 길에 표류하다 도착한 곳(가톨릭 용수 성지)이다. 포구 동쪽에는 열부 고씨의 절개를 기리는 절부암이 있다. 조선말기 이곳에 살던 어부 강사철이 죽세공품을 만들기 위해 대나무를 베어 돌아오다 풍랑을 만나 실종된다. 남편을 잃은 아내 고씨는 소복을 입고 이곳 나무에 목을 매 숨진다. 그 후 남편의 시체가 이 바위 밑에서 떠오른다. 이를 신통하게 여긴 판관 신재우(고종 4년)는 1867년 조정에 알린 후 바위에 절부암이라 새겨 이들의 넋을 기린다. 지금도 음력 3월 15일에 제사를 지내고 있다.

인근에는 보기 힘든 박달목서가 자란다. 이렇게 해서 수월봉~당산봉 탐방일정을 모두 소화한다. 실제 걸은 거리는 2시간 57분에 11.4 $km$를 걸었으며 걸음 수는 16,498보이다. 이로 인한 에너지 소모량은 642$kcal$이다.

### ▲ 참여자 소감

수월봉과 당산봉 치유탐방을 마친 후 참여자들이 느낀 소감을 설문조사를 통해 확인한 결과를 종합적으로 정리하면, 이번 탐방은 사람들이 모여 사는 해안 농촌마을과 오름이다. 넓은 바다와 해안, 고산평야가 펼쳐지고 오름이 받쳐준다. 바다와 농경지가 공존한다. 올레코스의 백미이다.

한적한 농촌마을은 신도리 도원마을로부터 시작된다. 해안가로 이어지는 도원마을길이 고즈넉하다. 대정읍의 신도리와 한경면의 고산지역에 걸쳐 형성된 드넓은 평야에는 양배추·브로콜리·마늘·무·보리 등 각종 밭작물들이 재배되고 있다. 몇 년 전까지만 해도 벼를 재배했던 지역이다. 환경적인 변화를 실감한다. 수확을 끝낸 밭에서 이삭줍기로 얻은 겨울 무를 한입 베어 씹어 먹는 맛이 색다르다. 조금 쌉쓰름한 맛이 나는 갯무를 식사채소로 곁들여먹는 것 또한 식감을 자극한다. 해안선을 따라 평탄한 노을해안길을 걷는다. 일렁이는 쪽빛 바다에 마음이 뺏긴다. 바다에는 아침의 거센 물결은 사라지고 햇살이 넘치는 은빛물결이 수놓는다. 해안에는 가마우지와 갈매기들이 떼를 지어 자유로움을 만끽한다.

이외에도 엉알길로 이어진 화산쇄설물 퇴적구조는 지질학연구의 최적지로서 손색이 없음을 느낀다. 최고의 지질공원로서의 진면목을 보여준다. 당산봉에서 내려다본 차귀도의 모습 또한 장관이다. 햇볕에 말리기 위해 걸어놓은 오징어가 바람에 춤을 춘다. 신도해안에 있는 도구리알은 제주만이 갖는 특색이다. 인상적인 생이기정뿐만 아니라 희귀수종인 박달목서도 절부암과 어울리는 듯하다.

이런 환경인자들로부터 얻는 치유의 효과는 무궁무진하다. 수월봉~당산봉 저지대 해안길은 치유코스로 손색이 없다. 한없이 넓은 포용력을 베푼다. 정신적으로 안정감을 준다. 행복하다. 적당한 파도소리와 재갈매기·가마우지가 지저귀는 소리 등이 청각을 자극한다. 시원하고 맑은 바다공기를 통해 폐를 깨끗하게 청소한다. 옆구리가 은근히 쑤시고 무거웠던 몸이 탐방 후에는 통증이 사라지면서 가벼워진다. 장년층도 무리 없이 걸을 수 있는 평탄한 코스이다. 개선사항으로는 엉알길 해안변에 떠밀려온 쓰레기더미가 눈살을 찌푸리게 한다. 관리대책이 필요하다. 일부 부서지고 글씨가 지워진 표지석은 재정비가 요구된다. 뿐만 아니라 수월봉이나 당산봉 등 오름 명칭에 대한 유래 및 사용이 사람에 따라 천차만별로 쓰고 있어 통일된 명칭 정립이 필요하다. 정체성의 문제이기 때문이다.

## ▲ 치유적 시사점

　이번 치유탐방코스는 오름왕국 최서단에 있는 넓은 농경지와 바다에 숱한 사연을 담으며 삶의 터전을 일궈온 수월봉~당산봉 연계 올레12코스를 소재로 한 영화 한 편을 감상한다. 해안선을 경계로 바다와 육지에는 풍부한 식량을 얻을 수 있는 환경적 조건을 갖고 있다. 연중 계절풍이 통과한다. 넓은 평야지대를 이룬다. 알갱이처럼 작은 화산쇄설물로 하여금 기름진 토양조건을 만든다. 바다 접근이 용이한 포구가 있다. 높게 솟은 오름 막이로 포근한 기후조건을 제공한다. 하루해가 기울어가면 붉게 물든 노을을 바라보며 하루의 일과를 털어낸다.

　이런 환경조건은 풍부하고 안전한 먹거리를 제공한다. 그래서 신석기인들이 1만 년 전(추정) 제주 땅에 정착한 곳이 이곳이다. 돌을 이용한 다양한 식생활용기를 만들어 고산평야지대 등지에서 먹거리를 얻는다. 그런 유구한 역사는 지금에도 제주의 최대 곡창지대를 이루고 있다. 무·양배추·보리 등 밭농사가 자리 잡고 있다. 바다에서는 물고기를 수확한다. 가마우지와 갈매기들도 해안 절벽 곳곳에 터를 잡는다. 신도와 용수로 이어지는 11km 해안에는 3개의 포구가 있다. 신도해안에는 밀물 때 들어왔던 물고기가 썰물 때 빠져나가지 못하는 자연어장인 도구리알이 있다.

　다른 세계와 무역하던 하멜 상선이 좌초한 곳이기도 하다. 용수포구는 김대건신부가 중국 상하이에서 사제품을 받고 귀국하던 중 표류하다 도착한 곳이다. 이곳의 해안은 제주의 역사에 남을 중요한 상품교환 사건들이 얼룩져 있다. 솟아 있는 수월봉과 당산봉을 성벽 삼아 나지막하게 둘러앉은 자구내포구는 아늑하다. 차귀도를 바다 앞에 둔 생활터전의 요람이다. 엉알길 절벽에 겹겹이 층을 이룬 화산쇄설물은 액운을 막고 풍년을 지켜주는 시루떡 기운이다. 이런 기운은 당산봉이나 수월봉에 올라 전경을 조망하다 보면 다가온다.

따라서 수월봉과 당산봉을 중심으로 펼쳐지는 올레12코스 해안길은 건강한 몸과 마음을 회복시킬 수 있을 만큼 '시각·청각·촉각·미각'의 풍부한 요소가 제공되는 치유력을 갖고 있다.

# 두산봉과 지미봉

## ▲ 두산봉과 지미봉 현황

| 대표명칭 | 두산봉 |
|---|---|
| 세 대 주 | 두산부인(복합형 굼부리) |
| 주 소 | 성산읍 시흥리 산1-5 |
| 시설규모 | 해발높이 126.5m / 건물높이 101m / 시설면적 924,938$m^2$ |
| 이웃시설 | 두산봉알오름, 시흥리, 종달리, 제주시와 서귀포시 경계지점, 농경지 등 |
| 특 징 | 수성화산체, 二重式 화산, 굼부리 외벽 벼랑 화구륜 |

| 대표명칭 | 두산봉알오름 |
|---|---|
| 세 대 주 | 두산봉알선비(원추형) |
| 주 소 | 구좌읍 종달리 산13-1 |
| 시설규모 | 해발높이 145.9m / 건물높이 51m / 시설면적 142,515$m^2$ |
| 이웃시설 | 두산봉, 올레1코스 등 |
| 특 징 | 수성화산체, 원추형 화산체, 오름 내 농경지 등 |

| 대표명칭 | 지미봉 |
|---|---|
| 세 대 주 | 지미부인(북쪽 말굽형 굼부리) |
| 주 소 | 구좌읍 종달리 산31 |
| 시설규모 | 해발높이 166.0m / 건물높이 160m / 시설면적 423,814$m^2$ |

| 이웃시설 | 올레21코스, 하도철새도래지, 바닷가, 우도, 일출봉, 마을 주택, 농경지 |
|---|---|
| 특  징 | 東端 오름, 능선줄기 末端 오름, 말굽형 굼부리, 봉수대, 계절풍 등 |

## 치유탐방코스

시흥초등학교(0km) → 올레1코스안내소(2.0km) → 두산봉 입구(2.8km) →두산봉알오름(3.9km) → 종달리 삼거리(5.3km) → 종달리 1교차로(6.9km) →종달초등학교(7.2km) → 종달리사무소(7.5km) → 종달리옛소금밭(7.6km)→지미봉 출입구(8.7km) → 지미봉 둘레길(9.4km) → 지미봉 정상(10.5km) → 지미봉 출입구(11.19km)

## ▲ 탐방지 날씨 및 실측정보

탐방일자  2018년 2월 9일    탐방인원  4명

탐방시간  10:30    종료시간 15:15

현장날씨  맑음 / 온도 9° / 체감온도 5° / 습도 67% / 풍속 2m/s

실측현황

**걸은 거리**  11.19km    **걸은 시간**  2시간 48분(휴식시간 등 포함)

**만보기**  18,827보    **칼로리소모량**  650kcal    **난이도**  중

## ▲ 관찰된 주요 산림치유인자

| 생물 요소 | 탱자나무, 감귤나무(실생목), 띠(새), 소나무, 벚나무, 대나무, 겨울감자, 무, 당근, 백로, 수꿩 등 |
|---|---|

| | |
|---|---|
| 오감 요소 | 망망대해 바다의 에메랄드빛, 지미봉 정상에서 본 우도와 일출봉이 마주한 모습, 종달리 해안 백사장의 모습 등 |
| 지형 요소 | 알오름 품은 두산봉, 굼부리 내 농경지, 능선 따라 꼬불꼬불 이어진 산책로, 가파른 지미봉 등 |
| 기후 요소 | 강추위 후의 포근한 날씨, 쌓인 눈 녹으면서 질퍽한 산책로, 구석진 곳(음지)의 쌓인 눈 등 저지대 2월 날씨 |
| 심리 요소 | 탈출감, 해방감, 상쾌함, 인내심, 장대함, 정직함, 자유로움, 자신과의 대화, 자기 이해, 긍정적 사고 등 |
| 사회 요소 | 대화의 기회, 이해와 배려, 소통, 교감, 관계 형성, 넉넉한 마음, 추억의 회상 등 |

## ▲ 적절한 치유요법

- 꼬불꼬불 산책로, 아스팔트길, 가파른 오르막길 등 다양한 형태의 길을 걷는 유산소 운동요법
- 산책길, 마을 안길을 따라 날숨과 들숨의 호흡조절작용을 통해 폐를 건강하게 하는 호흡요법
- 망망대해 위에 창과 방패처럼 솟아 있는 우도와 일출봉을 바라보며 태양이 솟아오르는 길(일출)을 연상하는 관념요법
- 저지대 오름 등성이에서 자생하는 나무나 띠, 농경지에 재배된 겨울감자·당근·무 등 농작물 등을 관찰하며 배우는 지식요법과 사진으로 남기는 기록요법
- 두산봉 기슭에서 자라는 띠의 무리를 보며 농경사회의 초가지붕을 떠올려 보는 추억요법
- 복잡하게 얽혀 있는 머릿속 문제들이 자연스럽게 풀리고 비우고 새롭게 채울 수 있도록 하는 정화요법

- 수확이 끝난 밭에 하나씩 남아 있는 당근을 이삭 줍는 낙수落穗요법
- 밭담 옆 양지바른 곳에서 자연적으로 자란 야생 채소 등을 채취한 후 깨끗하게 씻고 생채로 먹는 식선食膳요법
- 서로 함께 어울려 걸으며 마음을 열어놓고 교감하는 소통요법

### ▲ 산림치유 체험

두산봉과 지미봉은 제주 동부지역인 성산과 구좌의 해안·저지대를 특징으로 하는 치유인자가 있는 곳이다. 서로 근접해 있는 이들 오름 중에 두산봉은 시작의 의미를 갖고 있는 반면 지미봉은 마지막을 상징하고 있다. 4명의 일행은 2월 9일 금요일 아침 9시 종합경기장에 모여 목적지를 향해 출발한다. 지난 10여 일간 제주는 1977년 이후 41년 만에 가장 많이 내린 폭설을 경험한다. 그동안 진행돼 왔던 수요일 탐방일정은 어쩔 수 없이 날씨가 풀리는 9일로 변경하지 않을 수 없었다. 치유탐방코스 또한 눈이 많이 쌓이지 않는 해안·저지대를 선택한다. 일행이 탄 차량은 새롭게 뚫린 조천 우회도로를 따라 성산읍 시흥리까지 내달린다. 1시간쯤 달려 시흥초등학교에 도착한다.

| 성산읍 시흥리 |

시흥초등학교 옆 골목에 주차한 일행은 도로를 따라 올레1코스 첫 출발지점으로 이동한다. 출발지점을 알리는 시흥리는 특별한 의미를 갖고 있다. 제주를 한 바퀴 도는 올레1코스의 시작점이다. 뿐만 아니라 제주시의 동쪽 끝인 종달리를 벗어나 서귀포시로 들어서는 경계

지점이다. 시흥리 설촌유래는 500년 전쯤으로 알려지고 있다. 두산봉을 중심으로 마을을 이뤄 살다가 해안 쪽으로 이동한다. 그럼에도 시흥리 바닷가에서 신석기시대 조흔문토기가 발굴된 것으로 볼 때 1,000년 전에도 사람이 살았을 것으로 추정하고 있다.

'맨 처음 마을'이라는 뜻의 '시흥리' 마을로 불려진 시기는 제주·정의·대정현 등 3개 행정구역으로 구분되던 110년 전이다. 시흥리의 면적은 7.97㎢이고, 이 중 경지면적이 70% 이상을 차지한다. 세대수는 2017년말 기준 553세대를 이룬다. 인구는 1,159명으로 남자가 121명 더 많다. 지형은 평탄해 대부분 밭농사를 짓고 있다. 대표적인 작물은 감귤을 비롯해 당근·감자·무 등이다.

| 두산봉과 두산봉알오름 |

두산봉으로 가는 올레1코스 첫 출발지점에 이른다. 농로로 들어서는 모퉁이에는 시흥리를 소개하는 안내판이 서 있다. '서귀포의 시작, 제주올레의 첫 마을'이라는 제목이 눈에 들어온다. 돌담으로 경계를 한 밭들이 자리 잡고 있다. 아직 수확을 하지 않는 무와 당근이 겨울 추위를 이겨내고 있다. 검은 흙 속에 파묻혀 있다. 이곳의 땅의 색깔은 다른 지역에 비해 유독 검다. 일부 수확을 한 곳도 있다. 눈앞 가까이에는 두산봉이 버텨 서 있다. 남쪽으로 향한 깎아지른 절벽이 늠름하다. 농로 따라 1㎞쯤 들어간다. 제주올레안내소가 기슭에 있다. 두산봉으로 들어서는 길목에 왔음을 알린다. 두산 부인이 들머리에서 우리를 기다리고 있다가 반갑게 맞이한다. 첫인사를 나눈다. 곧바로

부인의 안내에 따라 건물 안으로 들어간다.

부인의 이름은 다양하게 불린다. 동물의 머리를 상징하는 '頭'자, 또는 몸집이 크다는 '斗'자를 사용하기도 한다. 말을 많이 방목했던 곳이라는 뜻에서 '말미'의 '馬'자를 쓰기도 한다. 그래서 두산봉 또는 말미오름으로 부르고 있다. 부인의 집 주소는 성산읍 시흥리 산1-5번지이다. 해발 25.5m 위치에 101m의 높이로 집을 짓는다. 정원은 924,938$m^2$에 이른다. 특징적인 것은 건물의 모양이다. 동남쪽 벽은 둥그런 옹벽처럼 둘러싼 낭떠러지이다. 이는 오랜 세월 파도 등의 침식에 의해 만들어진 것이다.

반면 북서쪽은 완만한 구릉지를 이룬다. 실제 이 건물은 두 번에 걸쳐 형성된다. 첫 번째는 바닷물 속에서의 화산폭발에 의해 지어진다. 두 번째는 시차를 두고 또다시 같은 건물에서 화산폭발이 발생해 또 하나의 건물이 생긴다. 해안지역의 건물(당산봉 등)에서 이런 유형이 자주 목격된다. 전문용어로는 이중식화산체라고 한다. 건물 내에 들어선 작은 건물은 알오름 또는 새끼오름이라고 부른다. 알오름은 원추형 굼부리이다. 그래서 두산봉알 선비이다. 선비의 집 주소는 시흥리가 아니라 종달리 산13-1번지에 두고 있다. 선비의 건물은 두산봉 안에 지어졌기 때문에 해발높이는 두산봉(비고를 뺀 해발 25.5m)보다 69.4m 더 높다. 물론 건물 높이는 51m에 이른다. 정원 규모는 142,515$m^2$이다.

일행은 넓은 정원에 놓여 있는 산책로로 들어선다. 남쪽 들머리 입구에는 소망쉼터가 마련돼 있다. 소망의 글을 적어 정자 처마에 매달아 놓으면 소원이 이뤄질 수 있다는 의미를 담고 있다. 산책로는 깔끔하게 정돈돼 있다. 오고가는 사람들로 인해 미끈하게 다려져 있다. 가는 길은 경사가 심하지 않다. 한숨에 건물 꼭대기에 오를 수 있다. 동쪽과 남쪽을 본다. 태평양 망망대해가 눈앞에 펼쳐진다. 바닷가에서 멀지 않은 곳에 우도와 일출봉이 솟아 있다. 오름 기슭에서부터 해안까지 넓은 평지이다.

한반도 지형과 비슷하게 생긴 밭이 드넓은 농경지 속에 숨어 있다. 수확을 하지 않은 무와 당근 밭은 푸르름이 살아 있다. 눈은 많이 녹아 흔적조차 없이 사라진다. 등성이 산책로를 따라 진행한다. 길은 유난히 꼬불꼬불하다. 그러나 알오름 기슭 굼부리는 평평하다. 그곳은 밭이 조성돼 무와 당근이 심어져 있다. 수확에 여념이 없는 농심이 바쁘다. 소와 말들이 목을 축이는 연못이 있다. 이를 뒤로 하고 알오름 등성이를 넘는다. 눈이 녹고 있는 산책로는 질퍽하다. 경사진 넓은 등성이에는 띠(새)가 바람과 함께 춤을 춘다. 부드럽고 일사불란하게 흔드는 춤 솜씨가 일품이다. 어느덧 세심하게 안내를 해준 두산 부인과의 작별 인사를 한다.

두산봉 정상에서 바라본 일출봉과 농경지

두산봉 등성이에 자란 띠가 하늘의 하얀 구름과 조화를 이루고 있다.

두산봉을 벗어나 시멘트포장 농로로 들어선다. 농로에는 무들이 나뒹굴고 있다. 차에 싣고 가던 무가 하나둘씩 도로에 떨어져 있다. 농로를 따라 걷고 걷는다. 잎이 바싹 마른 감자밭이 보인다. 밭에 들어가 발로 흙을 조금 걷어내자 토실토실한 겨울감자의 모습이 드러난다. 수확을 앞두고 있는 듯하다. 무밭도 보인다. 무의 잎이 한 무리씩 띄엄띄엄 누렇게 변해 있다. 한파로 인해 월동무가 일부 얼어버린 것 같아 안타깝다. 농경지 한 모퉁이에는 자연에서 스스로 자란 야생 야채(유채나물)가 보인다. 한 줌 뜯어 배낭에 넣는다.

| 종달리 지미봉 |

일행은 감자밭을 지나고 무밭을 지나 종달리 1교차로를 넘는다. 종

달초등학교 옆 마을 안길에 들어선다. 시간은 점심시간을 훌쩍 넘기고 있다. 마을 안길에 있는 작은 식당을 찾아 야생 채소를 곁들여 점심을 한 후 곧바로 이동한다. 종달리 옛 소금밭 인근 도로에서 지미봉 쪽으로 방향을 튼다. 아스팔트길을 따라 발길을 재촉한다. 어느새 동쪽 지미봉 들머리 주차장에 이른다.

지미봉은 제주올레 마지막 코스인 21코스 끝 부분에 속한다. 구좌읍 하도리 창흥동 철새도래지를 넘으면 종달리 해안으로 이어진다. 옹기종기 모여 있는 밭 사이로 난 작은 밭길을 따라가면 지미봉 서쪽 들머리에 다다를 수도 있다.

지미봉 주차장에 들어선 일행은 지미 부인과 마주한다. 지미 부인의 이름은 일반적으로 '땅끝'이라는 뜻이 담긴 '地尾'로 사용하고 있다. 물론 '只未'로 쓰이기도 하지만 지금은 거의 사용하지 않고 있다. 부인은 구좌읍 종달리 산31번지에 정착한다. 해발 6m 위에 160m 높이로 건물을 짓는다. 건물은 원뿔 모양과 비슷하다. 동쪽으로 볼록 튀어나온 부분이 꼭대기이다. 북쪽으로 터진 방에는 활엽수가 빼곡

지미봉 기슭 둘레길

하게 들어차 있다. 침엽수 소나무도 있다. 정원 규모는 423,814$m^2$에 이른다. 서쪽과 남쪽의 경사지에는 식재된 소나무와 삼나무가 자란다.

　부인은 일행을 건물 안으로 안내한다. 남쪽 기슭의 둘레길을 따라 걷다 서쪽의 계단을 오르면 된다고 귀띔한다. 그렇게 걷기로 하고 일행은 기슭 둘레길을 밟는다. 우뚝 솟은 건물을 병풍 삼아 조성된 길은 깔끔하다. 평평하고 한적하다. 벚나무들이 줄지어 서 있다. 곳곳에는 대나무들이 있다. 기슭 너머로 농경지들이 있다. 정답게 이야기를 나누며 걸어가고 있는데 건물 옥상으로 들어가는 계단이 보인다. 더 이상 가지 않고 이 계단을 타기로 한다. 돌로 만들어진 계단이다. 가파르다. 숨이 턱밑까지 차오른다. 잠깐 잠깐 쉬면서 오른다.

　비탈진 등성이에는 소나무들이 자란다. 한발 한발 오르다보니 꼭대기로 연결된 산책로와 만난다. 옥상 가까이에 이를 즈음 감귤나무(실생목) 한 그루가 산책로 가장자리에서 자라고 있다. 신기하다. 조금 더 오르자 이번에는 팽나무와 소나무 줄기가 서로 엉켜 있는 연리목이 있다.

　옥상에 도착한다. 옥상에는 나무 평상이 마련돼 있다. 동쪽 바닷가를 본

지미봉 정상 등성이에 있는
팽나무·소나무 연리목

다. 종달리 모래밭 해안 너머로 우도와 일출봉이 시원하게 들어온다. 남쪽으로는 식산봉, 두산봉이 솟아 있다. 저 멀리 한라산 백록담에서부터 굽이굽이 돌고 돌아 내려온 오름 능선의 종착역이다. 그리고 바다에 떠오르는 태양이 시작점이다. 기슭을 따라 옹기종기 모여 있는 마을 집들이 고즈넉하다. 옥상에서 바라본 수평선은 태양이 떠오르는 시작점이다. 이의 느낌을 전한다.

〈해문이 열리고 / 한영조(이하 이름 생략)〉

이른 새벽 / 동녘 끝 종달리 / 지미봉 정상에서 / 망망대해를 바라보면 / 나도 모르게 / 마음이 설렌다

태평양 물결 / 멀지 않은 곳에 / 창과 방패 같은 / 거대한 주춧돌 / 양편에 솟아 있어

하나는 / 달려들 기세처럼 / 긴 꼬리 늘어뜨려 / 엎드려 있고 / 또 하나는 / 어느 누구도 / 무너뜨릴 수 없는 / 견고한 성처럼 쌓아 / 팽팽한 긴장감

그 사이로 / 어둠을 밀어내며 / 이글거리는 / 태양이 들어온다

저 눈부신 태양 / 이 땅의 생명 / 만물에게 공급할 / 에너지 원천 / 수평선 너머에서 / 가져올 수 있도록 / 열어놓은 길 따라 / 한발 한발 내딛는다

그것은 / 그 옛날 / 오름왕국 건설 때 / 만들어진 / 해문이요, 해로이다

그 길 있기에 / 오늘도 / 햇살 한 바구니 가득 / 안고 들어 와 / 골

바다 멀리 왼쪽의 우도와 오른쪽의 일출봉 사이로 터진 태양의 길

고루 / 풀어 놓으면

다 함께 / 가질 만큼만 갖고 / 새 잎 새 꽃에 / 요긴하게 쓰고 / 나도 쓸 만큼 쓰고

앞으로도 / 영원히 / 환호작약하며 / 쓸 수 있음에 / 더없이 기쁘다

일출봉과 우도 사이로 새벽마다 솟아오르는 태양은 이 땅에서 나고 자란 모든 생명들에게 햇살을 골고루 뿌려주고 서쪽 너머로 떠난다. 그 길을 열어놓은 오름왕국과 하루도 거르지 않고 찾아오는 태양의 고마움에 감사하는 마음이 든다. 그리고 가파른 나무계단을 밟으며 내려온다. 나무계단 몇 개는 너무 삭아 부서져 있다. 주차장에 도착한 일행은 지미봉 부인과 작별인사를 하고 헤어진다. 그리고 오늘의 치유탐방일정을 마감하고 돌아오는 길에 특이한 광경 하나를 목

격한다. 차량들이 쌩쌩 내달리는 아스팔트 대도로 위에 수꿩 두 마리가 한 짝처럼 달려간다. 갈 길을 잡지 못해 여기로 갔다 저기로 갔다 한참을 헤맨다. 마치 묘기를 펼치는 것 같다. 그러고는 안식처인 주변 밭으로 푸드덕 날아간다. 이렇게 해서 실제 걸은 거리는 2시간 48분에 걸쳐 11.19$km$를 걸었으며 걸음 수는 18,827보이다. 이로 인한 에너지 소모량은 650kcal이다.

### ▲ 참여자 소감

두산봉과 지미봉 치유탐방을 마친 후 참여자들이 느낀 소감을 설문조사를 통해 확인한 결과를 종합적으로 정리하면, 오름과 바다, 그리고 농촌마을이 하나로 어우러져 고즈넉한 조화를 이루고 있다. 모처럼 찾아온 따뜻한 햇살이 도로와 부딪치며 빛난다. 달리는 차창 너머로 봄의 기운이 감도는 듯하다. 산야의 눈은 녹아내린다. 하늘은 구름 한 점 없이 맑다. 군데군데 잔설이 남아 있다. 음지에 남아 있는 눈을 밟는다. 눈 녹아 고여 있는 물이 질퍽하다. 그래도 저 높은 곳의 한라산은 아직도 두툼한 하얀 옷을 입고 있다.

시흥초등학교 운동장은 아담하다. 정겨운 철봉이 눈에 들어온다. 해안 절벽에서나 볼 수 있는 기암절벽을 넓은 들판에서 볼 수 있는 것 또한 신기하다. 두산봉의 탐방로와 농로는 꼬불꼬불하다. 두산봉 정상에서 본 일출봉의 자태가 으뜸이다. 파도 없는 바다가 고요하다. 한라산에서부터 능선줄기 따라 이어진 오름행렬에 압도된다. 두산봉 등성이에 군락을 이룬 띠의 무리를 보면서 초가지붕을 덮었던 추억 속으로 빠져든다. 농로와 밭의 경계를 표시한 돌담이 정겹다. 농경지의 흙은 유난히 검다. 채 수확하지 않는 무밭을 본다. 질서정연하게 줄지어 있는 무들이 인상적이다. 일부 밭에서는 무 수확이 한창이다. 자연과 함께 호흡하며 살아가는 농부들의 삶이 왠지 풍요로워 보인다. 당근과 감자가 땅속에서 추운 겨울을 이겨내고 있다. 수확이 끝난 밭에서 당근 이삭줍기를 한다. 흙 묻은 손을 눈으로 씻어낸다. 밭담 옆 양지바른 곳에서 자란 야생 채소를 채취해 점심 때 곁들여 먹으며, 남들보다 먼저 봄의 맛을 음미한다.

종달리 마을 안길을 따라 지미봉으로 간다. 가는 길에 백로 한 마리가 길 가장자리에서 서성이다 밭담을 넘어 먼 곳으로 날아간다. 정상에 오르기에 앞서 기슭에 조성된 둘레길을 걷는다. 벚나무 등이 일렬로 서 있어 색다른 분위기를 연출한다. 정상으로 가는 산책로 계단이 가파르다. 다리가 뻐근할 정도로 힘에 부친다. 정상 등성이에는 팽나무와 소나무의 줄기가 서로 의지하며 삶을 살아가는 연리목이 보인다. 나무도 공존의 섭리를 익히 알고 있는 것 같다. 정상에서 바다에 떠 있는 듯 솟아 있는 우도와 일출봉이 아름답다. 아침마다 태양을 맞이하고 있는 듯하다. 시간은 가고 봄은 온다. 11년 만에 다시 찾은 두산봉의 느낌이 묘한 감흥을 자아낸다. 내 스스로 많은 변화가 있었건만 두산봉은 그대로인 것을 보면서 세월이 덧없음을 느낀다. 오백년 도읍지를 필마로 돌아드니, 산천은 의구하되 인걸은 간데없네…. (후략) 길재의 시가 떠오른다.

나무와 띠, 누렇게 마른 억새에서도 새로운 봄 향기가 풍긴다. 소나무 숲길, 농로를 걸으며 평화로움을 얻는다. 포근함과 안온함, 정신적 안정감을 느낀다. 돌아오는 길에 차창 너머로 수평 두 마리를 본다. 차량들이 쉴 새 없이 오고가는 아스팔트 도로에서 짝을 이뤄 군무를 한다. 그러고는 먼 곳으로 날아간다.

한편 개선사항으로는 지미봉 동남쪽 산책로 나무계단이 썩거나 삭아 부서져 있어 재정비가 시급하다. 당근이나 무 등 농작물을 수확한 후에 잡초 등을 제거하기 위해 제초제를 뿌리는 경우가 있어 안전주의를 위한 농약살포 안내판 표시가 필요하다.

## ▲ 치유적 시사점

이번 치유탐방은 동쪽 끝에 있는 두산봉과 지미봉, 그리고 바다가 어우러진 고즈넉한 농촌 마을 등을 소재로 한 영화 한 편을 본다. 먼저 지미봉은 땅끝의 오름이다. 이뿐만이 아니다. 지미봉은 백록담에서부터 굽이굽이 이어진 오름행렬 능선줄기의 말단 오름이기도 하다. 오름 모양 또한 종처럼 둥그렇게 솟아 있어 마치 새벽을 여는 종소리가 들리는 듯하다. 서북쪽에는 구좌읍 하도리 창흥동과 마주한다. 이곳에는 하도철새도래지가 있어 해마다 많은 철새들이 이곳으로 날아들어 겨울을 난다. 하도리와 경계를 이루고 있는 종달리는 지미봉을 품고 있으면서 제주시의 동쪽 끝의 마을이다. 한경면 두모리가 제주지역 마을의 머리라면 종달리는 끝이다. 종달리는 제주올레 마지막 코스인 21코스의 종착지이기도 하다. 종달리 마을 안길을 돌고 돌아 넘으면 성산읍에 속한 시흥리로 이어진다. 시흥리는 '맨 처음 마을'이라는 뜻이 담겨 있다. 제주·정의·대정현 등 3개 행정구역체제에서는 처음 부임한 목사가 마을 순찰을 할 때 가장 먼저 시흥리부터 시작해 종달리에서 마친다는 이야기가 있다. 시흥리는 제주올레1코스의 출발점이기도 한다. 시흥리에 속한 두산봉은 알오름을 품고 있다. 그런데 이 알오름은 종달리에 주소를 두고 있다. 이처럼 두산봉은 제주시와 서귀포시로 쪼개져 있다. 이뿐만이 아니다. 이곳의 바닷가는 아침마다 태양이 가장 먼저 출근하는 동쪽이다. 이것으로 볼 때 지미봉의 끝은 곧바로 두산봉의 시작을 의미한다. 그래서 시작과 마지막, 처음과 끝은 나눠지는 것이 아니라 하나로 이어지는 이음이며 동행의 에너지가 흐르고 있다. 누구라 할 것 없이 모두 함께 새로운 목표를 세우고 새 출발의 힘을 얻을 수 있는 치유력을 갖고 있다.

# 올레9코스와 월라봉

### ▲ 월라봉 현황

| 대표명칭 | 월라봉(다래오름) |
|---|---|
| 세 대 주 | 월라부인(복합형) |
| 주 소 | 안덕면 감산리 1148번지 |
| 시설규모 | 해발높이 200.7m / 건물높이 101m / 시설면적 818,809$m^2$ |
| 이웃시설 | 창고천, 안덕계곡, 올레9코스, 대평포구, 몰질, 화순금모래해변, 산방산, 군산 등 |
| 특 징 | 박수기정, 이두어시, 양쪽으로 트인 굼부리, 왕바위, 일제 동굴진지, 전망대 등 |

| 치유탐방코스 |

화순금모래해변 주차장(0km) → 화순선사마을유적공원(1.2km) → 황개천 올레화장실(1.4km) → 볼레낭길(2.5km) → 이두어시(3.2km) → 한밭소낭길(4.4km) → 몰질(5.4km) → 대평포구(5.7km) → 대평리버스정류장(6.6km) → 군산 기슭 아스팔트도로 앞(7.53km)

### ▲ 탐방지 날씨 및 실측정보

탐방일자 2018년 4월 18일   탐방인원 6명

탐방시간 10:04   종료시간 13:25

현장날씨  맑음 / 온도 18° / 체감온도 9° / 습도 65% / 풍속 1m/s

실측현황

**걸은 거리**  7.53㎞　　**걸은 시간**  2시간 35분(휴식시간 등 제외)

**만보기**  10,952보　　**칼로리소모량**  570kcal　　**난이도**  중

## ▲ 관찰된 주요 산림치유인자

| | |
|---|---|
| 생물 요소 | 보리장나무, 상동(삼동)나무, 소나무, 산딸기나무, 으름덩굴, 갯방풍, 갯무, 야자나무, 매실나무, 수평, 감자 등 |
| 오감 요소 | 'ㄱ' 모양의 박수기정 단애의 웅장함, 신선한 바람의 촉감, 잔잔한 쪽빛 바다의 포근함, 한적한 대평포구 풍경 등 |
| 지형 요소 | 월라봉의 높은 비고, 깊게 팬 기슭, 깎아지른 듯한 모양의 벼랑 박수기정, 저승 가는 문 이두어시, 대평포구, 창고천, 화순리선사유적지 등 |
| 기후 요소 | 보드라운 바닷바람, 따뜻한 기온, 푸른 잎을 키우는 햇빛 등 해안 및 저지대 4월 중순 날씨 |
| 심리 요소 | 탈출감, 해방감, 농촌의 한적함, 해안포구의 고요함, 태평양의 광활함, 자유로움, 자신과의 대화, 자기 이해, 긍정적 사고 등 |
| 사회 요소 | 대화와 소통, 이해와 배려, 교감, 관계 형성, 넉넉한 마음, 추억의 회상 등 |

## ▲ 적절한 치유요법

- 해안가, 오름, 농어촌의 아스팔트길 등을 걷는 유산소 운동요법
- 해안가와 오름 속 농경지, 드넓은 에메랄드빛 바다를 조망하는 경관요법
- 월라봉 내 사라진 마을과 밭농사, 해안마을 등을 관찰하며 배우는 지식요법과 사진 등으로 남기는 기록요법

- 자연적으로 자란 상동나무 열매와 보리장나무 열매 등을 따먹으며 그 맛의 고유한 특성을 느끼는 미각요법과 어릴 적 경험을 생각하는 회상요법
- 한적한 농어촌과 해안가, 오름 등을 걸으며 복잡하게 얽혀 있는 머릿속 문제들이 자연스럽게 풀리고 비우고 새롭게 채울 수 있도록 하는 정화요법
- 현지의 특산물인 자리돔 등으로 조리한 음식을 찾아 시식하며 음미하는 식이요법
- 따뜻한 봄철 탁 트인 해안가 오름이나 농어촌 시골길을 걸으며 따뜻한 햇볕을 쬐며 호르몬 분비의 활성화와 비타민D를 보충하는 일광요법
- 서로 함께 어울려 걸으며 마음을 열어놓고 교감하는 소통요법
- 시원한 바닷바람의 세기와 소리, 방향 등을 느끼고 얼굴 등에 와 닿는 촉감 자극을 받으며 즐기는 풍요법

### ▲ 산림치유 체험

올레9코스와 월라봉은 제주 서부지역인 안덕면 해안·저지대를 특징으로 하는 치유인자가 있는 곳이다. 일행은 여느 때와 마찬가지로 4월 18일 오전 8시 40분 제주시종합경기장 내 수영장 공터에서 모여 애조로와 평화로를 따라 목적지로 향한다. 이날에도 미세먼지는 옅게 끼어 있다. 차량 문을 닫으니 차 안은 뜨거운 열기로 가득하다. 산방산 기슭 사계리를 거쳐 화순금모래해변 주차장에 닿는다. 지난주

에 치유탐방했던 한라산 숲속 동백길과는 다른 분위기의 치유탐방코스이다. 우리에게 다가온 것은 숲 그늘이 거의 없는 해안마을이다. 하늘에서 내리쬐는 직사광선이 아스팔트와 부딪치며 내뿜는 반사열기가 생각보다 강하다.

당초 계획대로 화순금모래해안에 있는 썩은다리에서 송악산으로 이어지는 올레10코스 치유탐방길에 나서려는 순간 눈앞에는 대규모 공사장이 가로막혀 있다. 어쩔 수 없이 치유탐방코스의 방향을 바꿔 월라봉과 대평포구로 이어지는 올레9코스를 탐방하는 것으로 계획한다.

| 화순금모래해변과 화순리 |

치유탐방 출발지인 화순마을의 면적은 536.56$ha$에 이른다. 해발 10~80m에 형성된 해안마을이다. 서쪽은 사계리, 동쪽은 감산리, 북쪽은 상창리, 남쪽은 태평양과 접해 있다. 서쪽에 수호신처럼 솟아 있는 산방산과 동쪽의 월라봉의 넓은 구릉지 사이에 자리하고 있다. 동쪽으로는 고래소·도막은소·도채비빌레를 휘감아 돌아온 창고천이 황개창을 넘어 드넓은 태평양으로 들어간다. 인구는 2017년말 기준 1,236가구에 2,609명이다. 화순리유적에 따르면 화순리 마을이 출현한 시기는 청동기시대가 끝날 무렵으로 보고 있다. 서남부지역에 가장 먼저 화순마을이 형성된다. 철기시대가 도래하면서 화순마을은 적극적인 대외교류와 함께 선진문물을 받아들이면서 더욱 커진다. 화순리 유적에서 출토된 철기와 옥제품 등이 이를 증명하고 있다. 이

같은 성장은 주변 곳곳으로 거점마을을 형성시키는 계기가 된다.

일행은 화순금모래해변 주차장에서 하차한다. 500m에 이르는 해변 한편에는 공사장 가림막이 둘러 있다. 화순항 해경전용부두 2단계 개발사업이 진행되고 있다. 썩은다리 서남쪽 해안 따라 돌더미 축조 공사가 한창이다.

화순금모래해변은 다른 해변과 견줄 수 없는 독특한 특징을 갖고 있다. 모래와 산호, 조개부스러기가 뒤섞여 조금 굵은 모래알갱이를 만든다. 저녁노을이 질 때 모래알갱이는 황금보석을 뿌려놓은 것처럼 금색으로 반짝거린다. 낮 시간 바쁘게 움직이던 갈매기가 떠난 뒤에야 반짝이는 금모래의 진가가 서서히 드러난다. 어둠이 내려앉을 즈음 들려오는 파도소리와 어우러져 진한 감동을 자아낸다.

서쪽으로 나가면 사계리이다. 제주에서 가장 먼저 화산활동이 이뤄진 것으로 알려진 용머리해안이 있다. 2010년 세계지질공원으로 지정된다. 그런 곳에 대단위 용머리관광지구 개발계획이 이뤄지고 있다. 세계자연유산 등재마저 취소된 상태이다. 아쉽게 그곳을 뒤로 하고 월라봉 쪽으로 방향을 돌린다.

화순마을 안길을 걷는다. 어느 집 올레 텃밭에 심어져 있는 매실나무에는 청매실이 주렁주렁 달려 있다. 조용한 마을에는 한국남부발전이 거추장스럽게 들어서 있다. 그 길을 따라 걷는 길목에 화순마을 출현 시기를 알려주는 유적지가 눈에 들어온다. 철기시대 서남부지역 대표적인 마을이었음을 알리고 있다. 뜨거운 햇볕을 안고 걷는다. 일행 중 일부는 직사광선 차단용 얼굴보호대를 하거나 눈부심을 막아주는 선글라스를 착용한다.

| 창고천과 월라봉 |

눈앞에는 거대한 오름이 서 있다. 그 기슭에는 하천이 흐른다. 하천을 건널 수 있도록 만든 다리를 만난다. 창고천이라는 표지판이 붙어 있다. 창고천은 안덕면 지역을 관통하는 하천이다. 서귀포향토문화백과사전에 따르면 한라산 삼형제오름 중에서도 말젯오름 해발 950m에서 발원해 감산리 해안으로 유입한다. 상류에서는 실개천과 같은 지류들로 복잡하게 얽혀 있다. 중류에 이르면 비교적 완만해진다. 산촌마을인 광평·상천·상창마을을 지나 하류인 안덕계곡에 이르러 급경사를 이룬다. 풍부한 수자원을 형성한다.

하구로 이어지는 황개천을 따라 저 넓은 태평양으로 흘러든다. 다리 이름이 황개교이다. 누런 물개가 나타나 울었다고 해서 붙여진 이름이다. 과거에는 물이 깨끗해 원앙·장어·민물참게 등이 살았던 서식지이다. 지금은 무분별한 개발과 생활하수의 유입으로 제 기능을 잃고 있다. 하천에 고여 있는 물이 오염돼 있음을 확인할 수 있다.

일행은 황개교에서 올레9코스를 끊어 걷는 것으로 의견을 모은다. 하천을 따라 올레코스인 자귀나무숲길로 진입하지 않고 곧바로 오름 등성이를 가로지르기로 한다. 하천을 넘어 오름 들머리와 마주한다. 월라月羅 부인이 반갑게 맞이한다. 부인의 이름은 일정하지 않다. 일부에서는 '다래'라고도 한다. 월라는 산체 모양이 달이 떠오르는 형세와 비슷하다고 해서 붙여진 이름이다. 다래는 등성이나 기슭에 다래

올레9코스 창고천 하류에 있는 황개천이 태평양과 맞닿아 있다.

나무가 많이 자생한 연유에서 유래되고 있다. 지금은 다래나무가 멸종돼 하나도 없다. 부인의 주소는 안덕면 감산리 1148번지이다. 사는 집은 해발 99.7m에 위치해 있다. 해안과 접한 것치고는 꽤나 높은 곳이다. 건물 높이는 101m에 이른다. 안방은 두 개로 이뤄진 복합형이다. 하나는 북동사면에 있고 또 하나는 남서사면에 있다. 안방구조가 보기 드문 대칭 형태를 이루고 있다. 건물 주위를 에워싸고 있는 정원도 넓다. 무려 818,809$m^2$에 이른다. 정원에는 한때 마을이 들어섰을 정도이다. 잡목들이 우거진 곳을 제외하고 밭을 일궈 농사를 짓고 있다. 정원 북쪽과 서쪽 기슭에는 창고천이 놓여 있다. 남동쪽에는 대평포구 쪽으로 깊이 패 있는 거대한 골짜기가 형성돼 있다.

　부인의 건물도 세월을 이기지 못하고 있다. 바다와 접한 남쪽 부분은 해수와 파도로 심한 침식을 받는다. 부딪히고 깎인 흔적이 80m 넘는 거대한 벼랑을 잉태한다. 박수기정이라는 이름을 부여받고 있다.

건물 곳곳에는 구멍이 뚫려 있다. 태평양(대동아)전쟁 당시 일제가 파놓은 진지동굴 7개가 있다. 1945년 '결7호작전'이라는 일제 군사작전으로 제주도를 결사항전의 군사기지로 만든다. 부인의 건물에 파놓은 동굴진지는 화순항으로 들어오는 미군을 저지하기 위해 구축한 것이다.

부인이 살아온 역사를 전해들은 일행은 남서방향을 타고 경사진 등성이를 오른다. 등성이에는 차량이 다닐 수 있을 정도로 넓은 비포장도로가 뚫려 있다. 도로는 비교적 완만해 걷는 데 어려움이 없다. 길 가장자리와 경사진 곳에는 관목과 잡풀로 덮여 있다. 걷는 도중 뒤를 돌아보니 산방산이 선명하게 눈에 들어온다. 장엄하고 웅장하다. 중간쯤에 이르니 올레9코스와 만난다. 끊어 걷기를 하지 않았더라면 건물 옥상 전망대는 물론 봉수대 등을 둘러볼 수 있었을 것이다.

안덕면 감산리 월라봉 중턱 등성이에서 바라본 산방산이 우뚝 서 있어 위용을 자랑하고 있다.

아쉬움을 뒤로하고 올레코스 역방향으로 들어선다. 관목으로 둘러싼 좁은 길을 걷는다. 나뭇잎은 어느덧 연초록을 벗어내고 짙은 초록으로 갈아입고 있다. 볼레낭(보리장나무)길이다. 돌무더기 위로 상동(속칭 삼동)나무가 푸른 잎을 키우고 있다. 잎 틈새로 열매가 얼굴을 내민다. 덜 익은 퍼런 것, 까맣게 익은 것이 함께 있다. 익은 것만 따서 먹는다. 맛이 있다. 블루베리 맛이다. 어린 시절 등하교 때 길가에 있는 상동열매를 따 먹었던 기억이 떠오른다. 입 주위가 까맣게 물들 정도로 먹었던 추억이 남아 있다.

볼레낭길에 있는 보리장나무 열매가 붉게 익어 탐스럽다.

내리쬐는 햇볕을 맞으며 앞으로 나간다. 해안 절벽을 타고 보리장나무(속칭 밋볼레)가 군락을 이루고 있다. 붉게 익은 열매가 주렁주렁 달려 있다. 한줌 따서 즙만 빨아먹고 씨는 뱉는다. 나무마다 열매 맛이 다르다. 단 것과 씁쓰름한 것 등이 있다. 많이 먹으니 입안이 떨떠름하다. 보리장나무는 이곳이 군락지인 것 같다. 화순금모래해변 썩은다리와 황우치해안에도 무더기로 자생한다. 2017년 3월에 썩은다리 주변에서 비닐봉지 한가득 땄던 기억이 난다. 한쪽에는 으름덩굴이 있다. 나무줄기를 감아 오르는 덩굴 줄기에서 짙은 보라색 꽃이 활짝 피어 있다. 가을이 오면 풍성한 열매로 보답할 것이다. 으름은 머루·다래와 함께 산속 3대 과일 중의 하나이다.

바다 쪽으로는 낭떠러지이다. 거대한 절벽을 이루고 있다. 발끝에서 바라본 아래쪽은 아찔하고 위태롭다. 치명적인 아름다움이다. 높은 곳에서 봐서 그런지 바다는 더욱 에메랄드빛을 띠고 있다. 잔잔하다. 하얀 거품 하나 일렁거림이 없다. 마음 같아서는 풍덩 뛰어들고

월라봉 남쪽 평지 이두어시에 있는 소나무가 울창하게 자라 지나가는 탐방객의 그늘이 되고 있다.

싶은 착각이 든다. 바다 내음을 안고 다가오는 바람이 감촉을 자극한다. 흘린 땀을 씻어낸다. 얼굴피부를 휘감는 느낌이 무척이나 감미롭다. 저 멀리 남서쪽으로 형제섬과 송악산이 길게 이어진 것처럼 보인다. 길가 바닥에는 풀 사이로 갯방풍이 얼굴을 내민다. 길 따라 많이 솟아나 있다. 뿌리에서 여러 겹의 가지를 낸다. 3년쯤 돼야 하얀 꽃이 피고 열매를 맺은 후 죽는다. 최근에는 건강 나물로 많이 이용한다. 향긋하고 쌉싸름한 맛이 난다.

풀숲을 벗어나니 넓은 밭이 펼쳐진다. 비닐 멀칭구멍에서 감자 잎이 솟아나 자라고 있다. 다른 밭에는 메밀을 파종한 것 같다. 땅 위로 새순이 돋아나고 있다. 가뭄해갈을 위해 스프링클러가 돌아간다. 지나가는 길에 물벼락을 맞을 뻔한다. 한밭소낭길로 들어선다. 한밭은 크고 넓은 밭을 뜻한다. 밭 가장자리로 큰 소나무가 우거져 있는 길이다. 두 개의 계단으로 이뤄진 병풍바위(박수기정) 위쪽 넓은 평지가 있는 곳을 이두어시라고 한다. 이두어 伊頭御는 저승으로 들어가는 문으로 해석되고 있다. 'ㄱ'자 모양의 절벽 위의 평지이다. 절벽 높이는 80m에 이른다. 평지에는 1950년까지만 해도 20여 호에 이르는 촌락이 형성됐었으나, 4·3을 계기로 마을이 사라진다. 당시 이 길은 예래·대평·화순·모슬포를 연결하는 단거리 도보 교통로이다. 소나무 아래에는 나무의자가 놓여 있다. 잠시 숨을 고르며 차 한 잔을 나눈다. 아름다운 비경에 감탄사가 절로 난다. 절벽 동쪽 너머로 대평포구가 눈에 들어온다.

다음 목적지를 향해 발길을 재촉한다. 가는 길에 팻말을 본다. 사유지라는 표시가 돼 있다. "사람이 살고 있는 사유지입니다. 함부로 들어가거나 쓰레기 투기, 음주, 흡연을 삼가세요."라고 쓰여 있다. 또는 "이웃의 소중한 사유재산이므로 채취하지 마세요."라는 글귀도 있다. 처음 글귀를 볼 때는 '지금도 이 풀 속에 사람이 살고 있나.'라는 생각이 든다. 아무리 둘러봐도 집은 보이지 않는다. 농사를 짓고 있는 밭들만이 있을 뿐이다. 밭 사이로 난 길에는 야자나무와 갯무가 무더기로 자란다. 갯무가 하얀 꽃으로 일행을 반긴다.

올레9코스 소낭길 이두어시에서 바라본 대평포구가 아담하고 포근한 느낌으로 다가온다.

| 몰질과 박수기정 |

밭담 따라 밭길 따라 걷다보니 동쪽 골짜기 등성이에 있는 '몰질'에 다다른다. 한자로는 공마로貢馬路이다. 원나라의 지배를 받던 고려시대 이두어시 너른 들판은 말을 키웠던 군마육성목장이다. 즉 공마公馬를 기르는 '공물캐'이다. 여기에서 키운 말은 대평포구인 '당캐'를 통해 원나라로 보내진다. 그러기 위해서는 높은 언덕 목장지대 말들을 끌고 내려올 수 있는 길이 필요하다. 그래서 만들어진 길이다. 적어도 지금으로부터 700년 전에 만들어졌을 것으로 보인다. 역사 깊은 길이다.

대평포구로 이어진 길은 돌길이며 가파르다. 이 길 외에도 조슨길(조슨다리)이 있다. 바위 언덕을 쇠 연장인 정으로 쪼아 만든 길이다. 어느 날 할머니가 이곳 바위를 타고 넘어가려다 떨어져 죽게 된다. 이 일이 있은 후 송씨 노인이 정으로 일일이 바위를 쪼아서 길을 낸다.

박수기정이 병풍을 두른 것처럼 푸른 바다와 조화를 이루며 웅장한 모습을 하고 있다.

지금은 사유지에 있어 이용하지 않고 있다. 말들이 드나들었던 돌길을 밟으며 내려온다. 기슭에 이르러 월라 부인과 작별인사를 나눈다.

대평 마을과 접

한 곳에서 서쪽 바닷가 방향을 본다. 월라봉에서 봤던 아찔한 벼랑의 진모습이 드러난다. 박수기정이다. 해안과 접한 단애 밑에는 '박수'라고 불리는 폭포가 있다(김종철 오름나그네)고 한다. 안쪽에는 천연굴이 뚫려 있다. 이 폭포 암벽이 물을 바가지로 먹는다고 해서 붙여진 이름이다. 기정은 벼랑을 뜻하는 제주어이다. 감자 심어진 밭을 넘어 바닷가 가까이 다가가 박수기정의 웅장한 모습을 숨죽여 바라본다. 자연의 작품 앞에 압도된다. 발길을 돌릴 수 없다. 거대한 전투용 함정이 넓은 바다를 타고 나아가는 앞머리와 같다. 'ㄱ'자 단애의 기세등등함이 실감난다.

| 대평리 |

일행은 대평리로 들어선다. 절벽으로 두른 골짜기 끝은 대평포구이다. 올레9코스의 출발점이기도 하다. 서귀포시 하예동과 경계를 이루고 있다. 박수기정과 군산으로 둘러싸여 있다. 2017년말 기준 342가구에 605명이 살고 있는 아담한 마을이다. 대부분 해안지역을 중심으로 취락이 밀집돼 있다. 최근에는 외지인들이 많이 들어와 산다. 곳곳에는 빌라 등 건축물이 잇따라 지어지고 있다. 박수기정과 산방산 너머로 지는 노을이 아름다운 곳이기도 하다. 포구를 넘어 마을 안길로 들어선다. 자그마한 버스정류장이 있다. 올망졸망 여유로운 시골 풍경 그대로이다. 아스팔트 마을길을 걸어 군산 기슭까지 간 후 이 날의 일정을 마감한다. 이렇게 해서 실제 걸은 거리는 2시간 35분에 7.53$km$를 걸었으며 걸음 수는 10,952보이다. 이로 인한 에너지 소모

량은 570kcal이다.

### ▲ 참여자 소감

올레9코스와 월라봉의 치유탐방을 마친 후 참여자들이 느낀 소감을 설문조사를 통해 확인한 결과를 종합적으로 정리하면, 이번 치유탐방은 서남쪽지역 농어촌 해안마을과 오름의 특징을 갖고 있다. 미세먼지가 옅게 끼어 있지만 걷기에는 좋은 따뜻한 날씨이다. 화순금모래해변 주변의 대단위 공사와 소음 등으로 인해 올레10코스 주변을 치유탐방하기에는 부적절하다. 이의 역방향인 올레9코스를 탐방하기에 이른다. 탐방코스는 숲이 거의 없어 비교적 평이하다. 마치 어릴 적 뒷동산에 오르고 내리면서 산열매를 따 먹었던 옛 체험의 느낌이다.

화순선사유적공원은 탐라국 형성 초기 제주서남부 최대 거점 취락지역이다. 황개교에서 서북쪽으로 바라본 산방산이 장관이다. 따뜻한 햇볕을 받고 자란 식물들이 생동감으로 넘쳐난다. 푸른 신록으로 변해가는 오솔길에는 상동나무 열매와 보리장나무 열매가 많이 달려 있다. 볼레낭길 간이 전망대에서 바라본 바다색깔이 쪽빛 물감을 들인 것처럼 광활하게 펼쳐진다. 눈부시다. 바다를 사이에 두고 형제섬과 송악산 모습이 선명하다. 바다와 맞닿아 있는 깎아지른 절벽이 끝이 어딘지 모를 정도이다. 스프링클러가 돌아가는 밭두렁 길을 걸어가다 물세례를 맞을 뻔한다. 이두어시 안내판이 보인다. 애절함으로 만들어진 조슨다리 제목에 눈길이 간다. 돌길로 이뤄진 300m 거리의 몰질이 인상적이다. 여행작가 한비야는 "제주 올레길 만한 곳은 세상 그 어디에도 없다. 특이 이두어시로 올라가는 몰질이 멋있다."고 말한다. 웅장한 박수기정의 위엄이 드러난다. 파란 하늘에 수놓은 솜털 같은 구름이 군산 기슭 하늘에 펼쳐져 있다.

  치유적 관점에서는 자유롭다. 그냥 좋다. 탄식이 절로 나온다. 내리쬐는 햇볕에 일광욕을 제대로 한다. 벼랑을 타고 올라오는 바람과 뒤섞인 바다 냄새를 들숨과 날숨의 호흡조절을 통해 체득하고 그 효과가 정신적인 안정감을 준다. 헉헉대는 폐를 식혀주고 가라앉게 한다. 한밭소낭길의 소나무 사이로 바라본 바다풍경, 한적한 대평포구가 마음을 편안하게 한다. 쪽빛 바다의 청아함이 인상적이다. 잔잔한 바다 위를 걸어도 될 것 같은 착각을 해본다. 까마득한 절벽 아래로 사뿐히 뛰어내리고 싶은 충동에 빠지기도 한다. 아찔하고 짜릿하다. 청미래덩굴 새순, 보리장나무 열매, 상동나무 열매 맛이 어릴 때 먹었던 그 맛이다. 각기 고유한 맛을 갖고 있다. 떫은맛과 단맛 등이 어우러진다. 초등학교 소풍길에 따 먹었던 추억이 돋아난다. 저절로 마음이 풍요롭다. 대평리 자갈해변이 소리를 낸다. 파도에 의해 '자르르' 자갈 움직이는 소리가 마치 아기가 '까르르' 웃는 것과 같은 느낌을 받으며 저절로 미소를 짓는다.

  개선사항으로는 천혜의 아름다운 화순금모래해변을 중심으로 대규모 개발공사가 이뤄지는 것에 대해 이해할 수 없다. 인간의 지나친 이기심 때문에 아름다운 자연이 파괴되고 본래의 아름다움을 후대에 물려주지 못하는 우를 범하고 있다는 것에 가슴이 아프다. 산방산·쪽빛바다 등 수려한 자연환경이 살아 숨 쉬는 곳에 한국남부화력발전 시설이 들어선 것은 흉물이라는 생각이 든다. 심하게 경사지고 자갈로 덮인 몰질은 노약자·장애인 보행에 불편함이 많을 것으로 보여 이들이 다닐 수 있는 안전한 도로시설이 필요할 것으로 보인다.

### ▲ 치유적 시사점

이번 치유탐방코스는 안덕면 감산리에 있는 월라봉 연계 올레9코스를 소재로 한 영화 한 편을 감상한다. 월라봉은 북쪽의 감산리와 서쪽의 화순리, 남동쪽의 대평리 등 3개 마을을 경계로 하고 있다. 남쪽 해안은 'ㄱ'자 모양의 거대한 낭떠러지 벼랑을 이루고 있다. 동쪽으로는 고개 너머 군산과 이웃해 있으며 서쪽으로는 화순금모래해변을 건너 산방산이 우뚝 솟아 있다. 오름 북쪽과 서쪽 기슭을 싸고돌아 남서쪽으로 흘러 태평양으로 들어가는 창고천이 있다. 한라산 삼형제오름에서 발원한 창고천은 하류에 이르러 수려한 계곡인 안덕계곡을 형성한다. 남동쪽에는 대평포구로 이어지는 깊숙한 골짜기가 있다.

사방으로 빼어난 경관을 두르고 있는 월라봉은 해안과 접한 오름 가운데 가장 큰 면적을 차지하고 있다. 오름 정상에서 해안으로 이어지는 남쪽 등성이는 넓고 평평한 평지를 이룬다. 과거 이곳에는 마을이 형성돼 대평리에서 화순리로 넘어가는 지름길이기도 하다. 고려시대에는 말을 키웠던 목장지대이다. 이렇게 평평한 지형은 바다와 만나면 천길 벼랑을 이룬다. 창고천 역시 하류로 내려갈수록 거친 계곡을 이룬다. 하류와 해안에서 험준한 지형 구조를 이루고 있는 것이 특징이다. 그 지형은 거대한 암석 덩어리를 재료로 하고 있다. 갖가지 기묘한 단애를 연출하고 있다. 완만한 경사를 이루고 있는 성산 동쪽 해안과는 완전히 다른 모양이다. 이곳을 잇는 올레9코스 또한 가장 짧고 심하게 꾸부러져 있다. 그러다가도 마을 포구로 들어서면 해안 마을이 아담하고 포근하다. 그래서 이곳은 태풍전야처럼 평온함 속에 긴장감이 있고 아찔한 스릴 속에 고요함이 서려 있는 극과 극 양면의 치유력을 갖고 있다.

제주 숲과 오름 치유력

Part 2
# 중산간지대 치유탐방 7선

부드러운 능선을 타고
야생화와 이야기를 나누며 가노라면
어느새 가을바람이 찾아와 이마에 흘린 땀을 식혀준다.
시원하게 불어오는 가을바람에 온몸을 맡긴다.

# ⋮ 쫍븐갑마장길과 따라비오름

## ▲ 따라비오름과 대록산 현황

| 대표명칭 | 따라비오름 |
|---|---|
| 세 대 주 | 따라비부인(복합형 굼부리) |
| 주  소 | 표선면 가시리 산63 |
| 시설규모 | 해발높이 342m / 건물높이 107m / 시설면적 448,111㎡ |
| 이웃시설 | 쫍븐갑마장길, 큰사슴이오름 연결 |
| 특  징 | 목장길, 아름다운 능선, 가을 억새, 오름의 여왕 |

| 대표명칭 | 큰사슴이오름(대록산) |
|---|---|
| 세 대 주 | 대록부인(원형 굼부리) |
| 주  소 | 표선면 가시리 산68 |
| 시설규모 | 해발높이 474.5m / 건물높이 125m / 시설면적 522,097㎡ |
| 이웃시설 | 쫍븐갑마장길, 따라비오름 연결 |
| 특  징 | 작은사슴이오름 포함 녹산장, 조선시대 대단위 목마장 |

| 치유탐방코스 |

행기머체(0) → 가시천(0.9km) → 따라비오름(2.7km) → 잣성(4.6km) → 국궁장(5.7km) → 큰사슴이오름(7.1km) → 유채꽃프라자(8.4km) → 꽃머체(9.7km) → 행기머체(11.64km)

## ▲ 탐방지 날씨 및 실측정보

탐방일자 2017년 11월 15일   탐방인원 7명

탐방시간 09:50              종료시간 14:34

현장날씨 맑음 / 온도 14° / 체감온도 10° / 습도 51% / 풍속 5m/s

실측현황

**걸은 거리** 11.64km   **걸은 시간** 3시간 45분(휴식시간 등 포함)

**만보기** 16,400보   **칼로리소모량** 683kcal   **난이도** 하

## ▲ 관찰된 주요 산림치유인자

| 생물 요소 | 억새, 물매화, 섬잔대, 둥굴레, 보춘화, 편백나무, 청미래덩굴 등 |
|---|---|
| 오감 요소 | 탁 트인 경관, 부드러운 능선, 식물 색채, 오름 침묵 |
| 지형 요소 | 오름 정상, 경사진 계단, 경관 의자, 목장길 등 |
| 기후 요소 | 청정한 공기, 쾌적한 온도, 햇빛, 바람, 습도 |
| 심리 요소 | 탈출감, 쾌적감, 자신과의 대화, 자기 이해 등 |
| 사회 요소 | 대화의 기회, 이해와 배려, 소통, 교감 등 |

## ▲ 적절한 치유요법

- 중산간 넓은 평지 흙길과 경사지를 걷는 유산소 운동요법
- 광활한 목장지대를 조망할 수 있는 경관요법 및 명상요법
- 부드러운 능선과 굼부리의 아름다움을 느낄 수 있는 접촉요법
- 들판을 걸으면서 또는 의자에 앉아 햇볕을 쬐는 일광요법
- 계절별로 다양하게 피어나는 야생화 생명력을 감상하고 느끼는 교감요법

- 옛 선조들이 말을 키우며 살았던 녹산장의 역사를 이해하는 지식요법
- 청명한 가을하늘의 창공을 쳐다보며 마음의 탐욕을 털어내는 심상요법

### ▲ 산림치유 체험

표선면 가시리에 있는 쫄븐갑마장길과 따라비오름은 제주 동부지역 중산간지대를 특징으로 하는 치유인자가 있는 곳이다. 10km에 이르는 쫄븐갑마장길의 출발지는 행기머체에서 시작한다. 이외에도 가시리 마을을 거쳐 따라비오름 주차장으로도 진입할 수 있다. 11월 15일 7명의 일행은 가을바람을 타고 표선면 가시리로 발길을 옮긴다. 들녘의 나무들은 겨울채비를 하려는 듯 색동옷을 벗고 있다. 초입지 행기머체에는 바람이 조금 세게 불고 있다. 깊어가는 가을이라서 그런지 날씨는 조금 쌀쌀한 기운이 감돈다. 7명의 일행 중에는 마스크까지 착용한 사람도 있다. 오전 9시 50분 그렇게 기다리던 쫄븐갑마장길에 첫발을 내딛는 순간이다. 행기머체에서 출발한 일행은 따라비오름을 향해 오른쪽 길로 들어선다.

| 행기머체와 꽃머체 |

첫 번째로 인사를 나눈 곳은 행기머체이다. 머체란 제주도 방언으로 돌무더기를 말한다. 행기물은 놋그릇에 담긴 물을 의미한다. 행기머체는 머체 위에 행기물이 고여 있었다 하여 붙여진 이름이다. 그런

데 머체는 용암이 굳어 생긴 거대한 바윗덩어리를 말한다. 이 바윗덩어리는 원래 땅속에 있었던 것이다. 오랜 세월 침식작용을 거치면서 땅 위로 드러난 것이다. 이를 전문용어로 지하용암돔인 크립토돔이라고 한다. 100m 근처에 있는 꽃머체도 같은 지질적 특성을 갖고 있다. 얼마나 많은 세월이 흘렀기에 머체 위에도 생명이 숨 쉬고 있을까? 나무가 자라고 꽃이 핀다. 상록수가 빽빽하게 들어차 있다.

| 가시천 |

행기머체에서 오른쪽으로 난 흙과 돌길을 따라 1km쯤 가다 보면 가시천과 마주한다. 가시리에서 발원해 세화리 해안으로 흘러가는 7.4km의 하천이다. 넓은 초원지대를 가로질러 흐르는 하천은 오아시스와 같다. 하천을 따라 울창한 수림이 조성돼 있다. 구실잣밤나무 가지 사이로 조용히 고여 있는 물웅덩이가 보인다. 사람의 손이 닿지 않은 원형 그대로이다.

| 따라비오름 |

가시천 숲을 벗어나면서 저 멀리 우뚝 솟아 있는 따라비오름이 눈에 들어온다. 1.8km를 걷고 걸어 쫄븐갑마장길과 연결된 따라비오름 삼거리 지점에 다다른다. 따라비 부인(굼부리 있는 오름)이 기다렸다는 듯이 반긴다. 길가와 들판에는 억새꽃으로 물들어 있다. 이곳을 찾는 나그네에게 나름의 아름다움을 선물하고 있다. 부인의 집으로 들어가는 길은 경사져 있다. 기존 따라비오름 주차장을 거쳐 들어오는 출입

문은 'ㄹ'형 정낭이 놓여 있다. 경사진 계단은 누구나 쉽게 다닐 수 있도록 나무계단으로 돼 있다.

따라비 부인은 해발 235m인 표선면 가시리 산63번지에 터를 잡고 있다. 건물의 높이는 107m에 이른다. 정원을 포함한 부지면적은 448,111㎡이다. 부드러운 곡선으로 집을 지어 그 아름다움이 곳곳으로 흐른다. 내부구조는 3개의 방으로 구성돼 있다. 큰방, 작은 방, 건너 방이다. 그리고 방과 방 사이 능선은 서로 매끄럽게 연결돼 있다. 능선을 따라 한 바퀴 돌 수도 있고 대각으로 갈 수도 있다. 가고 싶은 방향으로 자유롭게 건너다닐 수 있다.

부인이 사는 집 가까이에는 지식들이 모여 산다. 가시리지(1988)에 따르면 인근에는 모자母子(모지오름), 큰아들(장자오름), 작은아들(새끼오름)이 있다. 그래서 부인이 가장 격이라는 뜻에서 '따애비'라 불리던 것이 구음화 되어 '따래비'로 됐다는 주장이다. 그리고 따라비多羅非, 또는 지조악地祖岳은 모지오름母子岳이 이웃해 있어 마치 지아비·지어미가 따라비(할아버지)를 받드는 모양에서 연유됐다고도 한다. 이를 볼 때 따라비는 남성, 즉 애비(아비)를 상징한다. 그러나 실제 오름의 모양을 보면 여성적 부드러움이 강하다. 오름의 여왕이라고도 한다. 그래서 따라비는 남성 이름을 가진 여인이라고 할 수 있다. 건물 옥상에 올라서면 가까이에 있는 모지와 장자가 보인다. 왜소한 장자의 모습은 측은함마저 든다. 형제들이라지만 이렇게 차이가 난다. 이들은 어머니를 지근거리에서 지켜보면서 함께 어울려 살아가고 있다. 가족애가 넘친다.

부인은 찾아오는 나그네들에게 최고의 부드러움을 선사한다. 마치 파도가 출렁이는 것처럼 만들어놓은 능선(곡선)은 나그네를 끌어들이는 마력을 지니고 있다. 방으로 만들어진 굼부리는 각선미의 진수를 보여준다. 그 우아함이 주봉에서 2봉과 3봉으로 이어지는 능선에 있다. 그야말로 부인이 빚어낸 걸작품이다. 마치 부인의 어깨를 넘나드는 것 같다. 그곳에 있으면 여인네의 품속에 있는 듯한 착각에 빠져드는 느낌이다.

부인은 아름다운 정원을 가꾸고 있다. 그 정원은 계절마다 다양한 옷으로 바꿔 입는다. 가을 정원의 모습은 억새꽃으로 단장하고 있다. 깊어가는 가을바람에 억새는 비틀거리며 쓰러질 듯 또다시 일어선다. 이는 어서 오라는 반가움의 표시와 같다. 그리고 가지 말고 내 곁에 있어 달라는 손짓으로 보여진다. 그렇게 화려했던 억새의 향연은 겨울이 깊어갈수록 누렇게 퇴색되면서 내년을 기약하게 되리라. 이외에도 부인은 계절에 맞는 야생화를 가꾸고 있다. 가을에 피어난 물매화의 미소가 마음을 움직이게 한다. 섬잔대가 눈에 들어온

억새 물결을 따라 형성된 따라비오름 능선길이 부드러운 곡선을 그리고 있다.

탐방로 풀숲을 헤집고 피어난 물매화가 앙증맞다.

다. 진달래는 11월의 저무는 가을임에도 한두 개씩 피어나 가는 세월을 붙잡으려 한다.

부드러운 능선을 타고 아름다운 야생화와 이야기를 나누며 건물 꼭대기로 가노라면 어느새 가을바람이 찾아와 이마에 흘린 땀을 식혀준다. 시원하게 불어오는 가을바람에 온몸을 맡긴다. 정상에서 사방을 둘러본다. 동부권 오름들이 앞서거니 뒤서거니 어깨를 나란히 하고 있다. 이집트의 피라미드가 연상된다. 아니면 누구의 왕릉인가? 곡선으로 엮어진 작품들이 신비롭다. 뒤로 돌아선다. 한라산 어머니가 먼 곳에서 바라보고 있다. 모두 하나로 뭉쳐진 오름 가족임을 자랑하고 있는 듯하다. 광활한 목장지대 한쪽에서는 전봇대처럼 세워진 풍력발전기가 돌아가고 있다. '쉭쉭' 나는 소리가 들판의 적막을 깨뜨린다. 문명의 이기가 여기에 있음을 알리고 있다.

| 잣성 / 갑마장 |

따라비 부인이 베풀어 준 융숭한 대접을 받은 우리는 작별인사를 나눈 후 잣성길로 나선다. 2km에 이르는 잣성길은 편백나무가 심어져 있다. 10년 정도 되어 보인다. 잣성이 있다는 것은 말을 키우던 목장

이 있음을 말한다. 실제 이곳은 조선시대 조정에 보내기 위해 최상급의 말을 키웠던 갑마장이다. 최상급의 말을 갑마甲馬라고 한다. 마장은 1794년부터 1899년까지 100년간 운영됐다고 한다. 이곳 갑마장은 제주도내 10개의 소장 가운데 마지막 소장인 10소장이 있었던 곳이기도 하다. 잣성길 옆을 따라 힐링마로馬路가 넓게 개설돼 있다.

쫄븐갑마장길 들머리에 세워진 조형말

| 큰사슴이오름 / 대록산 |

잣성과 국궁장을 넘어 대록산 구릉지에 다다르자 대록 부인이 마중을 나온다. 대록 부인은 표선면 가시리 산68번지에 터를 잡아 살고 있다. 해발 349.5m 부지에 125m 높이로 집을 짓는다. 집의 동쪽 사면은 유연하게 경사진 반면 서쪽 사면은 가파른 구조이다. 실내에는 둥그런 방 하나가 마련되어 있다. 정원을 포함한 전체 면적은 522,097㎡에 이를 정도로 넓다.

대록大鹿이라는 이름은 집 모양이 사슴을 닮았다 하여 붙여졌다고 한다. 또는 이곳에 사슴이 살았다는 데에서도 유래한다. 서쪽에 이웃한 오름은 소록산, 즉 족은사슴이오름이다. 일행은 부인의 안내에 따라 동쪽 경사진 계단을 따라 건물 꼭대기에 오른다. 경사진 길을 오를

대록산 구릉지에 핀 억새물결이 장관을 이루고 있다.

때는 다소 힘에 부치기도 했지만 옥상에 서서 바라보는 전망은 자연 속 시청각이 따로 없다. 옥상에 마련된 의자에 앉아 한라산과 그 능선들, 오름 군락을 바라본다. 어찌 말로 표현할 수 있겠는가.

대록산 구릉지의 드넓은 들판은 말을 기르는 데 좋은 조건을 갖추고 있다. 부인은 이 들판을 거대한 목장지대로 육성한다. 조선시대 녹산장과 갑마장으로 유명하다. 가시리 목축산업 발흥의 원류이기도 하다. 그러나 지금은 그때의 영화는 사라지고 억새들이 그 자리를 차지하고 있다. 마치 소금밭으로 착각할 정도다. 부인도 아픈 상처를 갖고 있다. 역사의 현장에서 일제 강점기 진지동굴의 상처를 피해가지는 못했기 때문이다.

부인과 헤어질 시간이 다가오고 있다. 가파른 서쪽 나무계단을 밟으며 내려온 일행은 대록 부인이 가꿔놓은 억새와의 입맞춤을 뒤로하고 헤어진다. 아! 가을인가. 불어오는 가을바람에 억새들이 춤을 추듯 인사를 한다. 햇볕을 받은 억새들은 서로 다른 빛을 낸다. 떠나온 후에도 길게 이어진 억새밭길이 가슴에 오래도록 여울져 남는다.

| 녹산로 |

　대록 부인과 작별 인사를 하고 돌아서는 길은 아쉬움으로 가득하다. 아무리 억새꽃이 따뜻한 미소로 배웅하지만 헤어진다는 것은 아픔이다. 그럼에도 모두가 가야 할 길은 가야 하는 것. 일행은 억새밭길 한가운데 마련된 유채꽃프라자를 넘는다. 봄의 녹산로는 가장자리 따라 유채꽃과 벚꽃으로 화려함을 장식할 것이다. 그래서 우리나라 아름다운 길 100선에 포함돼 있다. 이 같은 인기에 힘입어 유채꽃잔치가 이곳에서 열리기도 했다. 유채꽃프라자는 이곳의 발전을 기대하며 지어진 건물이다. 2009년부터 추진한 농촌마을종합개발사업과 신문화공간조성사업을 위해 지어진 유채꽃프라자가 퇴색되는 억새처럼 서서히 빛을 잃고 있다. 이곳을 찾는 이가 거의 없는 것 같다.

　유채꽃프라자를 지나면 풍력발전기 시설과 마주하는 도로를 만난다. 이 길은 잘 포장된 아스팔트 길이다. 다시 녹산로 옆 숲길로 접어든다. 그리고 가시천과 만난다. 꽃머체가 보이고 출발했던 지점에 도착한다. 이렇게 해서 11.64$km$(실제 걸은 거리)에 이르는 목장길의 일정을 3시간 45분에 걸쳐 모두 소화한다. 걸은 걸음 수는 16,400보이며 이로 인한 칼로리소모량은 683kcal이다.

### ▲ 참여자 소감

 따라비오름과 쫄븐갑마장길 치유탐방을 마친 후 참여자들이 느낀 소감을 설문조사를 통해 확인한 결과를 종합적으로 정리하면, 대부분 가을이 주는 풍요로움과 넉넉함을 꼽고 있다. 스치는 가을바람을 맞으며 걷는 광활한 목장길의 느낌은 모든 잡념을 잊게 한다. 이런 기분을 자아내게 한 가장 핵심적인 치유인자는 따라비오름에서의 부드러운 능선, 오름 정상에서 바라보는 탁 트인 경관, 넓은 목장지대에 오아시스처럼 남아 있는 가시천의 숲, 대록산 구릉지에 군락을 이룬 억새꽃을 꼽고 있다. 이외에도 나무와 들꽃·오름·굼부리 등 크고 작은 치유인자들을 보고, 맡고, 듣게 되면서 자연스럽게 마음이 편안하고 비워진다. 풀 속에는 햇빛을 따라 고개를 내민 물매화·당잔대·꽃향유 등의 들꽃이 화사한 웃음을 머금고 있다. 가시천 숲에는 사스레피나무·엄나무·구실잣밤나무·산딸나무 등이 자라고 있다. 잣성길을 따라 심어진 편백나무, 한라산 전경, 가을 창공, 오름의 경사와 잣성길의 'S'자 지형, 비행장 활주로 등도 인상에 남는다.

 치유탐방을 하면서 불편했던 점은 유채꽃프라자를 지나 풍력발전기가 설치된 인접도로가 아스팔트로 돼 있어 가장자리에 산책길을 별도로 만들 필요가 있다는 점, 화장실이 없어 불편했다는 점, 잣성길 옆으로 힐링마로가 겹쳐 있어 산책로 정비가 필요하다는 의견이다.

### ▲ 치유적 시사점

 지금까지 따라비오름과 연계한 쫄븐갑마장길이 보여준 영화 한 편을 관람한다. 중산간 광활한 목장지대를 열어놓은 치유의 목장길이다. 양쪽으로 따라비 부인과 대록 부인이 마주해 있고 그를 잇는 길 곳곳에는 숲을 이룬 가시천을 비롯해 침식작용에 의해 드러난 행기머체·꽃머체가 맛있는 양념 역할을 하고 있다. 거기에다 갑마장 울타리를 조성했던 잣성 등도 한몫하고 있다. 쫄븐갑마장길의 구조는 마치 말이 다리를 오므리고 바닥에 편안하게 누워 있는 모양이다. 그리고 대록산은 서쪽으로 솟아 있고 동쪽으로 완만하게 늘어진 경사를 이루고 있어 이는 마치 결전을 앞둔 기마병이 바짝 엎드려 있는 것과 비슷한 모양이다. 이와 함께 따라비오름은 전쟁에 나서는 기마병들을 부드러운 마음으로 다독이면서 용기를 불어넣는 부인의 마음과 같다. 따라비 부인 가까이에는 자식들이 터를 잡고 있어 화목한 가족애까지 넘친다. 그래서 쫄븐갑마장길은 중산간 거대한 목장지대에 발붙여 살아가는 화목한 가족애의 에너지가 흐르고 있다. 이것이 이곳을 찾는 나그네의 마음을 편안하게 만들어주는 치유인자 가운데 가장 큰 치유력이라고 할 수 있다.

# 올레7-1코스와 고근산

## ▲ 고근산과 하논오름 현황

| 대표명칭 | 고근산 |
|---|---|
| 세 대 주 | 고근부인(원형 굼부리) |
| 주 소 | 서귀포시 서호동 1287 |
| 시설규모 | 해발높이 396.2m / 건물높이 171m / 시설면적 1,204,428$m^2$ |
| 이웃시설 | 엉또폭포, 하논분화구, 서귀포시가지 근접 |
| 특 징 | 원형분화구, 설문대할망 엉덩이 댔던 곳, 국상 곡배단 |

| 대표명칭 | 하논오름 |
|---|---|
| 세 대 주 | 하논부인(원형 굼부리) |
| 주 소 | 서귀포시 호근동 149 |
| 시설규모 | 해발높이 143.4m / 건물높이 88m / 시설 면적 1,266,825$m^2$ |
| 이웃시설 | 중앙에 2차 생성 보로미오름 해발높이 85.4m, 비고 30m, 면적 109,615$m^2$ |
| 특 징 | 마르형 분화구로 우리나라에서 가장 큼. 학술적 연구가치 높음 |

| 치유탐방코스 |

서귀포 중산간도로 월산동 입구 → 엉또폭포 주차장(0 km) → 고근산 정상(2.4km) → 제남아동복지센터(5.1km) → 서호초등학교(6.6km) → 하논분화구(8.4km) → 걸매생태공원(10.2km) → 서귀포시공원(11.6km)

## ▲ 탐방지 날씨 및 실측정보

**탐방일자** 2017년 11월 29일  **탐방인원** 7명

**탐방시간** 10:45   **종료시간** 14:45

**현장날씨** 흐림 / 온도 14° / 체감온도 12° / 습도 66% / 풍속 1m/s

**실측현황**

**걸은 거리** 11.60km  **걸은 시간** 3시간 54분(휴식시간 등 포함)

**만보기** 16,744보  **칼로리소모량** 698kcal   **난이도** 중

## ▲ 관찰된 주요 산림치유인자

| 생물 요소 | 구실잣밤나무, 감귤나무, 돌미나리, 벚나무, 담쟁이덩굴, 들국화, 남오미자, 머루, 소나무 등 |
|---|---|
| 오감 요소 | 고근산 경관, 노랗게 익은 감귤, 시골길의 정겨움, 절벽의 웅장함, 벼 수확 후의 고요, 가로수 벚나무 단풍의 계절감각 등 |
| 지형 요소 | 오름 정상, 경사진 계단, 거대한 절벽, 마로형 분화구, 오솔길, 하천, 숲, 돌담, 사찰 등 |
| 기후 요소 | 청정한 공기, 온화하고 따뜻한 날씨, 구름 등 중산간지대 날씨 |
| 심리 요소 | 탈출감, 해방감, 넉넉함, 관대함, 웅장함, 묵직함, 자신과의 대화, 자기 이해 등 |
| 사회 요소 | 대화의 기회, 이해와 배려, 소통, 교감, 관계 형성, 인내심, 넉넉한 인심 등 |

## ▲ 적절한 치유요법

- 중산간 마을길과 오름 경사지, 분화구를 걷는 유산소 운동요법
- 고근산에서의 전경, 엉또폭포 절벽 등을 조망할 수 있는 경관요법
- 귤림추색, 구실잣밤나무, 단풍 든 벚나무 등을 자세히 보며 느끼는

관찰요법
- 서귀포시가지의 변화, 하논분화구 역사적 가치 등을 이해하는 지식요법
- 보리수열매, 까맣게 익은 머루, 붉게 익은 남오미자 따먹는 식이요법
- 낯익은 골목길 등 고향을 찾아 어린 시절의 느낌을 갖는 향수요법
- 옛것과 현대문명의 이기를 동시에 음미해 보는 비교요법

### ▲ 산림치유 체험

올레7-1코스와 고근산은 제주 남부지역인 서귀포 중산간지대를 특징으로 하는 치유인자가 있는 곳이다. 11월 29일 7명의 일행은 오전 8시 40분에 집결해 1100도로를 타고 서귀포시로 발길을 옮긴다. 1100도로는 짙은 안개로 가득 차 있다. 영실 입구를 지나 거린사슴 인근에 이르러서야 밝은 시야가 들어온다. 세상을 삼켰던 안개는 온데간데없다. 다른 세상에 온 것 같다. 1시간쯤을 달려 서귀포시에 도착한 일행은 고근산과 올레7-1코스 치유탐방계획을 세운다.

| 올레7-1코스 |

올레7-1코스는 올레7코스와는 다른 색다른 맛이 있다. 그래서 추가적으로 코스 하나를 늘린 중산간 마을길이다. 이 코스의 특징은 서귀포시 구시가지와 신시가지가 연결되는 코스이다. 고근산을 중심으로 강정동과 서호동·호근동·천지동 등이 접해 있다. 강정동에는 엉또폭포를 이루는 악근천이 흐르고 있으며 이 하천은 하류에서 도순

천과 합류해 강정천을 형성하고 있다. 서호동에는 서귀포시를 보호하는 고근산이 있으며 산 아래 혁신도시를 포함한 서귀포신시가지가 조성돼 있다. 서호동 동쪽 부분과 접한 호근동은 신시가지와 구시가지의 중간 사이에 위치해 있어 징검다리 역할을 하는 마을이다. 마로형 분화구를 자랑하는 하논분화구가 이곳에 있다. 호근

호근동 마을길이 한적하고 포근하다.

동은 천지동과도 접해 있다. 천지동에는 호근천과 합류하는 연외천이 흘러 천지연폭포를 이루고 있다. 연외천은 서귀포시 도심에 마련된 걸매생태공원을 가로질러 흐르고 있다. 그래서 올레7-1코스는 서귀포시 중산간 마을의 생활모습뿐만 아니라 엉또폭포와 고근산·감귤밭·하논분화구 등의 치유인자가 풍부하다.

| 엉또폭포 |

제주에서 이름 난 폭포로는 정방폭포·천지연폭포·천제연폭포가 있다. 일행은 첫 치유탐방지 엉또폭포로 향한다. 엉또폭포는 중산간 도로와 접한 강정동 월산마을에 있는 기암절벽이다. '엉또'는 제주방

엉또폭포로 올라가는 탐방로 가장자리에는 구실잣밤나무들이 들어차 있다.

언이다. '엉'은 낭떠러지 절벽이나 큰 웅덩이, 또는 굴을 의미한다. '또 道'는 들어가는 입구를 말한다. 그래서 낭떠러지 절벽으로 들어가는 입구로 해석된다. 이 폭포는 70㎜ 이상 비가 쏟아진 다음 날에야 폭포수를 이룬다. 여름 장마철에 자주 나타난다. 50m쯤 되어 보이는 높이에서 떨어지는 물보라 휘날림의 장관은 언어로 표현할 수 없을 정도다. 폭포수가 없다고 해서 밋밋한 것도 아니다. 층층을 이루듯 회색빛을 띠며 드러낸 수직절벽은 모든 것을 압도한다. 폭포의 침묵이 무게감을 더한다. 거기에 벼랑 끝을 부여잡고 아슬아슬하게 살아가는 구실잣밤나무의 생명력 또한 놀랍다. 벼랑 위를 뒤덮은 푸른빛 난대림이 차가운 암벽 회색빛을 감싼다. 이렇게 조화를 이루는 이웃이 있어 폭포수의 거대한 눈물은 아무 때나 흘리지 않는 묵직함이 있는 것 같다.

## 풍만한 몸체 고근산

일행은 엉또폭포를 빠져나와 좁은 숲속 오르막길을 따라 고근산孤根山으로 향한다. 오름의 이름은 외로움의 극치를 뜻한다. 가는 길이 무덥다. 껴입었던 옷을 한두 개 벗는다. 좁고 경사진 숲길과 억새밭, 그리고 시멘트 포장길을 걸어 들머리에 이르자 고근 부인이 반긴다. 길게 늘어선 삼나무 숲길로 안내한다. 어느 오름에서나 마찬가지로 경사진 높은 계단이 놓여 있다. 고근 부인은 풍만한 몸체이지만 거만하지 않고 깨끗하고 절개를 지키는 여인이다. 부인은 225.2m의 고지에 171m 높이로 집을 지었다. 집의 모양은 둥글고 비스듬히 내려앉아 안정감을 준다. 방은 1개로 동그란 대접 같은 원형이다. 가끔 설문대할망에게 방을 빌려주곤 했다고 한다. 설문대할망은 심심할 때면 한라산 백록담을 베개 삼고 고근 부인 방에 궁둥이를 얹고 앞바다 범섬에 다리를 걸쳐놓고 물장구를 치며 놀았다는 전설이 전해진다. 부인의 방은 한라산 정상까지 직선거리로 10km쯤 된다. 범섬까지는 5km 정도이다. 이를 볼 때 설문대할망의 키는 15km 이상 되는 여성이 아닌가 하는 생각이 든다. 고근 부인이 가꾸고 있는 정원 면적은 1,204,428$m^2$에 이를 정도로 매우 넓다. 그럼에도 정원에는 묘 하나 없이 관리되고 있다. 깨끗함을 유지하기 위함이다. 그래서 국상이 있을 때에는 정원의 너럭바위를 곡배단哭拜壇, 望哭壇으로 빌려 주기도 한다.

건물 정상에서 한라산을 바라본 전경은 제주시에서 바라보는 전경과는 사뭇 다르다. 한라산의 남쪽 사면은 제주시에서 보는 북쪽 사면보다 짧고 급하다. 또한 깊고 웅장한 계곡을 이룬다. 그래서 이 계곡을 백록담 남벽 밑으로 흐르는 효돈천 상류의 '산벌른내'라고 한다. 산이 쪼개져 벌어진 틈이라는 뜻이다. 또한 서녘 자락에는 악근천이 흐른다. 남서쪽으로는 서귀포신시가지가 들어서 있다. 그 앞바다에는 범섬이 보인다. 범섬은 고려 때인 1374년에 최영 장군이 목호군(牧胡軍 : 목장관리를 위해 제주에 파견된 몽골인)을 완전히 섬멸한 고전장古戰場이다. 맑은 날에는 서귀포칠십리와 지귀도, 마라도 등이 눈에 들어온다. 우리가 방문한 11월 29일에는 짙은 먹구름이 심술을 부려 한라산 모습을 조금도 내주지 않는다. 옥상에 앉아 막걸리 한잔을 기울이며 아쉬움을 달랜다. 이처럼 고근 부인이 지키고 있는 아늑한 기슭에는 마을을 이루고 있다. 서호마을과 호근마을이다. 이곳에서 나고 자란 수많은 사람들이 저 멀리 떠나갔다 또다시 돌아오는 것은 부인이 지켜주는 고향 같은 따뜻함이 있기 때문이다. 한기팔 시인이 지은 '고근산이 있다'란 시이다.

"아내에게 말한다. / 죽어서 우리 둘이는 / 들풀에 메이는 바람이 되어 / 풀잎을 흔들다가 / 죽어진 죄로 / 고근산만 茫然히 오르내린다."

이처럼 잊지 못할 고향의 그리움을 담고 있는 곳이 고근산이기도 하다.

호근동 마을안길 주변에 심어진 감귤나무에서 감귤이 노랗게 익어가고 있다.

| 중산간 마을 |

일행은 부인의 배웅을 뒤로하고 기슭의 마을로 발길을 옮긴다. 서호동과 호근동이 자리 잡고 있다. 남쪽으로는 태평양의 넓은 바다가 있고 북쪽으로는 고근산이 있어 앞뒤에서 마을을 포근하게 감싸준다. 도시와 농어촌 복합 마을이었으나 최근에는 혁신도시 등 신시가지기 들어서는 등 개발의 한가운데 놓여 있기도 하다. 법정동인 서호동은 1416년 정의현에 속해 있던 지역으로 서호동과 법환동 사이에 있는 '큰가름(큰 마을)'과 '통물(넓직하게 물이 있는 곳)' 일대에 사람이 살면서 마을이 형성된다. 현재 행정동인 대륜동이 관할하고 있다. 마을 중심에는 1374년(고려 공민왕 23년) 목호의 난을 진압하러 온 최영 장군의 군사가 짐승으로 막을 치고 머물렀다고 하는 막동산이 있다.

법정동인 호근동 또한 1416년 정의현에 속해 있던 지역이다. 행정동인 대륜동이 관할하고 있다. 서귀포시 구시가지와 신시가지 사이에 있는 중산간 마을로 시설원예 주산지이다. 마을 주변에 과수원이 넓게 형성돼 있고 마을 북쪽에는 각시바위가 있다. 동쪽에는 우리나라에서 가장 큰 마르형 하논분화구가 있다. 해안선은 대부분 절벽으로 이뤄져 있고 기온은 사철 온화한 편이다. 이들 마을은 사라져가는 것과 새로 만들어지는 것이 교차하는 시간의 중심에 서 있다. 곳곳에는 새롭게 들어서는 아파트들이 지어졌거나 짓고 있다. 그 사이로 아직도 남아 있는 낮은 슬레이트지붕 덮인 집들, 구불구불한 시멘트길 등이 넓게 뚫은 아스팔트길과 맞닿아 있다. 좁은 길로 들어서니 돌담 너머로 노랗게 익은 감귤이 반긴다. 귤림추색(영주십경의 하나)이다. 귤이 익어갈 무렵 높은 데 올라가 사방을 보면 주렁주렁 매달린 귤로 금빛 세상을 이룬다는 의미이다. 지나가는 길에 감귤 하나를 따서 목마름을 달랜다. 어느덧 정겨운 마을길을 벗어나고 있다.

| 하논분화구 / 하논오름 |

호근동 도심지를 벗어난 일행은 하논분화구로 이동한다. 하논분화구에는 하논 부인이 기다리고 있다. '하논'의 '하'는 '하영, 많다'를 뜻한다. '한 논'은 넓은 논을 말하는데, 하논은 '많은 논'의 변형으로 추정된다. 하논 부인의 집은 다른 집들과는 다르게 지어져 있다. 다른 오름의 집들은 1차 큰 용암의 분출로 주화산인 한라산이 형성되고, 그 후 추가로 작은 화산폭발이 제주섬 곳곳에서 일어나면서 만들어진 기생화산이다. 그러나 하논 부인의 집은 화산이 폭발할 때 불덩이

호근동에 있는 하논분화구에는 가을걷이가 끝난 후 텅 비어 있다.

마그마가 땅속에 있던 찬 지하수층의 지하수와 접촉하면서 화산재를 뿜어낸 후 거대한 웅덩이(분화구)가 생긴 것이다. 이 후 계속적인 화산활동으로 지하수는 고갈되고 화산재 대신에 용암이 분출한다. 이렇게 해서 생긴 분화구 둘레에는 4개 이상의 분석구(쇄설물이 쌓여 언덕처럼 생긴 퇴적층)가 형성된다. 그리고 시간이 흘러 이 분화구에는 낮은 곳을 중심으로 물이 들어차 화구호수가 만들어진다. 이렇게 해서 생긴 분화구를 마르marr라고 한다. 하논분화구의 직경은 약 1.2km로 그 규모가 우리나라에서는 가장 크다. 이처럼 하논분화구는 500년 이전까지만 해도 세계적으로 희귀하고 아름다운 모습이 그대로 남아 있었던 곳이다. 그러나 지금은 옛 모습을 잃은 지 오래다. 퇴적물이 계속 쌓여가고 있기 때문이다. 몇 해 전부터 이를 안타깝게 여긴 뜻있는 사람들이 모여 원형을 복원시키는 활동을 벌이고 있다. 그럼에도 이날 탐방한 하논 부인의 방바닥은 파노라마처럼 넓다. 마치 로마시대의 원형경기장을 방불케 한다. 바닥을 방치할 수 없어 논농사를 짓고 있다. 가을걷이가 끝난 후라 논도 쉬어가고 있다. 가장자리 이랑으로 난 올레길 따라 걷는다. 고랑에는 개울물이 흐른다. 개울물에서 자생하는 미나리 한줌을 캐 배낭에 넣고 발길을 내딛는다.

하논분화구 바닥 가운데에는 작은 오름이 하나 있다. 보로미오름이다. 많은 시간이 흐른 뒤 또다시 화산폭발에 의해 생긴 오름이라고 한다. 생성과정이 하논분화구와는 다른 화산체이다. 보름달처럼 둥글다하여 붙여진 이름이다. 표고 85.4m, 비고 30m인 원추형 화산체로 선비를 상징한다. 굼부리가 있는 부인 모습과 대조적이다. 선비 집 옥상에는 소나무가 자라고 정원에는 감귤밭이 조성돼 있다.

| 걸매생태공원 |

일행의 걸음은 어느새 종착역을 향하고 있다. 올레7-1코스 마지막 지점인 걸매생태공원에 이른다. 서귀포 구시가지에 위치한 도심공원이다. '걸매'의 뜻은 물도랑이 자주 막혀 메워져 있는 곳을 말한다. 그래서 항상 물이 고여 있는 장소이다. 예전에는 논으로 이용했다. 공원을 가로 지르는 하천은 연외천의 줄기이다. 이 물줄기는 웅대한 천지연폭포로 이어진다.

공원에는 관찰데크·야생조류관찰원 등이 마련돼 있다. 한편에는 걸매축구장과 농구장 시설도 갖추고 있다. 이를 끝으로 모든 일정을 마무리한다. 실제 걸은 거리는 3시간 54분에 걸쳐 11.6km이며, 걸음 수는 16,744보이고, 이로 인한 칼로리 소모량은 698kcal이다.

### ▲ 참여자 소감

고근산 연계 올레7-1코스 치유탐방을 마친 후 참여자들이 느낀 소감을 설문조사를 통해 확인한 결과를 종합적으로 정리하면, 가장 대표적인 것은 색동옷으로 갈아입은 늦가을 시골길 정취이다. 어린 시절 고향을 찾은 정겨움이 있다. 강렬한 색으로 불태우던 나뭇잎들은 낙엽이 되어 하나둘씩 바람 속으로 사라지고, 길 돌담에는 담쟁이덩굴이 빨간색으로 물들고 있다.

숲속의 초피나무 잎은 노란색으로 물들어 생의 마지막을 알리고 있다. 붉게 물든 가로수 벚나무, 나무에 주렁주렁 매달려 익은 감귤, 슬레이트지붕, 이들 모두가 정겨움 그 자체이다. 둘째는 도시와 시골의 복합도시의 특색을 준다. 사람들이 생활하는 모습을 그려볼 수 있다. 셋째는 웅장한 절벽의 묵직함을 전하는 엉또폭포이다. 폭포수가 휘몰아치지 않아도 그 자체만으로도 압도된다. 넷째는 고근산의 넉넉함이다. 한라산과 태평양을 관망할 수 있는 길을 열어준다. 고근산 정상에서 서귀포시 중산간을 바라본다. 시설재배 비

길게 뻗은 호근동 마을길 옆 돌담에 붙어 있는 담쟁이덩굴이 시골 정취를 자아낸다.

닐하우스가 마치 소금밭처럼 보인다. 다섯째는 콜로세움 원형경기장과 같은 넓은 하논분화구의 고요함이다. 가을걷이가 끝난 논은 내년을 위해 모든 것을 내려놓고 쉬고 있다. 걷고 걷는 길에서는 갖가지 열매들이 다가와 맛을 뽐낸다. 남오미자의 오묘한 맛, 구실잣밤나무 열매의 맛, 까맣게 익은 다래의 맛, 목마름을 달래주는 감귤의 즙맛이 지친 나그네에게 여유의 맛을 건넨다.

한편 들쭉날쭉 솟아 있는 송전탑이 거추장스럽다. 아스팔트 도로에서 쌩쌩 달리는 자동차소리는 거슬린다. 그럼에도 이런 치유인자들이 하나로 엮어져 일행들에게 정신적 여유와 육체적 건강을 북돋우고, 심리적 평화를 채워준다. 한편 개인적인 업무일정은 스스로 조절해 탐방하는 데 불편함이 없도록 하는 것이 바람직하다는 의견을 제시하고 있다.

### ▲ 치유적 시사점

이번 치유탐방은 시골길과 오름, 분화구 등을 소재로 한 영화 한 편을 감상한다. 엉또폭포를 지나 고근산을 둘러보고 도시와 시골이 있는 마을길을 걷고 역사적 가치를 지니고 있는 하논분화구를 만난다. 장장 4시간 가까이 들여 감상한 내면에는 연결성이라는 에너지가 있다. 우선 올레7-1코스의 모양은 갈고리와 비슷하다. 갈고리는 물건을 걸거나 끌어올리는 데 사용하는 도구이다. 또는 물건이 떨어지지 않도록 지탱하는 역할을 한다. 이는 어떤 대상물이 다른 대상물과 떨어지지 않도록 이어주는 것이다.

이 같은 올레7-1코스의 모양처럼 그 속에 있는 치유인자들도 서로 연결하는 힘을 갖고 있다. 엉또폭포는 위와 아래, 즉 천장과 바닥을 거대한 암석으로 연결하고 있다. 많은 비가 오는 날에는 폭포수가 그 역할을 한다. 그리고 도심 근처에 있는 고근산은 한라산과 서귀포 앞바다 태평양을 이어주는 징검다리 역할을 하고 있다. 도내 올레길을 경유하는 오름 가운데 한라산과 가장 가까이 있는 오름이기도 하다. 또한 서귀포구시가지와 신시가지를 연결시켜주는 마을이 호근동이다. 이외에도 하논분화구는 아주 오랜 역사와 현재의 역사를 동시에 간직하고 있다.

이처럼 고근산을 연계한 올레7-1코스는 단절이 아니라 연결의 에너지가 흐르고 있다. 연결은 관계이며 인연이며, 불통이 아니라 소통으로 이어져 공동체의 핵심적 의미로 재생산된다. 그래서 올레7-1코스와 고근산은 단절이 아닌 연결로, 불통이 아닌 소통으로, 홀로가 아닌 관계로 엮어주는 치유력을 갖고 있다.

# 백약이오름과 좌보미오름

## ▲ 백약이오름과 좌보미오름 현황

| 대표명칭 | 백약이오름 |
|---|---|
| 세 대 주 | 백약부인(원형 굼부리) |
| 주 소 | 표선면 성읍리 산1 |
| 시설규모 | 해발높이 356.9m / 건물높이 132m / 시설면적 581,463$m^2$ |
| 이웃시설 | 금백조로, 좌보미오름, 시멘트 목장길 |
| 특 징 | 백 가지 약초, 피뿌리풀, 잔디밭, 탁 트인 전경, 원형 등성이 |

| 대표명칭 | 좌보미오름 |
|---|---|
| 세 대 주 | 좌보미부인(말굽형 굼부리) |
| 주 소 | 표선면 성읍리 산6 |
| 시설규모 | 해발높이 342m / 건물높이 112m / 시설면적 631,356$m^2$ |
| 이웃시설 | 좌보미알오름, 혹처럼 돋아난 둔덕, 백약이오름, 금백조로 |
| 특 징 | 한 울타리에 크기 다른 다섯 봉우리, 가파른 경사 |

| 치유탐방코스 |

백약이오름 입구(0km) → 백약이오름 정상(0.7km) → 백약이오름 입구(1.7km) → 시멘트포장 목장길 → 좌보미오름 입구(3.7km) → 좌보미오름 정상(4.8km) → 좌보미오름 입구(6.5km) → 시멘트포장 목장길 → 백약이오름 입구(8.44km)

## ▲ 탐방지 날씨 및 실측정보

　　**탐방일자**　2017년 12월 6일　　**탐방인원**　8명

　　**탐방시간**　09:55　　　　　**종료시간**　13:42

　　**현장날씨**　흐림 / 온도 10° / 체감온도 4° / 습도 67% / 풍속 1m/s

　　**실측현황**

　　　**걸은 거리**　8.44km　　**걸은 시간**　3시간 47분(휴식시간 등 포함)

　　　**만보기**　15,305보　　**칼로리소모량**　580kcal　　**난이도**　중

## ▲ 관찰된 주요 산림치유인자

| | |
|---|---|
| 생물 요소 | 화살나무, 익모초, 소나무, 삼나무, 편백나무, 잔대, 겨울딸기, 털진달래, 억새 등 |
| 오감 요소 | 오름 정상에서 보는 경관, 흰 눈 쌓인 등성이, 포근한 원형 굼부리, 꼬불꼬불 목장길 등 |
| 지형 요소 | 오름 정상, 원형 굼부리, 나무 계단, 시멘트 목장길, 솟아난 둔덕, 돌담 두른 묘지 등 |
| 기후 요소 | 겨울 쌀쌀한 공기, 맑게 갠 날씨, 하늘 위 구름 등 중산간지대 초겨울 날씨 |
| 심리 요소 | 탈출감, 해방감, 넉넉함, 포근함, 자신과의 대화, 자기 이해 등 |
| 사회 요소 | 대화의 기회, 이해와 배려, 소통, 교감, 관계 형성, 넉넉한 마음, 합리적 주장 등 |

## ▲ 적절한 치유요법

- 목장길, 오름 등성이와 기슭을 오르고 내리며 걷는 유산소 운동요법
- 탁 트인 공간 위에 자연이 만들어놓은 다양한 형태의 조형미를 조망할 수 있는 경관요법

• 중산간지대 오름에서 자생하는 식생들을 보고 느끼는 관찰요법
• 오름의 특징을 살펴보고 그 속에서 자생하는 식생을 알아가는 지식요법
• 나무로 둘러싸인 아늑한 오름 공간에서 잠시 쉬면서 준비한 따뜻한 커피 한 잔 등을 마시는 식이요법과 명상요법
• 오름 등을 탐방하며 스스로 느끼고 배우는 체험요법
• 서로 함께 어울려 걸으며 마음을 열어놓고 소통하는 교감요법
• 쌀쌀한 초겨울 기온으로부터 얼굴 등 피부 자극을 받는 공기요법, 마사지 요법

### ▲ 산림치유 체험

백약이오름과 좌보미오름은 제주 동부지역 중산간지대를 특징으로 하는 치유인자가 있는 곳이다. 이곳은 오름 군락지이다. 구좌읍과 표선면, 성산읍에 걸쳐 대단위 오름 도시를 이루고 있다. 그 규모는 도내에서 가장 클 뿐만 아니라 세계에서도 유일하다. 그래서 이곳은 가히 오름왕국의 1번지이다. 좌보미오름은 그의 본부라고 할 만하다. 지난밤 궂은 날씨로 당초 예정했던 저고산지대 탐방계획은 뒤로 미루고, 이곳으로 계획을 바꾼다.

12월 6일 8명의 일행은 오전 8시 40분 제주시에서 집결해 동부산업도로를 타고 표선면 성읍리로 발길을 옮긴다. 지난밤에 내린 눈이 아스팔트 도로 가장자리에 조금씩 남아 있다. 들녘 후미진 곳에는 눈이 하얗게 쌓여 있다. 50분쯤을 달려 백약이오름 주차장에 도착한 일

행은 백약이오름과 좌보미오름 탐방계획을 세운다.

| 비자림로와 금백조로 |

세계에서 유일하게 중산간 대단위 오름 도시로 이어진 도로는 비자림로와 금백조로가 대표적이다. 비자림로는 남북으로 연결된 27.3 $km$에 이른다. 남쪽 끝은 5·16도로와 접하고 북쪽 끝은 구좌읍 평대 일주도로와 접한다. 남쪽에서 북쪽으로 가는 길목에는 사려니숲길·산굼부리·대천동사거리·금백조로·비자림으로 이어지는 길들이 놓여 있다. 길 가장자리 일부 구간에는 하늘 향해 치솟은 삼나무 군락이 우거져 있다. 길을 따라 좌우로 펼쳐진 넓은 들판에는 왕릉처럼 솟아난 오름들이 자리하고 있다. 저고산지대에서 중산간지대를 거쳐 저지대로 이어지는 대표적인 도로이다. 국토교통부가 2002년 시행한 한국의 아름다운 도로 선정에서 대상大賞을 수상하기도 했다.

비자림로와 연결된 도로 가운데 하나가 금백조로이다. 중산간지대인 구좌읍 송당에서 성산읍 수산으로 이어지는 동서 왕복 2차선 10.67$km$ 도로이다. 이 도로는 오름 대도시 중심을 관통하고 있다. 그래서 도로 좌우 주변에는 아부오름·백약이오름·문석이오름·동검은이오름·월랑지오름·좌보미오름·궁대악·후곡악·낭끼오름 등이 가까이에 자리 잡고 있다. 여름철 최적의 드라이브코스이며 최대의 바람 요법을 제공한다. 가을에는 한들거리는 억새들이 마중을 한다. 풍요로운 마음이 넘친다. 드라이브 길로 인기가 높은 도로는 이외에도 가시리로 연결되는 녹산로(봄철 유채꽃과 벚꽃), 서귀포 지역 한라산 둘레를

도는 산록남로, 천왕사와 관음사를 잇는 산록북로, 새별오름 부근의 평화로 등을 꼽을 수 있다.

| 백약이오름 |

일행은 어느새 오름의 대도시 중심으로 들어서는 금백조로에 닿는다. 멀지 않은 곳에 백약이오름이 보인다. 일행이 찾아간다고 귀띔이라도 한 듯 백약 부인이 추운 날씨를 마다하지 않고 나와 마중한다. 일행은 부인의 안내에 따라 백약이오름 주차장에 차량을 세우고 하차한다. 오래 전에는 없었던 나무계단이 앞마당을 지나 집 앞까지 놓여 있다. 듬성듬성 나무계단을 밟고 오른다. 넓은 정원에는 지난밤 내린 하얀 눈이 녹지 않고 남아 있다.

부인은 오름 대도시 한복판에 산다. 표선면 성읍리 산1번지로 표선면 최북단에 있음을 의미한다. 북사면 기슭은 구좌읍 송당리 구역에 속한다. 해발 226.9m 대지 위에 132m의 높이로 집을 짓고 건물 한가운데에는 방 한 칸이 마련돼 있다. 크기는 등성이 둘레가 대략 400m, 방바

백약이오름으로 들어서는 들머리가 나무계단으로 잘 정돈돼 있다.

백약이오름 입구 밭에 무가 눈에 덮여 있다.

닥 둘레 150m, 깊이 49m이다. 등성이 곳곳은 잔디로 덮여 있어 부드럽고 유연하다. 정원의 면적은 581,463$m^2$에 이른다. 부인은 오래 전부터 정원에 많은 약초들을 재배하면서 자신의 이름까지 백약이라고 지었다. 과거에는 피뿌리풀이 넓은 풀밭에 듬성듬성 심어져 있었다. 약용으로 쓰는 층층이꽃·향유·쑥·방아풀·꿀풀·쇠무릎·인동덩굴 등의 약초 식물들이 함께 자생하고 있었으나, 우마의 먹이감 등으로 지금은 거의 사라지고 없다. 일부 약초 식물들만이 명맥을 유지하고 있다. 그리고 동북쪽 비탈에는 삼나무와 소나무가 빼곡하게 심어져 있다.

 누구나 쉽게 찾아 놀 수 있는 오름이다. 등성이를 한 바퀴 돌면서 사방으로 펼쳐진 오름 이웃들과 눈인사를 한다. 남서쪽으로 돌아서면 한라산 어머니와 마주한다. 오름 가까이에는 돌리미오름 등이 서 있다. 서서히 몸을 움직이면서 북쪽 방향으로 틀면 북서쪽에는 아부

오름, 북쪽에는 문석이오름과 동검은이오름이 이웃해 있다. 동쪽에는 좌보미오름과 저 멀리 우도와 성산 일출봉이 눈에 들어온다. 그 외에도 왕릉처럼 솟아 있는 크고 작은 오름들이 즐비하다. 백약이 부인은 흠진 곳 하나 없이 둥글고 예쁘다. 삶의 어려움을 거의 겪어보지 않고 곱게 자란 곱디고운 여인과 같다. 이웃에는 오름 자매들이 많고 정원에는 약초를 재배해 나눠주는 넉넉한 마음이 있기에 그런지 모른다. 이에 백약이오름에서 '백약 부인의 마음'을 그려본다.

**〈백약 부인의 마음〉**

백약은 알고 있었습니다. / 작은 들풀 하나에도 / 아프고 슬프고 외롭고 / 남모르는 사연이 있다는 것을

백약은 또 알고 있었습니다. / 보잘것없는 생명이라도 / 유일하며 소중함이 있기에 / 살아갈 희망이 있다는 것을

백약은 마음을 다잡았습니다. / 누구나 찾고 오르기 쉽고 / 탁 트인 양지바른 공간에 / 선약지仙藥地가 필요하다는 것을

백약은 그 꿈을 그렸습니다. / 편히 쉴 수 있는 운동장에 / 곱디고운 양탄자 펼치고 / 큼지막한 가마솥 걸어 / 백가지 약을 달였습니다.

너도 나도 그 곳을 찾아 / 선약仙藥 효험 온몸 느끼고 / 정신과 육체 생명력 솟으니 / 기운 저장하는 충전소 / 백약이오름이라 불렀습니다.

## | 좌보미오름 |

일행은 백약 부인과 작별 인사를 나누고, 기약 없이 헤어진다. 주

차장을 벗어나 시멘트로 포장된 목장길을 따라 좌보미오름으로 향한다. 목장길은 2km쯤 돼 보인다. 길옆에는 화살나무가 있다. 줄기에는 날개 펼친 것처럼 특이한 모양을 하고 있다. 둥글고 빨간 열매가 귀엽게 튕겨 나와 있다. 익모초도 추운 바람을 이겨내며 푸르름을 감추지 않고 있다. 주변 넓은 들판에는 울툭불툭 솟아난 둔덕들이 여기저기에 있고 마치 피부에 많은 혹들이 돋아난 것과 같다. 길 옆에는 죽은 노루도 보인다. 일행은 정문이 아닌 중간 봉우리를 가로질러 오르기로 한다. 좌보미 부인은 이에 개의치 않고 어서 오라며 반긴다.

부인은 자신의 이름이 어떻게 지어졌는지 확실하게 알지 못한다. 누구 하나 명확하게 가르쳐 주는 사람이 없다. 이름의 유래를 둘러싼 여러 가지 해석만 분분할 뿐이다. 섭섭할 때가 한두 번이 아니다. 그래도 살아가야 하기에 표선면 성읍리 산6번지에 터를 잡는다. 해발 230m의 부지 위에 112m의 높이로 건물을 짓고 방 1개를 마련한다. 그러나 방은 꾸미다 말았는지 남쪽으로뿐만 아니라 사방으로 터진 공간이 드러나 있다. 안방으로서의 기능이 낮아 보인다. 방을 중심으로 가둬진 한 울타리에는 큰 봉우리 4개와 나지막한 봉우리 1개 등 모두 5개 봉우리가 둘러싸여 있다. 봉우리 또한 일정함 없이 가장 큰 것에서부터 작은 것에 이르기까지 높낮이가 다양하다. 저마다 개성이 뚜렷하다. 그럼에도 솟아난 봉우리가 뾰쪽하고 경사가 가파르다. 다른 오름 건물들처럼 한두 번 오르고 내리는 것과는 다르게 여러 번 오르고 내리기를 반복해야 한다. 파도치는 듯한 기복의 구릉지대와 높은 봉우리를 넘고 넘어야 한다.

좌보미오름 정상 너머 소나무 숲에서 자라는 겨울딸기가 빨갛게 익어가고 있다.

건물 주변에 있는 정원 규모는 631,356$m^2$으로 비교적 넓다. 그럼에도 정원에 심어 놓은 것은 특이함이 별로 없다. 등성이에 심어진 소나무들조차 크지 못해 작달막하다. 억새들도 가꾸고 있지만 변변치 않다. 지나는 길에 겨울딸기가 눈에 들어올 뿐이다. 아무리 그렇더라도 쓸모 있는 부분도 있다. 이곳은 사람들의 사후 세계의 안식처가 되는 듯하다. 겹담으로 두툼하게 두른 넓은 묘지가 바둑판처럼 여기저기에 자리 잡고 있다. 동남쪽 인근에는 표선면공설묘지가 조성돼 있다. 부인은 딸까지 거느리고 있다. 동남쪽 지근거리에 있는 좌보미알오름이 그것이다. 23m의 작은 건물을 짓고 원형 방 한 칸을 마련해 살고 있다. 정원도 있으나 규모는 18,946$m^2$로 매우 작다.

이것으로 볼 때 좌보미 부인은 마치 인생의 우여곡절을 모두 겪은 사람처럼 보인다. 그동안 살아온 고비 고비를 적나라하게 보여주고 있다. 그래서인지 삶을 통달하고 있는 듯하다. 김종철(1995)의 '오름나그네'에서도 좌보미 부인에 대해 느낀 소감이 있다. "황량한 들판에 알몸으로 숨 쉬는 야성녀의 터질 듯한 젊음…, 그런 느낌이 좌보미에서 생동감으로 넘쳐흐른다." 이는 힘든 고비를 넘고 넘은 이에게 주어지는 에너지이며 활력임을 말하고 있다. 누구나 쉽게 얻을 수 없는 힘이다. 깊은 생각에 빠져 있다 보니 부인의 작별인사를 하고 있는 것조차 모른다. 뒤늦게 고맙다는 인사를 하고 발걸음을 돌린다. 백약이오름 주차장으로 돌아온다. 그리고 오늘의 모든 일정을 마무리한다. 이렇게 해서 실제 걸은 거리는 3시간 47분에 걸쳐 8.44$km$이며 걸은 걸음 수는 15,305보이며 이로 인한 칼로리소모량은 580$kcal$이다.

### ▲ 참여자 소감

백약이오름과 좌보미오름 치유탐방을 마친 후 참여자들이 느낀 소감을 설문조사를 통해 확인한 결과를 종합적으로 정리하면, 조금 쌀쌀한 초겨울 오름 등성이에 쌓인 하얀 눈을 밟으며 걷는 기분이 색다르다. 얼굴에 닿는 찬바람이 오히려 상쾌함을 자극한다. 푸른색과 갈색의 들판 위에 뿌려진 하얀 눈의 조화가 새로운 작품으로 탄생한다. 그 속에서 빨갛게 익어가는 겨울딸기가 작품의 완성도를 높인다. 백약이오름은 아름답다. 기찻길처럼 나무계단으로 이어진 들머리 탐방로가 정겹다. 탱탱하고 미끈한 잔디 등성이가 건강의 미를 자랑한다. 보고 싶은 것을 모두 볼 수 있도록 주변을 활짝 열어 놓는다. 눈 덮인 한라산을 비롯해 우도·일출봉, 여기저기 솟아난 오름, 실루엣 속에 감춰진 듯 희미하게 보이는 바다 수평선까지 전경의 진수가 숨 쉰다.

오름들의 생김새도 각각의 멋을 부린다. 봉긋한 것, 뾰쪽한 것, 주저앉은 것, 큰 것, 작은 것, 둥그스름한 것 등 같은 것이 하나도 없다. 좌보미오름은 거칠다. 입체적으로 백약이오름과는 전혀 다른 느낌이다. 부드러운 원형 굼부리가 아니다. 가파르고 굴곡이 심하다. 탐방객을 미끄러지게 한다. 봉우리 또한 보는 각도에 따라 변화무쌍하다. 그럼에도 그곳에는 조상을 잘 모셨던 옛 어른들의 마음이 살아 있다. 겹담으로 두른 묘지가 그것을 대변한다. 지난날 명당의식에 투철한 조상들의 삶을 되돌아보게 한다. 시멘트 목장길 가장자리에는 화살나무가 자란다. 화살의 살과 같다 하여 붙여진 이름이다. 집안 울타리에 화살나무를 심어 액운을 막아주는 풍습이 있다.

치유적 관점으로는 오름에 서식하는 식물들을 하나하나 알아가는 즐거움이 있다. 그리고 교감한다. 처음 탐방 때에 밀려왔던 뻐근했던 근육들이 4회째부터는 오히려 풀어지는 느낌이다. 걷기운동으로 에너지가 소비되면서 허기가 빨리 찾아온다. 탁 트인 공간이 답답한 가슴을 뻥 뚫는다. 복잡했던 머릿속이 비워지는 듯 정리된다.

의견사항은 자연보호를 위해 식물을 꺾거나 캐지 말아야 한다는 점, 오름에서의 금연을 해야 한다는 점, 경사가 심한 좌보미오름의 안전한 탐방을 위해 탐방길 재정비와 함께 봉우리에서 잠시 쉴 수 있는 간이의자 설치가 필요하다는 점, 주요 식물에 대한 정보 및 코스 안내표시가 필요하다는 점이 지적되고 있다. 이외에도 백약이오름에서의 일출 맞이 등 다양한 시간별 탐방상품 발굴 및 계절별 특징을 활용한 치유탐방 등이 필요하다는 의견이다.

### ▲ 치유적 시사점

이번 탐방은 오름왕국 1번지 대표적인 오름 백약이오름과 좌보미오름을 소재로 한 영화 한 편을 감상한다. 오름왕국의 중심부를 관통하는 금백조로 가까이에 자리 잡은 백약 부인과 함께 이웃하고 있는 좌보미 부인의 삶을 들여다본다. 3시간 47분을 들여 감상한 내면에는 삶의 우여곡절과 건강의 에너지가 담겨 있다.

　백약 부인과 좌보미 부인의 삶은 대조적이다. 백약 부인은 어려움 없이 부유한 가정에서 자란 여인과 같다. 몸매가 아름답다. 통통한 피부처럼 건강하다. 그리고 정원에는 많은 약초를 가꾸고 키워 이웃의 건강을 위해 나눠주는 인정이 있다. 이웃의 건강을 책임지는 약국이다. 반면 좌보미 부인은 삶의 단맛과 쓴맛을 다 겪은 여인이다. 주변 들녘에 솟아난 둔덕들, 한 울타리에 둘러싸인 다섯 개의 봉우리들이 이를 말해준다. 거칠고 가파른 비탈길을 오르고 내리고를 반복한다. 마치 삶의 고비 고비를 대변한다. 이를 인생 성장과정에서 비춰보면 가까이에 있는 좌보미알오름은 유아기를 말한다. 한 울타리에 있는 봉우리 5개 가운데 가장 낮은 봉우리는 아동기를 의미한다. 그 외 2

다섯 개 봉우리로 이뤄진 좌보미오름이 삶의 여정과 닮아 있다.

봉에서 5봉까지는 청소년기·청년기·장년기·노년기와 같은 성장단계를 보여준다. 이에는 정해진 순서가 없다. 탐방객의 생각에 맡길 뿐이다. 그리고 마지막은 등성이에 조성된 무덤을 들 수 있다. 이는 회년기를 말한다.

 오름에서 태어나 오름에서 살다가 오름으로 돌아가는 과정이 좌보미 부인의 삶 속에 녹아 있다. 그리고 성장과정에는 수많은 우여곡절이 있다. 성공한 시기가 있으면 실패한 시기가 있듯이 봉우리 하나를 오르고 내리는 과정 하나하나가 그와 같다. 삶을 꿰뚫고 통달하고 있다. 오름 중의 오름이다. 오름왕국 1번지의 본부이며 달관의 오름이다. 그래서 백약이오름과 좌보미오름은 삶의 의미를 깨닫고, 삶의 역경과 고난을 이겨낼 수 있는 건강한 힘을 얻을 수 있는 치유력을 갖고 있다.

# 교래자연휴양림과 큰지그리오름

## ▲ 큰지그리오름과 족은지그리오름 현황

| 대표명칭 | 큰지그리오름 |
|---|---|
| 세 대 주 | 큰지그리부인(남서쪽 말굽형 굼부리) |
| 주 소 | 조천읍 교래리 산119 |
| 시설규모 | 해발높이 598m / 건물높이 118m / 시설면적 344,976$m^2$ |
| 이웃시설 | 족은지그리오름, 교래자연휴양림, 교래곶자왈, 산전터, 늪서리오름 |
| 특 징 | 한라산과 연결된 일직선상 오름군, 편백나무숲, 움막터, 숯가마터, 원두막 |

| 대표명칭 | 족은지그리오름 |
|---|---|
| 세 대 주 | 족은지그리부인(남동쪽 말굽형 굼부리) |
| 주 소 | 조천읍 교래리 산115 |
| 시설규모 | 해발높이 504m / 건물높이 69m / 시설면적 120,674$m^2$ |
| 이웃시설 | 큰지그리오름, 한라산과 연결된 일직선상 오름군 |
| 특 징 | 초승달 모양 등성이, 둥글넓적한 굼부리 |

| 치유탐방코스 |

교래자연휴양림 입구(0㎞) → 곶자왈지대(2.1㎞) → 초지대(2.9㎞) → 오름 정상(3.7㎞) → 초지대(4.5㎞) → 곶자왈지대(5.3㎞) → 휴양림 입구(7.96㎞)

⇒ 탐방코스에 휴양림 내 생태관찰로(1.5㎞)를 추가할 경우 총 길이는

9.46km에 이름.

## ▲ 탐방지 날씨 및 실측정보

탐방일자  2018년 1월 10일   탐방인원  6명

탐방시간  10:10            종료시간  14:40

현장날씨  비·눈 / 온도 4° / 체감온도 -1° / 습도 67% / 풍속 5m/s

실측현황

**걸은 거리**  7.96km    **걸은 시간**  2시간 35분(휴식시간 등 제외)

**만보기**  12,640보    **칼로리소모량**  582kcal    **난이도**  하

## ▲ 관찰된 주요 산림치유인자

| | |
|---|---|
| 생물 요소 | 고사리 등 양치식물, 이끼, 버섯, 서어나무, 단풍나무, 산딸나무, 산뽕나무, 상산나무, 초피나무, 비자나무, 비목나무, 접골목 등 |
| 오감 요소 | 눈보라 치는 오름 정상의 경관, 오름 8부능선 남쪽에서 불어대는 칼바람, 한라산과 이어진 오름 능선, 하얀 적설, 눈옷 입은 나무와 곶자왈 모습 등 |
| 지형 요소 | 요철처럼 생긴 곶자왈의 함몰지와 돌출지, 오름 하단부의 편백나무숲, 목장지대, 숯가마터, 봉긋한 오름, 남서로 터진 굼부리 등 |
| 기후 요소 | 매서운 날씨, 휘몰아치는 칼바람, 흩날리는 눈보라, 10cm 정도 덮인 설국의 형상, 빙판길 등 중산간지대 한겨울 날씨 |
| 심리 요소 | 탈출감, 해방감, 포근함, 적막감, 고요함, 맹렬함, 순수함, 깨끗함, 자신과의 대화, 자기 이해, 긍정적 사고 등 |
| 사회 요소 | 대화의 기회, 이해와 배려, 소통, 교감, 관계 형성, 넉넉한 마음, 추억의 회상 등 |

## ▲ 적절한 치유요법

- 폭설로 덮인 함몰지와 돌출지 곶자왈을 걷는 유산소 운동요법
- 보습과 보온이 잘 이뤄지는 천연림 곶자왈 지대를 걷거나 쉬면서 날숨과 들숨의 호흡조절작용을 통해 폐를 건강하게 하는 미기후요법
- 휘몰아치는 눈바람에 맞서 벌거벗은 오름 능선 등을 조망할 수 있는 경관요법
- 중산간지대 곶자왈에서 자생하는 식생들을 관찰하며 배우는 지식요법
- 죽은 나무에서 피어난 영지버섯, 상황버섯 등의 이름 등을 알아가며 사진으로 남기는 기록요법
- 하얀 눈으로 덮인 곶자왈을 걷거나 오름 정상에 서서 생각에 몰입하는 명상요법
- 복잡하게 얽혀 있는 머릿속 문제들이 자연스럽게 풀리고 비우고 새롭게 채울 수 있도록 하는 정화요법
- 편백나무숲 사이에 마련된 평상에 둘러서서 각자 준비한 간식을 나눠 먹는 친교·식이요법
- 서로 함께 어울려 걸으며 마음을 열어놓고 교감하는 소통요법
- 눈 덮인 가파른 계단이나 울퉁불퉁 곶자왈 요철지대, 목장지대를 걸을 때 발바닥 자극으로 혈액순환을 원활하게 하는 지압요법 / 신진대사 촉진요법
- 칼바람으로부터 얼굴 등 피부 마사지 자극을 받는 냉기요법
- 수북이 쌓인 넓은 풀밭 눈 위에 누워 땅의 기운과 높은 하늘의 기

운을 얻는 와설(臥雪)요법

### ▲ 산림치유 체험

교래자연휴양림과 큰지그리오름은 조천 중산간 곶자왈지대를 특징으로 하는 치유인자가 있는 곳이다. 1월 10일 6명의 일행은 폭설로 인한 아침 빙판길을 조금이라도 피하기 위해 집결시간을 기존보다 20분 늦은 오전 9시로 맞춘다. 당초에는 성판악을 통해 사라오름을 치유탐방할 예정이었다. 그러나 수그러들지 않는 최강추위 탓에 어쩔 수 없이 교래자연휴양림과 큰지그리오름을 치유탐방하는 것으로 계획을 변경한다.

일행을 태운 차량은 제주시 봉개동을 경유해 번영로와 남조로를 따라 조천읍 교래리 소재 교래자연휴양림으로 달린다. 일부 구간은 빙판길이다. 노면과 맞닿으면서 내는 달그락거리는 소리가 제법 요란하다. 조심스럽고 천천히 운전을 하면서 교래자연휴양림 입구에 도착한다. 50분쯤 걸려 도착한 일행은 탐방계획을 세운다.

| 교래자연휴양림 |

교래자연휴양림은 곶자왈지대에 마련된 것으로는 국내에서 유일한 휴양림이다. 2004년 12월 제주돌문화공원 조성과 함께 연계된 휴양림이다. 5년에 걸쳐 이뤄진 돌문화공원 교래자연휴양림은 695,750평(2.3㎢)에 이르는 방대한 면적을 갖고 있다. 이곳에는 교래곶자왈 지대를 비롯해 늪서리오름과 큰지그리오름이 포함된다. 휴양림에 들어

선 시설은 크게 휴양지구·야영지구·생태체험지구·산림욕지구 등 4개 지구로 나누고 있다. 휴양지구에는 숲속의 초가·휴양관·야외공연·곶자왈공유화재단사무실 등이 들어서 있다. 휴양관은 1실에 12명의 가족이 함께 휴양할 수 있는 넓은 공간이다.

제주 전통 초가로 만들어진 숲속의 초가는 1동에 6~10명이 함께 휴양할 수 있는 현대식 내부시설을 갖추고 있다. 야영지구에는 야영장과 풋살경기장 등이 자리하고 있다. 대규모 또는 소규모 공연을 할 수 있는 야외공연장을 비롯해 모닥불을 피워 놀이를 즐길 수 있는 캠프파이어장, 5인제 미니축구를 할 수 있는 풋살경기장 등이 조성돼 있다. 생태체험지구에는 왕복 1.5km에 이르는 생태관찰로가 마련돼 있다. 산림욕지구에는 곶자왈 지대와 큰지그리오름을 탐방할 수 있는 오름산책로가 조성돼 있다.

| 교래곶자왈 |

일행은 교래자연휴양림 입구로 들어선다. 앞마당에는 잔디광장이 조성돼 있다. 마당 주변에는 초가집으로 지어진 입장료 카운터실과 화장실, 편의시설 등이 들어서 있다. 지난밤에 내린 눈이 끊이지 않고 계속 내린다. 온 천지가 하얗다. 곶자왈이 눈으로 덮여 설국으로 들어가는 느낌이다. 제주의 곶자왈은 화산활동에 의해 분출한 용암류가 만들어낸 불규칙한 암괴지대를 말한다. 함몰지와 돌출지 등 다양한 요철모양을 하고 있다. 요철지대는 물이 잘 스며들 수 있을 뿐만 아니라 지하수의 저장장소이기도 하다. 그래서 곶자왈은 늘 수분을 간

직해 잘 마르지 않는다. 온도 역시 여름과 겨울에 큰 차이를 보이지 않는다. 보온과 보습효과가 높다. 여름에는 시원하고 겨울에는 따뜻하다. 이런 환경 조건이 천천히 오랜 시간을 거치면서 다양한 식생을 키워내고 있다. 요철지대의 특성 때문에 경작은 불가능해 오히려 원시림 그대로 보존돼 있다.

곶자왈지대는 크게 5개로 나눠져 있다. 동쪽에는 교래곶자왈을 비롯해 조천-함덕곶자왈, 구좌-성산곶자왈이 있다. 서쪽에는 애월곶자왈과 한경-안덕곶자왈이 분포한다. 이들 곶자왈지대는 소단위별로 나눠 식생분포를 관찰하는 곳이기도 한다. 동백동산곶자왈·노꼬메곶자왈·금악곶자왈·저지곶자왈·산양곶자왈 등이 그것이다.

이 가운데 교래곶자왈은 독특한 생태학적 특성을 갖고 있다. 천이과정에서 일반적으로 나타나는 2차림지역 수종에서 볼 수 없는 낙엽활엽수가 제법 많다. 돔형태의 지형에는 상록활엽수가 자라고 있다. 불연속적으로 퍼져 있는 함몰지와 돌출지에는 난대수종과 온대수종이 함께 자란다. 나무 사이에는 독특한 고사리류 등 양치식물이 고개를 내민다. 습기는 많지만 흙이 별로 없는 암괴에는 일새고사리 등 북방계 식물이 많이 자란다. 바위가 적은 능선부분에는 복수초 등이 우점하고 있다. 지형의 변화가 심한 곳은 미기후가 발달해 이끼류가 바위를 감싸기도 한다. 그래서 교래곶자왈은 원시성 식생이 살아 숨쉬는 곳이다.

교래곶자왈에는 사람들이 산림자원을 활용하기 위한 흔적들이 남아 있다. 오름산책로를 따라 조금 들어가면 1940년대 중반까지 곶자

교래곶자왈에서 자생하고 있는 양치식물이 쌓인 눈 사이로 고개를 내밀고 있다.

왈 속의 손바닥만큼 한 평평한 작은 공간을 개간해 밭으로 일궜던 산전터가 있다. 밭을 일구기 위해 흩어져 있던 돌을 한 곳으로 쌓아놓은 돌무더기가 보인다. 밭을 일군 평지에는 팥이나 피 등의 잡곡을 재배한다. 말이나 소들로부터 이들 농작물을 보호하기 위해 오두막을 짓고 이를 지켰던 움막터 흔적이 남아 있다. 1970년대 이전까지 숲속에서 나무를 베어 숯을 만들었던 숯가마터가 여러 곳에 보인다.

탐방로는 잘 조성돼 있다. 곳곳에는 거리를 안내하는 표지판이 있다. 곶자왈을 벗어나 목장지대에는 원두막이 있어 잠시 쉴 수 있는 공간을 제공한다. 그렇지만 일행의 탐방일에는 곶자왈의 진모습이 백설로 감춰진다. 모두가 하얀 색의 옷으로 갈아입었다. 벌거벗은 나뭇가지도 하얗다. 울퉁불퉁 자연스럽게 만들어진 돌무더기들도 하얗다. 푸른색을 띠는 이끼들도 하얗다. 짙푸른 고사리류들도 하얀색 옷 속에 숨어있다. 걸어가는 산책길도 하얗다. 함몰지가 어디이며 돌출

목장지대 탐방로에 수북이 쌓인 눈

지가 어디인지 구분이 안 된다. 칼바람에 모두 숨죽여 있다. 모든 것이 순백으로 덮여 있다. 다가올 봄을 맞이하기 위해 감수해야 할 과정이다. 그래야 짙푸른 여름을 맞이할 수 있다. 풍성한 가을의 열매를 키울 수 있다. 지난해에도 그랬듯이 힘겨운 시기를 넘기는 자들만이 다음에 오는 기쁨을 얻는다.

하얀 옷 위에 벌러덩 눕는다. 양팔을 벌린다. 잠시 하늘을 본다. 공중에는 눈가루가 날린다. 온 세상을 하얀색으로 물들이고 또 물들인다. 눈가루가 눈에 들어와 녹는다. 썰렁하다. 이처럼 백설에게도 태어나고 떠나는 삶이 있다. 이의 느낌을 엮는다.

〈白雪의 삶〉

한겨울에 태어나 / 칼바람 벗 삼아 / 짧은 시간 머물다 / 홀연히 사라지는 白雪

꽃이 피어도 / 푸른 잎 돋아도 / 열매 영글어도 / 어울리지 못해 / 외로움 삼키는 白雪

힘닿는 곳마다 / 깨끗한 마음 / 순수한 마음 / 하얗게 수놓아 / 동

심 자극하는 白雪

　한 줌 햇살에 / 조르륵 조르륵 / 눈물 흘리며 / 생을 마감하고 / 영원히 떠나는 白雪

　나무들도 / 그 마음 아는지 / 모든 잎새 내려놓고 / 가만히 숨 죽여 / 맨몸으로 받아 안네요.

　이제 눈 덮인 곶자왈지대를 벗어난다. 발목까지 잠기는 적설 숲길을 뚫고 뚫으며 전진한다. 그리고 어느새 봉긋하게 서 있는 큰지그리오름이 나뭇가지 사이로 들어온다. 편백나무가 없는 오름 정상 바로 밑에는 민대가리처럼 벗겨진 부분이 있어 눈에 띤다.

| 큰지그리오름 |

　원두막을 지나고 얼마 없어 큰지그리 부인이 사는 입구에 다다른다. 입구에는 편백나무가 가득하다. 부인의 이름은 무슨 뜻인지 알려지지 않고 있다. 어원을 따서 '지기리之基里'라고 하기도 한다. 부인은 조천읍 교래리 산119번지에 산다. 해발 480m 고지에 집을 지었다. 건물의 높이는 118m에 이른다. 방의 구조는 남서쪽으로 트여 있다. 정원은 344,976㎡에 이른다.

　동남쪽 경사면 정원에는 편백나무를 가득 심어 키우고 있다. 편백나무숲 사이 평상을 지나 왼쪽 기슭을 따라 건물 옥상에 오른다. 편백나무도 하얀 옷을 입고 있다. 줄기마다 겹겹이 두툼하게 입혀 있다. 강렬한 칼바람이 편백나무숲을 뒤흔든다. 하얀 옷에 묻은 눈가루가

편백나무 숲속까지 파고든 하얀 눈

뿌연 장막으로 숲속을 가둔다. 앞이 보이지 않을 정도이다. 전진할 수가 없다. 그러고는 조용해진다. 조금씩 앞으로 나간다. 또다시 칼바람이 밀려든다. 편백나무가 뒤틀린다. 눈가루가 우수수 떨어진다. 지나가는 나그네의 얼굴에도 사정없이 내려친다. 손은 얼음장이다. 가는 길을 막는 것 같다. 그래도 눈바람을 뚫고 뚫으며 경사진 계단을 오른다. 옥상 가까이에 이를 쯤 무덤 하나가 나타난다.

무덤을 두른 산담 귀퉁이에는 나이 먹은 백일홍이 자라고 있다. 백일홍의 줄기를 본다. 구부러지고 비틀어지고 휘어지고…. 인생의 굴곡을 다 짊어지고 있는 듯하다. 그러면서도 옆으로 넓이면서 위로 자라고 있다. 백일홍 꽃도 그렇다. 화무십일홍(花無十日紅 : 십일 이상 피는 꽃은 없다)이라지만 백일홍은 그렇지 않다. 아래에서부터 피기 시작한 꽃은 가지의 가장 꼭대기에 이르기까지 차례로 올라가며 백일 동안 피고 또 핀다.

얼마 오르지 않아 건물 옥상이다. 옥상에는 나무 평상이 마련돼 있다. 세찬 칼바람은 나그네의 몸까지 저 멀리 내쫓으려 한다. 한치 앞도 볼 수 없는 눈보라의 기세가 등등하다. 늘 먹구름만 있는 것이 아니다. 시커먼 구름 사이로 얼굴을 내민 햇살이 잠시 나타난다. 남서쪽 방향으로 고개를 돌린다. 한라산 어머니는 뚜렷하게 보이지 않지만 그로부터 흘러내린 오름 능선줄기는 큰지그리 부인의 건물옥상으로 연결되고 있다. 좌우로 좁혀졌다 벌어졌다 하면서 늘어선 오름들이 신기하다. 상향공간을 따라 가까이

잠깐 맑게 갠 사이로 드러난 큰지그리오름 전경

에서부터 민오름-절물오름-개오리오름-성진이오름-태역장오리-물장오리-쌀손장오리-불칸디오름-돌오름-흙붉은오름-백록담으로까지 이어진다. 그리고 하향공간으로는 가까이에서부터 족은지그리오름과 바농오름, 새미오름을 거쳐 저 넓은 바다를 연모하듯 해안까지 흘러들어간다.

 칼바람과 맞서 고개를 돌리며 그 줄기를 한참동안 바라본다. 그리고 무엇인가 있는 듯 없는 듯 가슴 속에 젖어드는 기운이 감돈다. 동남쪽에는 공사를 하다 잠시 멈춘 공사현장이 눈에 들어온다. 굴삭기가 하얀 눈을 뒤집어쓴 채 지키고 있다. 돌문화공원에서 조성하고 있

큰지그리오름 정상에서 상향으로 본 능선

는 설문대할망 관련 시설 등이 지어지고 있다. 이곳을 중심으로 거대한 설문대할망 전설이 거듭나는 계기가 될 것으로 보인다.

그리고 북동쪽 가까이에는 나지막한 족은지그리 부인이 자리하고 있다. 부인은 조천읍 교래리 산115번지에 터를 잡고 있다. 고지는 해발 435m이다. 건물은 69m이다. 정원은 $120,674 m^2$로 아담하다. 건물 모양은 남북으로 길게 휘어져 있어 마치 초승달과 같다. 남동쪽으로 넓게 벌어진 굼부리는 학교운동장만큼 하다. 그런데 특이한 것은 큰지그리오름과 일직선상에 있는 인근 오름 굼부리 방향이 제각각이다. 가까이에 있는 민오름은 북동향으로 터진 데 반해 큰지그리오름은 정반대인 남서향이다. 족은지그리오름은 남동향이다. 바농오름은 북향이다. 화산분출이 한 줄기에 있으면서 각기 다른 시기 등의 원인이 있었던 것이 아닌가하는 생각이 든다.

일행은 큰지그리 부인 건물 옥상에서 세찬 칼바람과의 한바탕 전투를 마감하고 내려온다. 편백나무숲 기슭에 이르러 큰지그리 부인과 작별인사를 한다. 갔던 길을 되돌아 교래자연휴양림 입구로 되돌아온다. 하얀 눈은 그칠 줄 모르고 뿌려댄다. 거친 바람과 함께 눈보라도 동반한다. 그렇게 해서 실제 걸은 거리는 2시간 35분에 걸쳐 7.96km를 걸었으며 걸음 수는 12,640보이다. 이로 인한 에너지 소모량은 582kcal이다.

### ▲ 참여자 소감

교래자연휴양림과 큰지그리오름 치유탐방을 마친 후 참여자들이 느낀 소감을 설문조사를 통해 확인한 결과를 종합적으로 정리하면, 이번 탐방은 백설로 덮인 겨울왕국을 다녀온 기분이다. 나무에도, 돌에도, 이끼에도 순백의 설국의 형상이다. 순백의 깨끗함에 돌들이 부끄러운 듯 몸을 숨기고 있다. 조롱조롱 매달린 눈꽃이 순수함을 넘어 경이적이다. 걷는 걸음 따라 '뽀드득 뽀드득' 아름다운 하모니가 들린다. 그 누구도 걸어 가보지 않는 순백의 길을 먼저 발자국을 내며 걸어간다. 지난 시절 본연의 임무를 다 하고 하얀 눈 위로 뚝 떨어진 빛바랜 등수국이 보인다. 이 작은 식물도 태어나 할 일을 다 하고 떠난다. 자연의 섭리가 담겨져 있다. 생을 다한 나무줄기에는 버섯들이 자란다. 영지버섯·개영지버섯·상황버섯 등을 키워낸다.

큰지그리오름에는 칼바람이 분다. 혹한을 이겨내는 극기훈련을 방불케 한다. 바람을 따라 솟구치는 눈보라가 옅은 장막을 치며 앞길을 막는다. 마치 온천에서 뿜어져 오르는 수증기와 같다. 나무에 앉았던 눈가루들이 흩어지며 몸속을 파고든다. 먹구름이 맑은 하늘을 뒤덮고 한바탕 소란을 핀다. 그러고는 사라진다. 그 사이로 거대한 오름능선과 곶자왈 지대가 펼쳐진다. 또다시 칼바람이 강타한다. 곳곳을 자세하게 들여다 볼 틈새가 없다. 전망대에 서 있는 일행들 몸까지 내동댕이치려 한다. 먹구름과 햇빛이 끝장 싸움을 한다. 그럼에도 느끼는 오감은 순수 그 자체이다.

청각은 큰지그리오름 정상에서의 매섭게 몰아치는 칼바람 소리, 눈길 밟으며 뽀드득 뽀드득 나는 소리, 나무 위에서 눈 떨어지는 소리, 시각은 정상에서 바라본 곶자왈과 오름능선, 촉각은 차갑고 미끄러운 것들이다. 생각은 하얀 눈 위를 걸으며 마음속의 탐욕들이 부질없음을 느낀다. 비움의 편안함을 준다. 용서의 미덕을 갖게 한다. 순수한 마음이 샘솟는다. 저절로 엔도르핀이 활성화되면서 감탄사가 연발이다. 보잘 것 없는 등수국도 삶의 굴곡이 있음을 말한다. 때 묻지 않은 순백을 보면서 더 깨끗하고 아름답게 살아가겠다는 마음의 자극을 받는다. 마음의 정화가 일어난다. 한편 탐방을 함에 있어 교래자연휴양림 내에 마련된 곶자왈생태체험관을 찾아 곶자왈의 가치에 대해 느낄 수 있는 기회를 갖는 것이 필요하다. 대열에서 떨어지지 않고 서로 보조를 맞추며 동행하는 것이 필요하다.

### ▲ 치유적 시사점

이번 치유탐방은 원시성을 간직한 곶자왈이 있는 교래자연휴양림과 큰지그리오름을 소재로 한 영화를 본다. 설국을 소재로 엮은 눈축제장이 펼쳐진다. 드라마틱한 장면들이 연출된다. 그 속에서 새로운 에너지가 흐른다. 한라산 백록담을 기점으로 해안까지 내달리는 오름능선 줄기가 큰지그리오름을 거친다. 백록담을 기점으로 해안까지 이어지는 오름왕국 능선줄기는 대략 6개 정도로 구분할 수 있다. 이 중에 가장 뚜렷하고 대표적인 것이 이 능선줄기이다.

 능선줄기는 시작과 끝이 확실하다. 한라산 어머니에서부터 시작한 오름능선은 바다 해안에서 끝을 맺는다. 또한 이어지는 과정마다에는 갖가지 생명들이 잉태하고 탄생한다. 전설적으로 물장오리는 설문대할망이 빠져 죽었다는 곳이다. 물장오리에서부터 아래로 내려오는 능선은 성진이오름과 개오리오름(견월악)을 거쳐 절물오름으로 이어진다. 절물오름은 절물자연휴양림의 거대한 방패막이역할을 한다. 아늑하다. 수많은 사람들에게 치유공간을 제공한다. 다시 밑으로 내달린다. 민오름을 넘어 큰지그리오름에 이른다. 오름능선의 마지막 에너지가 큰지그리오름에서 모아진다. 기슭에는 695,750평에 이르는 거대한 교래곶자왈 지대가 자리 잡고 있다. 시각을 좁혀 교래자연휴양림 입구에서 큰지그리오름까지 가는 곶자왈지대 내의 탐방로 모양을 본다. 마치 백록담에서 흘러내린 능선줄기처럼 가늘고 긴 뱀모양과 비슷하다. 뱀은 오래전부터 선과 악이 뚜렷한 동물이다. 그럼에도 뱀은 끈질긴 생명력을 갖고 있다. 탈피를 계속하면서 장수와 영원·부활·재생의 상징이 된다. 군의관의 휘장에도 뱀 그림이 있다. 뱀 2마리가 지팡이를 휘감고 있다. 이는 그리스 신화에 나오는 의학의 신 헤

르메스가 뱀을 상징하고 있기 때문이다. 그래서 뱀은 치유 상징으로 여기기도 한다. 뱀을 상징하는 탐방로 따라 펼쳐진 곶자왈에는 돌출지와 함몰지가 불규칙하게 형성돼 있다. 그 곳에는 수많은 돌들이 마치 숲이 알을 잉태한 것처럼 울룩불룩하게 돋아나 있다. 그리고 수많은 생명들이 탄생하고 있다.

이처럼 큰지그리오름과 교래곶자왈은 원시성을 상징한다. 원시성은 근본을 말한다. 기다란 능선줄기로부터 흘러내린 에너지는 큰지그리오름으로 모아지고 수십만 평에 이르는 교래곶자왈지대에 생명력을 불어넣고 있다. 그래서 큰지그리오름과 교래곶자왈은 원시적 근본을 바탕으로 부활과 장수, 재생의 치유력을 갖고 있다.

# 새별오름과 이달오름

## ▲ 새별오름과 이달오름 현황

| 대표명칭 | 새별오름 |
|---|---|
| 세대주 | 새별부인(복합형 굼부리) |
| 주소 | 애월읍 봉성리 산59-3 |
| 시설규모 | 해발높이 519.3m / 건물높이 119m / 시설면적 522,216㎡ |
| 이웃시설 | 이달오름, 이달이촛대봉, 지맥의 중심, 넓은 초원, 마을 공동묘지 |
| 특징 | 별 모양 굼부리, 안녕기원 들불축제, 어림비 전투, 탁 트인 공간 등 |
| 대표명칭 | 이달오름 |
| 세대주 | 이달선비(원추형) |
| 주소 | 애월읍 봉성리 산71-1 |
| 시설규모 | 해발높이 489m / 건물높이 119m / 시설면적 250,204㎡ |
| 이웃시설 | 형제 모양 화산체, 이달이촛내봉, 새별오름, 초원지대 |
| 특징 | 소나무, 경방초소, 삼나무, 누렇게 변한 억새, 잡풀 등 |
| 대표명칭 | 이달이촛대봉 |
| 세대주 | 촛대선비(원추형) |
| 주소 | 애월읍 봉성리 산71-1 |
| 시설규모 | 해발높이 456m / 건물높이 86m / 시설면적 104,258㎡ |
| 이웃시설 | 형제 모양 화산체, 이달오름, 새별오름, 초원지대 등 |
| 특징 | 정상에 화산암 바위, 붉은 화산석, 묘소, 남쪽 벼랑 등 |

| 치유탐방코스 |

새별오름 주차장(0km) → 새별오름 정상(1.0km) → 새별오름 굼부리 순환과 이달오름 입구(2.5km) → 이달오름 정상(3.1km) → 이달이촛대봉 입구(3.9km) → 이달이촛대봉 정상(4.3km) → 새별오름 주차장(6.35km)

## ▲ 탐방지 날씨 및 실측정보

탐방일자  2018년 3월 7일        탐방인원  7명
탐방시간  09:43                 종료시간  12:35
현장날씨  흐림 / 온도 12° / 체감온도 7° / 습도 71% / 풍속 6m/s
실측현황

**걸은 거리** 6.35km    **걸은 시간** 2시간 34분(휴식시간 등 포함)
**만보기** 11,448보    **칼로리소모량** 466kcal    **난이도** 하

## ▲ 관찰된 주요 산림치유인자

| | |
|---|---|
| 생물 요소 | 삼나무, 소나무, 띠(새), 억새, 어린 목초, 복수초, 수평(장평), 제비초리(총대기) 등 |
| 오감 요소 | 봄의 새싹, 별 모양 새별오름 뒤태, 성벽 같은 앞태, 형제 같은 이달오름의 자태 등 |
| 지형 요소 | 새별오름, 이달오름, 이달이촛대봉, 부드러운 능선, 넓은 들판, 별 모양 굼부리와 원추형 오름 등 |
| 기후 요소 | 흐리고 따뜻한 날씨, 중산간지대 3월 초봄 날씨 |
| 심리 요소 | 탈출감, 해방감, 상쾌함, 뻥 뚫린 마음, 인내심, 자유로움, 자신과의 대화, 자기 이해, 긍정적 사고 등 |
| 사회 요소 | 대화의 기회, 이해와 배려, 소통, 교감, 관계 형성, 역사적 사실의 이해 등 |

## ▲ 적절한 치유요법

- 드넓은 들판과 오름 등성이, 기슭을 오르고 내리며 걷는 유산소 운동요법
- 탁 트인 공간 위에 자연이 만들어놓은 다양한 조형미를 조망할 수 있는 경관요법
- 등성이를 오르고 내리며 날숨과 들숨의 호흡조절작용을 통해 심폐 기능을 증진시키는 호흡요법
- 오름 정상이나 굼부리 내 묘소, 들판의 마을공동묘지를 보면서 누구나 태어나면 끝이 있는 것이 인생이라는 것을 깨닫게 하는 해량요법
- 오름으로 이어진 남쪽의 능선, 새별오름 위태의 아름다움, 형제처럼 나란히 선 이달오름, 기슭으로 넓게 펼쳐진 들판의 조화로움에 매료되는 동화同化요법
- 1374년 최영 장군이 거느린 고려 군사와 국영목장을 관리하는 몽골 출신인 목호牧胡와의 치열한 싸움이 벌어졌던 드넓은 들판 길을 걸으며 역사적 사실을 되새겨보는 반추요법
- 중산간지대에서 자생하는 식생 등을 관찰하며 배우는 지식요법과 사진으로 남기는 기록요법
- 복잡하게 얽혀 있는 머릿속 문제들이 자연스럽게 풀리고 비우고 새롭게 채울 수 있도록 하는 정화요법
- 서로 함께 어울려 걸으며 마음을 열어놓고 교감하는 소통요법
- 오름 꼭대기에서 잠시 흘린 땀을 식히며 준비한 따뜻한 커피 한 잔 등을 나눠 마시며 담소를 나누는 다담茶談요법

- 신선한 공기와 따뜻한 햇볕을 쬐며 부족할 수 있는 비타민D를 보충하는 일광요법
- 목호의 난이 펼쳐진 들판과 들불축제의 의미가 주는 과거사와 새별오름 앞 평화로를 질주하는 차량행렬이 주는 의미 등 과거와 현재를 비교하며 생각하는 사유요법

### ▲ 산림치유 체험

애월읍 봉성리에 있는 새별오름과 이달오름은 제주 서부지역 오름 도시 중산간지대를 특징으로 하는 치유인자가 있는 곳이다. 새별오름은 들불축제의 현장이며 이달오름과 어우러져 넓은 들판을 이루고 있다. 7명의 일행은 3월 7일 아침 8시 40분에 제주시종합경기장 내 수영장 남쪽 공터에서 모여 목적지로 출발한다. 일행이 탄 차량은 제주시 노형동을 거쳐 평화로를 따라 새별오름 주차장으로 들어선다. 지난달까지만 하더라도 겨울왕국을 이뤘던 제주의 모습은 온데간데없고 들판 곳곳에는 따뜻한 봄기운을 받으며 새 생명이 움트고 있다. 구름은 껴 있지만 바람이 거의 불지 않는다. 기온은 12℃로 봄 날씨를 보인다.

| 새별오름 |

일행은 새별오름 남쪽 기슭에 있는 주차장에서 내린다. 주차장은 넓게 조성돼 있다. 광장으로 들어가는 입구에는 커다란 돌로 만들어진 새별오름 입간판이 세워져 있다. 진입하는 도로는 넓게 포장돼 있

다. 무대 광장도 넓다. 화장실을 비롯해 편의시설이 잘 갖춰져 있다. 푸드트럭에서는 커피를 팔고 있다. 들불축제의 규모를 짐작하게 한다. 아침부터 관광버스에서 내리는 관광객들이 새별 부인을 만나러 가고 있다.

우리도 부인과 인사를 나누고 건물 안으로 들어간다. 부인의 이름은 굼부리 모양이 별처럼 생긴 5개의 봉우리에서 유래하고 있다. 부인의 주소는 애월읍 봉성리 산59-3번지이다. 해발 400.3m에 건물을 지어 살고 있다. 건물의 높이는 119m에 이른다. 크고 작은 5개 봉우리로 이뤄진 굼부리 안방은 북쪽으로 트여 있고 포근하다. 건물을 둘러싼 정원규모는 522,216㎡에 이른다. 가꾸고 있는 식물은 대부분 1년생이다. 관목이나 교목 등 다년생 나무가 거의 없어 건물 모양은 뚜렷하게 드러난다. 사방팔방 탁 트인 공간을 제공한다. 건물의 앞태는 시커멓게 타 있다. 지난 주말에 있었던 들불축제 행사 때문이다. 부인은 찾아오는 나그네 소원을 위해 자신의 몸을 불사르고 있다.

새별오름 굼부리에 있는 5개의 별모양 봉우리 모습이 이달이촛대봉에서 가장 뚜렷하게 보이고 있다.

들불축제가 끝난 후 검게 탄 새별오름 남사면과 희미하게 남아 있는 들불축제 글씨 흔적이 이채롭다.

부인의 희생으로 이뤄지는 들불축제는 해마다 열린다. 지난 3월 1일부터 4일까지 열린 행사가 스물한 번째 축제이다. 1997년 처음 시작한 때에는 정월대보름을 전후로 어음리 서부산업도로변에서 열렸다. 제4회 때부터 새별오름으로 장소를 옮겨 지금까지 이어지고 있다. 제16회째인 2013년부터는 행사일정과 규모를 대폭 조정한다. 3월 경칩이 속한 주말을 기준으로 제주도 전역에서 열리는 행사로 확대되고 있다. 명칭 또한 정월대보름 대신 제주들불축제로 바뀐다. 들불축제는 제주의 전통풍습에서 유래하고 있다. 30년 전까지만 하더라도 마을목장이나 들판에 들불을 놓는 방화풍습이 있다. 이를 속칭 '방애'라고 한다. 해묵은 풀과 해충을 없애고 새로운 풀이 잘 돋아날 수 있도록 하기 위함이다. 이런 풍습이 이제는 도민을 비롯한 모든 사람들의 무사안녕을 기원하는 축제행사로 자리매김하고 있다.

지난해의 모든 악재를 화염 속에 태워버리고 새로움을 시작하는 의미를 담고 있다. 이를 위해 새별 부인은 자신의 몸을 불사르며 기꺼이 희생하고 있다. 일행이 방문한 날은 이를 증명이라도 하듯이 부인의 앞태가 시커멓게 탄 채로 남아있다. 이에 새별오름의 마음을 생각해본다.

〈새별오름의 마음〉

하늘과 땅이 인연 맺는 날 / 밤하늘 빼곡하게 별꽃 수놓고 / 밝은 등불 사이로 큰 문 열리며 / 영롱한 별 하나 내려앉는다.

드넓은 초원에 보금자리 지어 / 남쪽으로 웅장한 성벽 세우고 / 다섯 봉우리 휘돌아진 안방 꾸며 / 때가 되면 풀꽃들 얼굴 내밀어 / 아름다운 마음 널리 전한다.

평화로 따라 오고가는 나그네 / 피어나는 향기에 취하고 / 부드러운 능선에 홀리고 / 그 옛날 추사도 감탄했던 곳 / 지나가던 노을이 길을 멈춘다.

하루가 가고 어둠이 내리면 / 두고 온 정에 그리움 사무쳐 / 초봄

새별오름에서 본 이달오름과 이달이촛대봉이 형제처럼 나란히 서 있다.

경칩 날 별빛 비추면 / 들불 축제로 자신의 몸 태워 / 세상의 평화와 안녕 기린다.

오름 건물은 드넓은 벌판에 성곽처럼 우뚝 솟아 있다. 우리는 남사면 동쪽 모퉁이 경사지를 따라 옥상으로 오른다. 미끈하게 다져진 탐방길은 어렵지 않다. 많은 사람들이 오고가고 있다. 옥상에 올라 넓게 트인 전경을 조망한다. 남쪽으로는 많은 오름들이 능선을 이루며 어깨동무하고 있다. 먼발치에서 새별 부인을 보호하고 있는 듯하다. 주변에는 골프장들이 들어서 있다. 성냥갑 같은 건물들이 집단을 이뤄 아름다운 경관을 해치고 있다. 서쪽과 북쪽으로도 많은 오름들이 왕릉처럼 솟아있다. 서쪽 가까이에는 형제처럼 나란히 서 있는 자그마한 오름이 눈에 들어온다. 이달오름과 이달이촛대봉이다. 모양이나 크기가 비슷하다. 옥상에서의 관람을 뒤로하고 새별오름 뒤태로 발길을 옮긴다. 굼부리 안방이 적나라하게 드러난다. 남사면에서 본 모습과는 완전히 다른 모양이다. 등성이를 따라 북봉에 다다른다. 아늑한 안부鞍部에는 한두 개의 묘소들이 조성돼 있다.

새별오름 굼부리 양지바른 곳에 피어난 복수초가 봄볕에 미소를 짓고 있다.

북봉 꼭대기에도 정성스럽게 돌보고 있는 듯 단장된 묘가 눈에 들어온다. 양지바른 곳에는 복수초가 우리를 반기듯 활짝 웃고 있다.

| 넓은 들판과 어림비전투 |

북쪽 기슭에는 드넓은 들판이 펼쳐진다. 들판 남쪽으로는 새별오름을 비롯해 이달오름, 이달이촛대봉이 커다란 울타리를 친 것처럼 둘러 싸여 있다. 광활한 목장지대이다. 어린 목초들이 봄 햇살에 푸른 물결을 이루고 있다. 조용하고 평온하다. 그럼에도 이곳은 제주역사의 한 획을 그을 만큼 큰 전투가 벌어졌던 현장이다. 일명 '어림비전투(드넓은 들판지역을 어림비이라고 함.)'라고 할 수 있다. 지금으로부터 644전인 1374년 고려 공민왕 23년 때의 일이다. 최영 장군이 이끄는 군대가 명월포(현 옹포리 포구)를 통해 제주로 들어온 후 이곳에서 목마장을 관리하던 목호(원의 몽골인)와 격전을 벌여 제압한다.

원나라는 어림비전투가 있기 100년 전인 1273년에 제주의 삼별초를 진압한다. 원은 제주에 탐라총관부를 설치한다. 제주 전역에 말을 키우는 목마장을 조성한다. 원나라에서 직접 사람을 보내 이를 관리하도록 한다. 시간은 흘러 명의 세력이 강화되고 원이 몰락한다. 공민왕은 점차 반원反元자주정책을 편다. 그러던 차에 명나라가 고려에 말 2천두의 조공을 요청한다. 고려는 제주 말을 징벌하도록 한다. 이에 목호들은 강력하게 저항한다. 반발하는 목호들을 제압하기 위해 고려는 최영 장군이 이끄는 대규모 정예군을 제주로 보낸다. 토벌군 전력은 전함 314척과 군사 25,605명으로 알려지고 있다. 한림 명월포로 진입

지난날 어림비전투가 벌어졌던 드넓은 들판에는 어린 목초들이 파란 새싹을 키우고 있다.

한 고려 군사는 이곳 들판에서 목호세력과 피 비린 내 나는 싸움을 벌인다. 한 달 넘게 저항하는 목호를 초토화시킨다. 서귀포 범섬으로 도주한 나머지 잔당까지 전멸시킴으로써 제주는 몽고지배 100년의 역사에 종지부를 찍는다.

| 이달오름과 이달이촛대봉 |

일행은 이런 역사적 사실을 되새기며 굼부리 등성이를 타고 내린다. 기슭에서 새별 부인과 작별 인사를 하고 곧바로 이달오름과 마주한다. 이달오름은 새별오름 북서쪽 구릉지와 접해 있다. 이달오름은 안방(굼부리)이 없다. 원추형으로 선비이다. 곁에 나란히 솟아있는 이달이촛대봉도 마찬가지이다. 이들 오름은 당초에는 이달오름 하나로 불려진다. 나중에 화산활동 시기가 다르다는 것이 확인되면서 이달오름과 이달이촛대봉으로 구분하고 있다. 같은 방향으로 나란히

서 있다. 형과 아우인 형제오름이다. 형인 이달 선비는 일행을 반갑게 맞이한다. 형 이름은 '쌍봉을 이루는 높은 오름(二達峰)'에서 유래한 것으로 보고 있다. 형의 주소는 애월읍 봉성리 산71-1번지이다. 해발 370m에 집을 지어 살고 있다. 건물 높이는 119m이다. 새별오름 건물과 같다. 정원 규모는 250,204$m^2$에 이른다. 정원에는 소나무와 삼나무가 심어져 있다. 건물 옥상으로 들어가는 길은 조금 경사도가 있어 숨이 차오른다. 수북하게 쌓인 솔잎을 밟고 오른다. 건물 옥상까지 즐비하게 들어서 있는 소나무들이 시야를 가린다. 경방초소가 옥상을 지키고 있다. 건물 위치를 알려주는 삼각점이 있다. 망설일 시간이 없이 곧바로 서쪽 경사지를 타고 내려온다. 경사지에는 나무 계단이 놓여 있다. 구릉지에서 이달 선비와 헤어지고 곧바로 동생인 촛대 선비와 마주한다. 동생은 구릉지를 사이에 두고 형과 가까이 접해 있다.

동생 역시 우리를 반갑게 맞이한다. 동생의 안내에 따라 곧바로 정원을 넘어 건물 안으로 들어간다. 동생의 이름은 형의 이름과 구별하기 위해 이달이촛대봉으로 부르고 있다. 촛대는 건물옥상에 있는 크고 넓적한 바위 때문에 붙여진 것으로 보인다. 동생 또한 형과 같은 주소에 산다. 해발높이도 형과 같은 370m에 위치해 있다. 건물높이만 형의 건물보다 33m 작은 86m이다. 정원규모는 형의 정원에 비해 절반에도 못 미치는 104,258$m^2$이다. 그래도 형과 다른 점이 있다면 건물 옥상에 커다란 바위가 있다. 너럭바위이다. 용암이 유출하다 굼부리를 형성하지 못하고 굳어진 것으로 보인다. 주변에는 붉은 화산석들이 있다. 옥상에 자리한 묘소는 붉은 색 돌담으로 둘러져 있다.

이달이촛대봉 정상 너럭바위와 촛대봉 이름 표지석이 절묘한 조화를 이룬다.

시야를 가리는 장애물이 없다. 앉아 쉴 수 있는 잔디밭이 있다. 새별오름 뒤태가 곡선을 그리며 아름다움을 뽐낸다. 이곳에서 새별오름 굼부리를 보는 것이 가장 돋보인다.

 돌담을 기대 앉아 준비해 간 과일 등으로 요기를 하며 잠시 이야기를 나눈다. 이내 발길을 재촉한다. 서쪽 경사지를 따라 내려온다. 소나무들이 가장자리를 채우고 있다. 기슭에서 동생과 작별 인사를 하고 북쪽 기슭으로 뚫린 농로를 따라 걷는다. '어림비 전투' 현장을 밟고 있다. 파랗게 새순 돋아 난 어린 목초밭을 지난다. 마을 공동묘지 사이로 난 길을 따라 새별오름 주차장으로 돌아온다. 이렇게 해서 실제 걸은 거리는 2시간 34분에 걸쳐 6.35$km$를 걸었으며 걸음 수는 11,448보이다. 이로 인한 에너지 소모량은 466$kcal$이다.

### ▲ 참여자 소감

새별오름과 이달오름 치유탐방을 마친 후 참여자들이 느낀 소감을 설문조사를 통해 확인한 결과를 종합적으로 정리하면, 이번 치유탐방은 적당한 바람과 덥지 않은 날씨가 일행을 보살핀다. 완연한 봄기운이 감도는 맨땅을 밟는다. 새별오름 들불축제가 끝난 후에 보는 현장의 모습이다. 까맣게 탄 남사면이 이채롭다. 들불에 검게 탄 억새 사이로 봄 새싹이 돋아날 채비를 한다. 경사지에 새겨진 들불축제 글자 흔적이 지워지지 않고 남아 있다. 타버린 곳에도 먹을 것이 있는지 새들이 날아와 앉아 있다. 제주의 방화풍습을 되살린 들불놓기 축제가 풍요와 안녕, 생명과 평화를 기원하는 축제로 승화되고 있다. 화염이 지나갔다고 해서 모두 죽은 것이 아니다. 까맣게 탄 억새 줄기와 타지 않는 억새줄기가 공존한다. 대나무 마디처럼 중간 중간 탄 곳과 타지 않는 곳이 있다. 줄기 밑동은 그대로 남아 있어 끈질긴 생명력을 자랑한다. 조금 있으면 다시 새싹이 돋고 초록으로 뒤덮고 우거진 억새밭을 이룰 것이다. 직접 손으로 만져보면서 자연의 순리의 위대함을 느끼게 한다.

새별오름 정상은 가려진 곳이 없이 완전히 열려 있다. 파노라마처럼 대자연의 곡선이 눈앞에 펼쳐진다. 주변에 마련된 골프장 내 골프텔이 즐비하다. 평화로 따라 질주하는 차량무리들이 꼬리에 꼬리를 문다. 양지바른 곳에는 복수초와 노루귀가 피어 있다. 올해 들어 처음 본다. 복수초의 초록과 노란색의 어울림이 봄날을 화사하게 열어놓고 있다. 오름 정상이나 굼부리 등성이에 묘를 쓴 것을 본다. 명당자리를 찾기 위해 많은 노력이 있었음을 짐작할 수 있다. 북봉에 있는 묘소를 보면서 어릴 적 할머니 따라 벌초하러 나섰던 기억이 난다. 북쪽으로는 '어림비 전투'가 벌어졌던 넓은 들판이 보인다. 치열했던 전투장면이 생생하게 그려진다. 탐라인들의 비극적인 삶이 눈에 선하다. 이달오름과 이달이촛대봉 능선의 부드러움이 곡선을 타고 흐른다. 표지석에 쓰인 오름명칭 흘림체 글씨는 마치 '이달'이라는 사람이 쓴 것처럼 절묘한 조화를 이루고 있어 저절로 미소를 짓게 한다. 이달이촛대봉 정상에 있는 큰 바위와 함께 비를 피할 수 있는 공간이 함께 있어 신기하다.

치유적 측면은 3개의 오름의 능선을 오르고 내릴 때마다 땀이 나고 식혀지는 과정의 반복되면서 개운한 기분이 든다. 걸으면서 체득된 심폐기능의 증진효과가 있다. 이야기를 나누는 즐거움이 더한다. 마지막에는 숨고르기 정리운동을 하듯 평지를 걸어 편안하다. 불에 탄 풀 냄새, 평화로 차량소음, 주차장에 주차된 차량과 저 멀리 보이는 푸른 빛 바다가 오감을 자극한다. 평화로운 풍경에 머리가 맑아진다. 가슴이 시원하다. 서로 터놓고 이야기를 나누니 마음이 저절로 풍성해진다.

법정스님의 말처럼 "인간의 목표는 풍부하게 소유하는 것이 아니라 풍성하게 존재하는 것이다." 이렇듯 제대로 채우려면 비워야 한다. 시 한 구절, 소설 한 문장만으로도 감성이 충만할 수 있어야 하는 것은 아닌지…. 삶속에 죽음이 있고 죽음 속에 삶이 있다는 생각이 든다. 이 코스는 과거와 현재가 공존한다. 옛 풍습인 방화(放火)와 무사안녕 들불축제, 치열했던 전투현장, 오늘날의 골프장 개발이 어우러진 코스이다. 문명충돌의 정신적 사유를 갖게 한다.

개선사항으로는 이달이촛대봉 서쪽 탐방로는 가파른데다 정비 부실로 빗길 등 안전사고 위험이 있어 재정비가 필요하다. 특히 주변에서 밀려오는 분뇨냄새가 불쾌감을 주고 있어 쾌적한 치유탐방로 개선방안이 있어야 할 것으로 보인다. 가파른 오름 경사지와는 별도로 완만한 코스개발이 필요하다. 새별오름에서 이달오름으로 이어지는 코스안내를 위한 이정표 재정비가 요구된다. '어림비 전투'에 대한 사실적 내용 안내판이 없어 이의 표시가 마련돼야 할 것으로 보인다.

### ▲ 치유적 시사점

이번 치유탐방은 오름왕국 제2의 오름도시에 있는 새별오름과 이달오름을 소재로 한 영화 한 편을 관람한다. 애월읍 봉성리 중산간지대에 위치한 새별오름은 시야를 가리는 나무군락 하나 없이 잠풀로 이뤄진 말끔한 오름이다. 오름의 앞태와 뒤태 또한 완전히 다르다. 앞태는 한라산 어머니 방향으로 거대한 성곽을 이뤄 웅장하다. 뒤태는 포근한 안방을 이루는 듯 별모양 굼부리를 하고 있다. 서쪽에는 이달오름과 이달이촛대봉이 형제처럼 나란히 서 있어 새별오름을 보호하는 듯하다. 이들 오름 북쪽 기슭에는 넓은 들판이 조성돼 있어 목장의 평화로움을 안긴다. 그런 이곳에도 수많은 역사가 살아 숨 쉬고 있다.

새별오름은 오름왕국 전역 지맥줄기 9개 중에 서쪽을 대표하는 지맥줄기에 포함된 오름이다. 백록담에서 시작한 지맥줄기는 노로오름-한대오름-다래오름-괴오름-북돌아진오름-새별오름-누운오름-금오름-마오름-당산봉-수월봉-차귀도로 흘러간다. 새별오름은 지맥줄기의 중심에 자리하고 있다. 서쪽에는 형제와 같은 이달오름과 이달이촛대봉이 나란히 서서 지켜주는 모양이다. 이들 오름 북쪽의 넓은 들판은 한가로운 목장지대이다. 그러나 몽고지배 100년의 제주역사에 종지부를 찍게 만든 '어림비전투'가 있었던 곳이기도 하다. '지배'에서 '독립'의 전환점을 이룬다. 변화에는 희생이 따른다. 새별오름은 자신의 몸을 태워 세상의 안녕과 평화를 베푼다. 한라산 어머니를 통해 만들어진 오름왕국 368개의 아들·딸 오름 가운데 새별오름이 그 역할을 맡고 있다.

새해 경칩이 있는 주말을 기점으로 모든 사람들의 안녕을 기원하는 들불축제 장소로 제공된다. 이와는 별도로 개개인의 안녕을 담는 곳은 이달이촛대봉 정상인 듯하다. 너럭바위 촛대가 있다. 그곳에서 새별오름 뒤태인 5개의 봉우리 모양의 새별을 가장 잘 조망할 수 있다. 이처럼 이들 오름은 서로 어울려 부족한 것은 보완하면서 새로운 희망을 열어주는 에너지가 흐르고 있다. 지배의 시대를 넘어 새로운 독립의 역사를 갖게 하고 목축문화인 '방애'를 넘어 안녕을 기원하는 들불축제로 승화시키고 있다. 그래서 이곳은 새로운 변화와 희망과 무사안녕의 치유력을 갖고 있다.

# 구두리오름·가문이오름·쳇망오름

### ▲ 구두리오름·가문이오름·쳇망오름 현황

| | |
|---|---|
| 대표명칭 | 구두리오름 |
| 세 대 주 | 구두리부인(동쪽 말굽형 굼부리) |
| 주 소 | 표선면 가시리 산158-2 |
| 시설규모 | 해발높이 517.0m / 건물높이 117m / 시설면적 451,437$m^2$ |
| 이웃시설 | 가문이오름, 제주경주마육성목장, 남조로, 붉은오름자연휴양림 등 |
| 특 징 | 울창한 자연림, 표선과 조천 경계, 남북 두 봉우리, 굼부리 내 계곡, 새우란 등 |

| | |
|---|---|
| 대표명칭 | 가문이오름 |
| 세 대 주 | 가문이부인(남서쪽 말굽형 굼부리) |
| 주 소 | 표선면 가시리 산158-2 |
| 시설규모 | 해발높이 496.2m / 건물높이 106m / 시설면적 116,176$m^2$ |
| 이웃시설 | 구두리오름, 쳇망오름, 붉은오름, 남소로 등 |
| 특 징 | 울창한 자연림, 하천, 삼나무, 표고버섯, 양하, 새우란 등 |

| | |
|---|---|
| 대표명칭 | 쳇망오름 |
| 세 대 주 | 쳇망부인(원형 굼부리) |
| 주 소 | 표선면 가시리 산158-2 |
| 시설규모 | 해발높이 446.6m / 건물높이 55m / 시설면적 140,916$m^2$ |
| 이웃시설 | 가문이오름, 사려니숲길 진입로, 붉은오름, 남조로 등 |
| 특 징 | 삼나무, 체 모양 원형 굼부리, 상산나무, 가시덤불 등 |

| 치유탐방코스 |

남조로 붉은오름자연휴양림 맞은편 구두리오름 입구(0km) → 구두리오름 출구(2.0km) → 가문이오름 입구(2.2km) → 가문이오름 출구(3.7km) → 쳇망오름 입구(3.9km) → 쳇망오름 출구(4.8km) → 북쪽 목장길 따라 구두리오름 입구 순환(6.49km)

▲ 탐방지 날씨 및 실측정보

    탐방일자  2018년 3월 14일    탐방인원  7명

    탐방시간  09:45    종료시간  12:32

    현장날씨  맑음 / 온도 18° / 체감온도 12° / 습도 89% / 풍속 1m/s

    실측현황

    **걸은 거리**  6.49km    **걸은 시간**  2시간 47분(휴식시간 등 제외)

    **만보기**  11,522보    **칼로리소모량**  522kcal    **난이도**  상

▲ 관찰된 주요 산림치유인자

| | |
|---|---|
| 생물 요소 | 삼나무, 소나무, 상산나무, 초피나무, 복수초, 노루귀, 산자고, 새우란, 박새, 표고버섯 등 자연림 |
| 오감 요소 | 사람의 손길이 거의 닿지 않은 자연 그대로의 숲길(천연림), 햇볕을 쫓아 수북이 피어난 야생화의 화려함 등 |
| 지형 요소 | 구두리오름, 가문이오름, 쳇망오름, 거칠게 굴곡진 지형, 넓은 들판, 계곡을 이룬 굼부리 등 |
| 기후 요소 | 초여름 같은 따뜻한 날씨, 체감온도 13℃, 온화한 바람 등 3월 날씨 같지 않은 중산간지대 날씨 |
| 심리 요소 | 탈출감, 해방감, 상쾌함, 끈기와 인내심, 극복, 자유로움, 자신과의 대화, 자기 이해, 긍정적 사고 등 |

| 사회 요소 | 대화의 기회, 이해와 배려, 소통, 교감, 관계 형성, 숲에서 터득하는 경쟁과 협력(상생) 등 |
|---|---|

## ▲ 적절한 치유요법

- 자연 그대로 빼곡하게 뒤엉킨 천연림 숲속 등성이와 계곡을 오르고 내리며 걷는 유산소 운동요법
- 뒤엉킨 관목 등을 헤치고 전진할 때마다 날숨과 들숨의 호흡조절 작용을 통해 심폐기능을 증진시키는 호흡요법
- 사람의 간섭 없이 자유롭게 나고 자라고 만들어지며 얽히고설킨 원시 숲속을 체험하며 깨달음을 얻는 해량요법
- 중산간지대 숲속에서 자생하는 자그마한 야생화에서부터 키 큰 나무에 이르기까지 관찰하며 배우는 지식요법과 사진으로 남기는 기록요법
- 복잡하게 얽혀 있는 머릿속 문제들이 자연스럽게 풀리고 비우고 새롭게 채울 수 있도록 하는 정화요법
- 숲속을 함께 어울려 걸으며 마음을 열어놓고 교감하는 소통요법
- 굼부리에서 잠시 흘린 땀을 식히며 준비한 따뜻한 커피 한 잔 등을 나눠 마시며 담소를 나누는 다담茶談요법
- 신신한 공기와 따뜻한 햇볕을 쬐며 부족할 수 있는 비타민D를 보충하는 일광요법
- 오름 정상에 앉아 흘린 땀을 닦고, 청아한 새소리를 들으며 잠시 명상에 잠기는 관조요법

### ▲ 산림치유 체험

남북으로 줄지어 있는 구두리오름과 가문이오름과 쳇망오름은 제주 동부지역 중산간 숲지대를 특징으로 하는 치유인자가 있는 곳이다. 사람의 손길이 거의 닿지 않은 자연 그대로의 오름이다. 7명의 일행은 3월 14일 아침 8시 40분에 제주시종합경기장 내 수영장 남쪽 공터에서 모여 목적지로 출발한다. 일행이 탄 차량은 제주시 봉개동을 거쳐 남조로 방향으로 달린다. 수망리 붉은오름자연휴양림에서 유턴을 한 차량은 오른쪽 숲길로 난 시멘트포장 길을 따라 구두리오름 입구에 이른다. 날씨는 최고기온 19℃를 가리키고 있다.

| 구두리오름 |

구두리오름 입구에 차량을 주차한 일행은 구두리 부인과 첫인사를 나눈다. 그동안 어떻게 살아왔는지 안부를 묻는다. 부인의 삶에 대해서는 그렇게 많이 알려진 바가 없다. 일부 사람들만이 소식을 듣고 간간히 찾을 뿐이다. 부인은 이날도 우리를 조용히 맞는다. 부인의 이름은 오름 모양이 개의 머리 또는 꼬리와 닮았다 해서 구두리(狗頭岳 또는 狗尾岳)로 부르고 있다. 사는 집은 서귀포시 표선면 가시리 산 158-2번지에 두고 있다. 건물은 해발높이 400m 위에 117m 높이로 지어 살고 있다. 안방은 건물 가운데를 가로질러 동쪽으로 트인 말굽형이다. 그래서 봉우리는 남북 양쪽으로 나눠져 있다. 정원규모는 451,437$m^2$에 이른다. 정원 또한 제주시 조천과 서귀포시 표선 경계선을 통과하고 있다.

일행은 부인의 안내를 받으며 정원으로 들어선다. 들머리부터 빼곡하게 들어찬 천연림으로 가득하다. 사람의 손길이 거의 닿지 않는 자연 그대로의 숲을 이루고 있다. 마음대로 자라 자유분방한 식물들의 모습이 오히려 편안해 보인다. 간간히 나그네가 지나간 흔적만이 어렴풋이 남아있다. 나뭇가지에 매달아놓은 안내용 끈 표시를 따라 오고 가며 다져진 흔적이 그것이다. 그 흔

물이 고여 있는 구두리오름 기슭의 하천

적을 따라 이동한다. 숲속에는 하천이 가로놓여 있다. 뚫고 나가는 첫 물줄기는 정해진 길이 없다. 아래로 나가고 흐르다 보면 길이 된다. 그 길로 물이 드나들어 하천이 된다. 그래서 물길은 바위길이다. 하천을 넘어 건물 옥상을 향해 간다.

기슭과 경사지에는 간벌로 베어진 삼나무가 들어차 있다. 뿌리째 넘어진 삼나무도 있다. 여러 토막으로 잘려져 있기도 하고, 밑동으로 잘려진 것도 있다. 그 사이사이에는 초피나무들이 가득하다. 가지 끝엔 새순을 밀어 올릴 채비를 하고 있다. 가지 하나를 꺾어 냄새를 맡는다. 가지에는 잎에서와 같은 진한 초피향이 나지 않는다.

오르막 경사지를 넘어 능선을 탄다. 굼부리 안으로 내려간다. 헐벗

구두리오름 능선 풀밭에 있는 산자고가 봄햇살을 받으며 피어나고 있다.

은 나뭇가지 사이로 봄 햇살이 들어온다. 땅 속에 묻혀 있던 봄꽃들이 기회를 놓치지 않고 일제히 일어난다. 산자고·노루귀는 아름다운 꽃을 피운다. 박새는 푸른 새순을 키운다. 햇빛을 향한 이들의 그리움이 얼마나 사무쳤는지 알 것 같다. 키 큰 나무들이 푸른 잎으로 햇빛을 가리기 전에 모든 일정을 마쳐야하기 때문이다. 안방으로 들어간다. 안방은 넓고 천연계곡을 이루고 있다. 울창하게 둘러싼 나무와 가시덤불로 가려져 자세한 내부를 들여다볼 수 없다. 세월과 함께 만들어낸 천연·자연림의 진면목을 본다. 평평한 공간을 찾아 잠시 가쁜 숨을 잠재운다. 바로 옆에 특이하게 생긴 삼나무가 있다. 원줄기에서 뻗어난 줄기가 또다시 땅속에 뿌리를 내려 두 줄기 나무로 자라고 있다. 마치 일란성 쌍둥이와 같다. 잠시 차 한 잔을 나누며 이야기를 나눈다.

그리고 발길을 옮긴다. 넓은 안방을 지나 두 번째 옥상을 향해 능선을 넘고 넘는다. 사방으로 뻗은 상산나뭇가지가 갈 길을 붙잡는다. 한바탕 씨름을 한다. 나뭇가지 사이로 드넓은 목장지대가 눈에 들어온다. 저 멀리 큰사슴이오름이 보인다. 바로 앞에는 제동목장(한진그룹 소유)이 있다. 1972년에 조성된 것이다. 연면적은 1,141㎡에 이를 정도로 방대하다. 이곳은 조선 후기에 설치됐던 녹산장鹿山場 터가 있었던 자리이다. 가는 길에 묘소 하나가 보인다. 묘소 안에 군락을 이룬 산자고가 밤하늘 별무리처럼 하얀 꽃을 터트리고 있다. 그들의 군무에 눈길을 빼앗긴다. 산자고에는 시어머니의 자비로움이 담긴 이야기가 있다. 옛날 찢어지게 가난한 어머니가 삼남매를 홀로 키운다. 위로 딸 둘은 시집을 보냈지만 막둥이 아들은 가난 때문에 장가를 보내지 못한다. 시집오겠다는 아가씨가 없었기 때문이다. 어느 봄날 한 처녀가 보따리를 들고 나타난다. 그 처녀는 홀아버지를 모시다 먼저 보내고 아버지의 유언에 따라 이곳에 왔다는 것이다. 어머니는 그 처녀를 며느리로 들이고 행복하게 산다. 그러던 어느 날 갑자기 며느리 몸에 등창이 생긴다. 가난 때문에 치료를 받지 못하던 어머니는 산에서 이 꽃을 발견하고 등창에 발랐더니 병이 낫는다. 그래서 산자고山慈姑라 부르고 있다는 전설이 전해진다. 일행은 그렇게 건물 안을 돌고 돌아 다시 갔던 길로 돌아온다. 들머리로 나온 일행은 구두리 부인과 아쉬운 작별 인사를 하고 남쪽에 자리 잡은 가문이오름을 향해 이동한다.

| 가문이오름 |

가문이오름의 들머리는 구두리오름 입구와는 반대 방향에 있다. 구두리오름 입구에서 시멘트포장 목장길을 따라 남조로 방향으로 200여m 가면 길 왼쪽으로 초입구가 있다. 가문이오름 안내 표지판이 들머리를 알리고 있다. 남조로를 사이에 두고 바로 서쪽에는 붉은오름이 마주하고 있다. 남쪽에는 쳇망오름, 북쪽에는 구두리오름이 이웃해 있

표고버섯재배단지가 가문이오름 들머리 입구에 조성돼 있다.

다. 부인의 이름 '가문이'는 '거문이'의 변형으로 빽빽하게 들어 찬 오름 산림지대가 검게 보인다(黑岳)고 해서 붙여진 것이다. 주소는 구두리오름과 같은 표선면 가시리 산158-2번이다. 부인은 해발 390.2m에 집을 지어 살고 있다. 건물 높이는 106m에 이른다. 옥상에는 깊이 팬 안방이 남서쪽으로 창문을 내 있다. 정원 면적은 116,176$m^2$이다.

일행은 가문이 부인의 안내를 받으며 정원으로 들어선다. 들머리에서 조금 들어가니 오른 쪽에 표고버섯 재배지역이 있다. 전봇대처럼 길쭉하게 자란 삼나무 아래에 한 토막씩 잘려진 상수리나무 표고목이 서로 기대어 서 있다. 표고목 줄기 곳곳에는 총알모양의 표고버섯종균이 꽂아져 있다. 이제 막 자라는 어린 버섯(일명 동꼬)이 간간히 보인다. 건물을 오르는 경사지에는 낙엽수림이 빽빽하게 들어차 있다. 길을 막아 선 관목 등을 열어젖히며 앞으로 나간다. 옥상 근처에 이른다. 경사면에 묘소 하나가 자리 잡고 있다. 옥상에 있는 안방은 자연림으로 뒤덮여 식별이 어렵다. 묘소 아랫부분을 따라 중턱 경사지로 이동한다. 삼나무 숲이 빼곡하다. 바닥은 삼나무 가지가 널브러져 가는 길을 불편하게 한다. 편하게 다닐 수 있는 길은 그 어디에도 없다. 초자연적인 수림이다. 교목이 자치하다 남은 공간은 관목들이 자치한다. 그래도 남은 공간이 있으면 식물들이 비집고 들어간다. 숲에는 빈 곳이 없다. 얽히고설키고 뭉치고 경쟁하며 살아가고 있다. 음산하다. 독일에서는 깊고 울창한 숲속을 '흑림지대'라고 부른다. 마치 흑림지대를 걷고 있는 기분이다. 잠시라도 한 눈을 팔 여유가 없다. 혹시 일행과 멀어져 길을 잃지 않을까 걱정이 앞선다. 그래도 직진한다. 가야 할 길이기 때문이다.

| 쳇망오름 |

등성이를 따라 얼마쯤 갔을 때 커다란 구릉지가 가로 막는다. 깊은 계곡을 이루고 있다. 가시덤불 사이로 아래 바닥을 유심히 살핀다. 계곡 웅덩이에 물이 고여 있다. 2018년 2월 27일 쏟아진 폭우로 불어난 물이 이 계곡으로 넘쳤음을 보여주고 있다. 쳇망오름으로 가기 위해서는 계곡을 넘어야 한다. 가파른 경사지를 건너는 것은 위태롭다. 비탈진 흙길에 쓸려 넘어지기라도 하면 큰 일이 아닐 수 없다. 조심조심 초긴장이다. 그래도 무사히 건넌다. 일행은 가문이 부인과 작별인사를 하고 곧바로 쳇망 부인과 조우한다.

'쳇망'이라는 이름은 굼부리 모양에서 유래하고 있다. 둥글고 넓적한 모양이 마치 체(가루를 곱게 치는데 쓰는 용구)의 몸체와 비슷하다고 해서 붙여진 이름이다. 쳇망 부인의 주소 또한 구두리와 가문이 부인의 주소와 같은 표선면 가시리 산158-2번지에 두고 있다. 한 필의 땅에 3

명의 부인이 남북으로 나란히 줄지어 각각의 집을 지어 살고 있다. 쳇망 부인의 집은 가장 남쪽에 위치해 있다. 해발고도는 391.6m이다. 그 위에 55m 높이로 건물을 올린다. 안방은 원형경기장처럼 창문 없이 둥그렇게 가둬져 있다.

정원 규모는 비교적 작은 140,916$m^2$에 이른다. 등성이 또한 평평하고 낮은 경사를 이룬다. 금방 눈으로 봐서는 오름인지 아닌지 식별하기가 쉽지 않다. 탐방로를 알리는 표시 하나 없는 원시 그대로의 숲이다. 일행은 그 속을 뚫고 나간다. 손가락이 청미래덩굴 가시에 찔린다. 옷의 실밥이 가지에 걸려 뜯긴다. 들어 찬 가시덤불 때문에 부인이 거주하는 안방으로 가는 것은 무리이다. 어쩔 수 없이 이를 포기하고 방향을 튼다. 숲 속에 돌무더기가 있다.

이곳을 따라 남동쪽으로 나간다. 둘러싸인 돌담이 보인다. 돌담을 넘어 목장길과 만난다. 목장길 가장자리에는 울창하게 자란 삼나무

자연림으로 우거진 쳇망오름 등성이에 있는 커다란 돌무더기

들이 일렬로 사열해 있다. 마치 어려운 난관을 뚫고 온 일행을 축하하는 듯하다. 드넓은 목장과 삼나무길을 벗어나 다시 숲길로 이어진 임도로 들어선다. 얼마 걷지 않아 구두리오름 입구로 돌아온다. 이렇게 해서 실제 걸은 거리는 2시간 47분에 걸쳐 6.49km를 걸었으며 걸음 수는 11,522보이다. 이로 인한 에너지 소모량은 522kcal이다.

쳇망오름 동쪽 기슭에 있는 목장길에는 삼나무들이 사열하듯 일렬로 늘어서 있다.

### ▲ 참여자 소감

구두리오름과 가문이오름과 쳇망오름 치유탐방을 마친 후 참여자들이 느낀 소감을 설문조사를 통해 확인한 결과를 종합적으로 정리하면, 이번 치유탐방은 따뜻한 봄날에 사람의 손이 거의 닿지 않은 원시림을 탐방하는 느낌이다. 길 없는 숲을 헤쳐 나간다. 상산나뭇가지·가시덤불·청미래덩굴 등이 무질서하게 얽히고설킨 채 뒤덮여 있다. 바닥은 떨어진 나뭇가지와 잎들로 수북하다. 손가락이 찔리고 옷이 걸려 실밥이 드러나고 등산화 끈이 풀리고…. 숲속에서 갈 길을 잃어 헤맨다. '날 것 그대로'라는 말처럼 미지의 오름 숲을 오롯이 체험한다. 이처럼 본래 땅에는 길이 없다. 누군가 길을 내면 그곳으로 많은 사람들이 오고가고 그래서 길이 된다. "애초에 길은 없었다. 누가 먼저 다니고, 그 뒤를 사람들이 따라 다니다 보니 길이 생겼다."고 루쉰은 말한다. 또한 걷지 않으면 그 발자취를 지워버린다. 오늘은 길을 찾고, 없는 길은 새로 만들어가며 나간 치유탐방이다.

숲속을 고개 숙여 걷다보니 이름 모를 들꽃들이 눈에 들어온다. 봄의 전령사는 숲속에서 더욱 화려함을 뽐낸다. 햇볕이 부르는 소리에 기지개를 켜고 일어난다. 대지를 뚫고 반짝이며 올라오는 초록색 박새의 새싹, 멋들어진 색깔로 치장하고 선보인 하얀 노루귀와 분홍 노루귀, 비스듬히 자세를 잡아 꽃을 피운 산자고 등이 숲속을 화려하게 수놓고 있다. 비단 이뿐인가. 강렬한 에너지를 나무 끝에 모아 터트리는 새순은 이곳을 초록으로 불들일 채비를 하고 있다. 이처럼 아무리 볼품없어 보이는 생명이라 할지라도 이유 없는 생명은 없다. 저마다 자신들의 생명을 지키며 치열하게 살아가고 있다. 그렇다고 자신들이 태어난 환경을 탓하지도 않는다. 저마다의 속성에 따라 환경에 적응하며 살아가고 있다.

키 큰 나무와 키 작은 나무, 곧은 나무와 구부러진 나무, 못나고 볼품없는 나무, 이름 모를 풀들과 가시덤불조차 함께 모여 숲을 이루고 있다. 가히 상생의 광장이라 할 만 하다. 복수초·노루귀·산자고 등의 야생화들은 나에겐 그저 이름 모를 들꽃들이었는데 이제야 이름을 알게 된다. "내가 그의 이름을 불러주었을 때 그는 내게 와서 꽃이 되었다"는 김춘수 시인의 시처럼 풀도 이름을 불러주어야 풀이 아닌 꽃이 되는지도 모르겠다. 숲의 생명력에 놀랍다.

탐방 길은 힘들다. 가시에 손과 다리와 팔이 찔린다. 굽히고 세우고의 반복으로 몸을 지나치게 다룬다. 허리 염좌까지 얻어 움직이는데 불편하다. 걱정과 긴장 때문인지 머리가 지끈거린다. 길을 잃어 헤맬때 까마귀 지저귀는 소리가 그렇게 정다울 수 없다. 고독과 외로움이 교차한다. 짧은 순간이지만 숲속에서의 조난을 몸소 체험하며 많은 것을 생각하게 한 하루이다. 어디선가 불어오는 바람이 힘든 숲속을 뚫고 지나가면서 흘린 땀을 시원하게 식혀준다. 마음이 상쾌하다. 몸은 힘들어도 정신은 맑아진다. 아름답게 핀 노란 복수초를 가만히 바라보는 것 자체만으로도 행복하다. 마치 봄의 전령사임을 자처하듯 복수초가 깊은 숲속 여기저기에서 재잘거린다. 오케스트라를 연주하는 것 같다. 다시 찾아오는 번식의 계절을 위해 겨울을 이겨 낸 새우란을 보면서 사람의 순환의 삶과 어찌 비슷하지 않으랴. 가족을 부르는 박새의 지저귐을 들으면서 만물은 혼자 살아갈 수 없다는 만고불변의 진리를 되새기게 한다. 깊은 숲과 오름을 오르고 내리면서 체력이 단련된다. 인내심을 키운다. 삼나무에서 내뿜는 특유의 냄새가 코를 자극한다. 계절의 순환을 따라 봄의 기운을 온몸으로 느낀다. 하찮은 생명 하나 없듯이 모두가 소중하고 고귀하다. 숲속을 걸으며 사람의 인생길도 이와 다르지 않음을 느낀다. 가시덤불 같은 인생이 있는가 하면 평탄대로 인생이 있다. 어느 길이 옳은지는 알 수 없다. 종착역은 하나로 통하고 있기 때문이다.

개선사항으로는 인공적이지 않은 숲 자체만으로 아름다움이 있지만 길을 잃거나 다칠 위험이 상존해 있어 최소한의 산책로 정비 및 안내표시가 필요할 것으로 보인다. 봄철에는 삼나무 꽃가루 비염 알레르기 예방을 위해 마스크 등의 준비가 필요하다. 또한 나뭇가지나 가시에 찔리고 긁히는 것을 방지하기 위해 이에 맞는 복장과 장갑 준비가 필요하다.

### ▲ 치유적 시사점

이번 치유탐방은 자연 그대로의 모습을 간직한 구두리오름과 가문이오름과 쳇망오름을 소재로 한 영화 한 편을 관람한다. 한 필지一筆地에 세 개의 오름이 남북으로 이어져 있다. 말끔하게 단장된 곳은 그 어디에도 없다. 기록에 남을 만한 역사적인 이야기꺼리 하나 없는 무미건조한 오름이다. 굳이 찾는다면 구두리오름 동북쪽으로 넓은 녹산장이 조성됐던 지역 정도이다. 사람의 관심 밖의 숲이다. 노출을 거부한다. 그럼에도 그런 곳에도 삶이 있다. 너는 너대로 나는 나대로 무질서의 세상이다. 누구의 지시나 명령이 없다. 마음대로 자란 자유분방함 그 자체이다. 자유분방한 식물의 세계이다. 각자의 속성에 따라 알아서 찾아간다. 공간이 있으면 비집고 들어간다. 남기고 버리는 것이 없다. 자기들끼리 치열한 경쟁이다. 봄이라서 그런지, 햇살이 부르는 소리에 땅 속에서 잠을 자던 들꽃들이 일제히 일어난다. 키 큰 나무들이 푸른 잎을 키워 햇빛을 독차지하기 전에 서두른다. 앙상한 가지 사이로 비추는 햇빛을 따라 화려한 꽃을 피운다. 시간차를 두고 치열하게 벌어지는 숲의 마술, 숲의 생명력에 놀라지 않을 수 없다. 숲의 순환에 대해 생각한다.

〈숲의 순환〉

계절 타고 / 새봄 도착하면 / 땅속서 잠자던 / 노루귀·산자고… / 지구 들어올리며 / 화려한 신고식 / 울려 퍼지는 곳

하늘로 뻗은 나무 / 덩어리째 뽑혀 / 쓰러져도 / 희미한 생명줄 / 놓지 않고 / 새순 돋우려 / 끊임없이 / 몸부림치는 곳

그러다가도 / 숨이 멎으면 / 몸뚱이는 / 이웃의 자양분으로 / 아낌없이 내주고 / 그 자체로 / 행복해하는 곳

그런 그곳에도 / 너 나 할 것 없이 / 다투다가도 / 어우러지고 / 마침내 / 흙으로 돌아가는 / 시간의 순환 / 흐르고 있습니다.

그래서 숲은 위대한 스승이자 생명의 학교이다. 사람 사는 세상에서보다 숲에서 더 많은 삶의 이치를 배울 수 있다. 숲속에 생명이 있고 치유가 있다. 모두가 하나의 생명체로 살다가 마침내 모든 것을 다른 생명들에게 아낌없이 나눠주고 떠나는 곳이다. 숲의 순환은 곧 생명력의 발산이며 그 확산이다. 가시덤불을 헤쳐 가는 인생사이니, 평탄한 길을 가는 인생사이니 말하는 것은 멋모르는 사람들의 속 좁은 생각일 뿐이다. 그래서 이곳은 숲의 자유분방함과 동시에 질서를 지키며 살아가는 순환의 치유력을 갖고 있다.

# 머체왓숲길과 소롱콧길

## ▲ 머체오름 현황

| 대표명칭 | 머체오름 |
|---|---|
| 세 대 주 | 머체선비(원추형) |
| 주 소 | 남원읍 한남리 산2-1 |
| 시설규모 | 해발높이 425.8m / 건물높이 51m / 시설면적 125,020$m^2$ |
| 이웃시설 | 넙거리오름, 거린오름, 서중천, 머체왓숲길, 소롱콧길 등 |
| 특 징 | 소나무와 삼나무·편백나무숲, 자연림, 남북으로 긴 몸체, 정상 조망 불가능 등 |

| 치유탐방코스 |

머체왓숲길방문객지원센터(0km) → 느쟁이왓다리(0.56km) → 머체왓옛집터(1.8km) → 머체왓편백낭쉼터(2.9km) → 중잣성(3.6km) → 편백낭치유의숲(3.9km) → 서중천숲터널(5.3km) → 오리튼물(5.7km) → 머체왓숲길방문객지원센터(6.64km)

## ▲ 탐방지 날씨 및 실측정보

탐방일자 2018년 4월 4일    탐방인원 6명

탐방시간 10:03    종료시간 12:24

현장날씨 흐림 / 온도 20° / 체감온도 17° / 습도 94% / 풍속 2m/s

실측현황

**걸은 거리** 6.64km  **걸은 시간** 2시간 21분(휴식시간 등 제외)

**만보기** 10,580보  **칼로리소모량** 412cal  **난이도** 하

## ▲ 관찰된 주요 산림치유인자

| | |
|---|---|
| 생물 요소 | 삼나무, 조록나무, 편백나무, 새미나무, 참꽃나무, 구실잣밤나무, 모새나무, 참식나무, 동백나무, 목초 등 |
| 오감 요소 | 가지 끝에 피어난 봄의 새순, 하천 옆에 핀 참꽃, 풀밭에 솟아나는 고사리의 생명력, 고사리 채취 사람들 무리, 머체골의 흔적 등 |
| 지형 요소 | 서중천, 목장길, 하천 바위, 목장지대, 중잣성, 방사탑 쉼터, 머체골터, 편백나무숲, 조록나무숲, 오리튼물 등 |
| 기후 요소 | 흐리고, 후덥지근하고, 습도 많고, 소나기 내린 한라산 남쪽 중산간지대 4월초 날씨 |
| 심리 요소 | 탈출감, 해방감, 상쾌함, 인내심, 자유로움, 자신과의 대화, 자기 이해, 긍정적 사고 등 |
| 사회 요소 | 대화의 기회, 이해와 배려, 소통, 교감, 관계 형성, 옛 마을터 등 역사적 사실의 이해 등 |

## ▲ 적절한 치유요법

- 목장길·들판·숲길·하천 옆의 부드러운 부엽토 등을 밟으며 걷는 유산소 운동요법

- 구불구불 숲속 길을 걸으며 날숨과 들숨의 호흡조절작용을 통해 심폐기능을 증진시키는 호흡요법

- 중산간지대 숲속이나 들판에서 자생하는 식생들을 관찰하며 배우는 지식요법과 사진으로 남기는 기록요법

- 삼나무·편백나무 등 침엽수림에서 내뿜는 테르펜류인 $\alpha$-피넨(휘발

성 피톤치드) 흡입을 통해 부교감신경을 향상시키고 정신을 맑게 하는 심상요법
- 아늑한 숲속을 홀로 걷거나 평상에 앉아 무념에 몰입하는 명상요법
- 복잡하게 얽혀 있는 머릿속 문제들이 자연스럽게 풀리고 비우고 새롭게 채울 수 있도록 하는 정화요법
- 서로 함께 어울려 걸으며 마음을 열어놓고 교감하는 소통요법
- 신선한 공기와 따뜻한 햇볕을 쬐며 부족할 수 있는 비타민D를 보충하는 일광요법
- 4·3 때 사라진 숲속의 마을 머체골터 흔적을 살피며 역사적 사실을 되새겨보는 반추요법

### ▲ 산림치유 체험

머체왓숲길과 소롱콧길은 제주 남부지역 중산간지대를 특징으로 하는 치유인자가 있는 곳이다. 6명의 일행은 4월 4일 아침 8시 40분에 제주시종합경기장 내 수영장 남쪽 공터에서 모여 목적지로 출발한다. 오전 한때 비 날씨가 예보돼 있어 사전에 우비 등을 챙기도록 사전에 당부한다. 일행이 탄 차량은 제주시 봉개동을 거쳐 번영로와 남조로를 따라 서성로에 있는 머체왓숲길로 달린다. 비날씨가 걱정됐지만 다행히도 비는 오지 않는다. 대신 후덥지근하다. 1시간 정도 달려 머체왓숲길 주차장에 도착한 후 치유체험에 나선다.

| 한남리와 머체왓숲길 사업 |

한남리는 서귀포에서 동쪽으로 약 15km지점의 중산간에 위치하고 있다. 해안지역에서 한라산 방향으로 길게 형성돼 있어 전형적인 중산간 농촌마을이다. 면적은 3,237ha에 이른다. 초원지대가 72%를 차지한다. 인구는 2016년말 현재 212세대 466명에 이르고 있다. 주민들 95% 이상이 감귤농업에 종사하고 있다. 명소로는 한남7경이 있다. 그 중에 대표적인 것은 국제인증을 받은 제주시험림(사려니오름)과 친환경 녹색길(머체왓숲길), 생태하천인 서중천이 자리하고 있다.

머체왓숲길 사업은 행정안전부가 시행한 2012년 친환경 생활공간 '우리마을 녹색길'조성사업 공모에 선정되면서 추진된다. '한라산 너머 남촌의 건강보따리 마을'이라는 주제를 통해 서성로를 중심으로 한라산 방향의 초원과 숲지대를 개설한다. 조성된 탐방코스는 크게 3개 코스로 나눈다. 가장 대표적인 머체왓숲길를 비롯해 소롱콧길, 서중천 탐방로이다. 탐방코스 북서 방향 위쪽으로는 출입이 통제되고 있다. 1,100ha에 이르는 임상시험림지역으로 특별 관리되고 있기 때문이다. 그곳에는 머체오름을 비롯해 넙거리오름·거린오름·사려니오름이 분포해 있다. 사전에 출입허가를 받지 않고서는 탐방할 수 없는 지역이다.

| 머체왓숲길 |

한남리 1622-3번지에 위치한 머체왓숲길은 서중천 계곡을 끼고 드넓은 목장 초원지대를 배경으로 한다. 돌무더기들이 많은 밭이라고 해서 '머체왓'이라고 부르고 있다. 숲길은 6.7km에 이른다. 곳곳에는 숲

머체왓숲길 입구에 세워진 돌간판이 현장에 왔음을 알리고 있다.

터널·조록나무군락·동백나무숲·삼나무숲·편백나무숲 등 다양한 치유인자가 어우러져 있다.

일행은 차량을 주차장에 주차하고 본격적인 탐방에 나선다. 주차장 옆에는 방문객지원센터가 있다. 별도로 시설된 안내센터에는 안내원이 보이지 않는다. 안내홍보지는 식당 출입문 입구 옆에 놓여 있다. 건강체험장을 비롯해 찜질체험시설이 마련돼 있으나 문이 닫혀 있다. 들머리에는 나무로 된 머체왓숲길 나무간판이 가로로 표시돼 있다. 옆에 설치된 숲길 안내도가 편안한 탐방을 응원하는 듯하다. 숲길 안으로 들어선다. 잘 다져진 길을 따라 걷는다. 넓은 들판이다. 노란 유채꽃이 활짝 피어있다. 길 가장자리에는 '산수유'로 보이는 어린 나무가 길 따라 가로수처럼 식재돼 있다. 굴곡진 비탈에는 대단위 공사가 이뤄지고 있다. 푸른 숲은 사라지고 회색빛의 콘크리트가 구릉지를 덮고 있다. 멀리서부터 물을 끌어들이려는 인공물길이 조성되고 있다. 왼쪽에는 거대한 저류지가 보인다. 머체왓숲길이 사람의 손에 의해 파헤쳐지고 시멘트로 덧칠해 놓고 있다. 자연 그대로여야 할 곳에 엄청난 예산이 투입되고 있다. 씁쓸함이 앞선다.

인공물길 공사시설을 넘는다. 들판이 나온다. 지천에는 갓 돋아난

고사리들이 경쟁이라
도 하듯 땅위로 솟아
있다. 지구를 뚫고 세
상 밖으로 모습을 드
러낸다. 일행은 오른
쪽 탐방로로 가려다
중단하고 중간 길을
선택한다. 가는 길이

서중천 물길을 돌려 인공저류지를 만드는 공사가 한창이다.
심각한 환경파괴의 단면을 보여주고 있다.

철조망으로 막혀 있다. 그럼에도 이를 넘는다. 밭에는 목초 등 잡풀이 자라고 있다. 푸른 대지를 이룬다. 넘을 수 없는 울타리가 가로놓여 있다. 어쩔 수 없이 후퇴를 하고 옆으로 난 삼나무 숲으로 들어선다. 삼나무들이 올곧은 줄기를 뻗으며 하늘로 내달린다. 마치 마을 어귀를 지키는 장승과 같다. 삼나무 아래에는 참식나무가 자란다. 빼곡하게 들어찬 사이로 들어오는 햇빛을 먹고 있다. 식물은 무엇 하나 낭비하는 것이 없다.

| 머체골 집터 |

삼나무가 보내주는 향기를 마시며 걷는다. 발걸음이 가볍다. 숲속에 둘러싸인 돌담들이 보인다. 바둑판처럼 나눠져 있다. 붙여진 팻말을 본다. 머체골(머체왓옛집터)이다. 머체골의 흔적을 자세히 살핀다. '골'은 작은 마을(촌락)을 뜻한다. 이곳에는 화전민 5가구가 살았다고 한다. 땅을 일궈 농사를 짓거나 목축업이 주업이다. 4·3을 겪으면서 주

머체골에는 돌담을 두르고 올레길을 낸 마을 조성했던 흔적이 남아 있다.

민들은 뿔뿔이 흩어지거나 일부는 한남리로 이주한다. 현재에도 후손들이 살고 있다. 4·3으로 마을은 사라졌지만 흔적은 남아 있다. 무너지고 낮아진 돌담이 과거를 대변하고 있다. 아름드리 삼나무가 옛터의 주인이 된 양 그 자리를 지키고 있다. 남원 위미 출신인 오승철 시인은 머체골에 대해 다음과 같이 읊조리고 있다.

〈터무니 있다 / 오승철〉

홀연히 / 일생일획 / 긋고 간 별똥별처럼 / 한라산 머체골에 / 그런 올레 있었네 / 예순 해 비바람에도 삭지 않은 터무니 있네

그해 겨울 하늘은 / 눈발이 아니었네 / 숨박꼭질 하는 사이 / 비잉빙 잠자리비행기 / 〈4·3땅〉 중산간 마을 / 삐라처럼 피는 찔레

이제라도 자수하면 / 이승으로 다시 올까 / 할아버지 할머니 꽁꽁 숨은 무덤 몇 채 / 화덕에 또 둘러앉아 / 봄꿩으로 우는 저녁

이처럼 4·3은 제주사람들에게 많은 상처를 주고 아픔을 남긴다. 오름이나 숲속 곳곳에는 그날의 흔적이 절절이 남아 있다. 이곳에도 4·3이 남긴 상처가 있다. 무너진 돌담 사이로 안타까움이 묻어난다. 빨간 동백꽃이 집터바닥에 뚝 떨어져 있다. 무거운 마음을 안고 앞으로 걸어간다.

| 소롱콧길 |

머체꼴을 조금 벗어나니 농사를 지었던 밭이 있다. 밭을 지나 숲속으로 들어선다. 그리고 곧바로 넓게 단장된 시멘트 목장길이 나온다. 차량들이 쉽게 드나들 수 있는 길이다. 서중천과 만난다. 목장길 남쪽은 목장지대를 이룬다. 말들이 한가로이 풀을 뜯고 있다. '정숙 / 말이 임신중 / 조용히 지나가세요.'라고 쓰인 팻말이 이채롭다. 서중천 다리 가까이에서 왼쪽 숲으로 난 길이 있다. 소롱콧길이다. 소롱콧은 서중천과 소하천 가운데에 형성된 지역을 말한다. 그 지형이 마치 작은 용을 닮았다고 해서 붙여진 이름이다. 이곳에는 편백나무를 비롯해 삼나무·소나무·잡목들이 우거져 있다. 총길이가 6.3km에 이른다.

일행은 머체왓숲길과 만나는 지점에서 소롱콧길로 방향을 잡는다. 입구에는 숲길 안내도가 대문짝처럼 붙어 있다. 숲길로 발길을 옮긴다. 곧바로 편백나무가 빼곡하게 들어차 있다. 아래 줄기에는 죽은 잔가지들이 너덜너덜 붙어있다. 스스로 낙지를 하고 있다. 나뭇잎으로 햇볕이 가려진 땅바닥에는 다른 식물이 거의 자라지 못하고 있다. 생명이 없는 죽은 도시와 흡사하다. 그럼에도 편백나무에서 뿜어내는

소롱콧길에는 돌담으로 울타리를 둘러싼 중잣성이 있다.

 피톤치드의 향기가 숲을 가득 메운다. 다른 생물의 침범을 막거나 자신을 보호하기 위해 휘발성 물질을 내뿜는다. 침엽수에 많은 $α$-피넨은 생물에게는 독이 되지만 사람에게는 이로운 것이 특징이다. 숲길 옆에 편백낭쉼터가 조성돼 있다. 몇 개의 평상이 놓여 있다. 평상에 앉아 잠시 마음의 여유를 담는다.

 소롱콧길로 들어선다. 잡목으로 우거진 숲이다. 흙길에 부엽토가 수북이 쌓여 있다. 부엽토 위를 밟는 발걸음이 부드럽다. 곧이어 말을 키우기 위해 돌로 울타리를 쌓은 중잣성이 보인다. 높게 쌓지 않았지만 긴 울타리 돌담이 마을 올레길 돌담과 비슷하다. 마치 마을이 있었던 것 같은 착각이 든다. 지나는 길에 동백나무가 띄엄띄엄 자생하고 있다. 동백꽃이 활짝 피어 있다. 일부는 땅바닥에 덩어리 채 뚝 떨어져 퇴색되고 있다. 모두가 그렇다. 피었다 지고 가루가 돼 흩어진다. 그런 저런 생각을 하면서 걷는 사이 또다시 편백나무 숲을 만난다. 이전의 편백나무 숲과는 확연히 다르다. 줄기에 죽은 가지가 거의 없이 왕성한 잎으로 숲을 이루고 있다. 편백낭치유의숲이다. 공터에는 방사탑 6개가 있다. 한쪽 모퉁이에는 평상이 놓여 있다. 평상에 앉아 잠시 숨을 고른다. 지난 50여 년간 발길이 끊겼던 곳이기에 더욱 생동감이 더 한다.

소롱콧길 편백낭치유의숲에 있는 방사탑이 탐방객들의 액운을 막아주고 있다.

| 머체오름 |

잠시 머물렀던 평상과 이별하고 길을 재촉한다. 편백나무숲을 넘으니 또다시 잡목숲길이 펼쳐진다. 길옆에 기다란 입간판이 눈에 들어온다. '입산통제구역/지정된 산책로를 이용해 주십시오'라고 쓰여 있다. 이곳을 넘어 한라산방향으로 가면 곧바로 거린오름이다. 거린오름을 중심으로 남서쪽 방향에는 머체오름이 이웃해 있다. 소롱콧길은 머체오름과 거린오름 기슭 인근을 거치고 있다. 숲길을 벗어난 오름 군락지역은 임상시험림지역으로 보호되고 있어 무단 출입이 통제되고 있다.

그래서 머체 선비를 만날 수 없다. 지나가는 길에 먼발치에서 마음의 인사만 나눌 뿐이다. 그럼에도 선비는 머체왓숲길을 보호하고 있다. 선비의 이름 또한 돌무더기를 뜻한다. 이외에도 오름지형이 말의 형태와 닮았다고 해서 마체馬體라는 설도 있지만 설득력이 부족하다. 선비는 남원읍 한남리 산2-1번지에 주소를 두고 있다. 건물은 해발 374.8m 위에 지어져 있다. 높이는 51m에 그친다. 건물 형태는 남북으로 길고 동서로 짧은 구조를 갖고 있다. 안방 없이 뾰쪽한 옥상만 있다. 정원 규모 또한 125,020㎡로 넓지 않다. 사람들과의 접촉이 많지 않다보니 건물 전체가 삼나무·소나무·잡목 등으로 빽빽하게 들어차 있다.

| 서중천 |

일행은 '입산통제구역' 팻말을 보면서 아쉬운 발길은 돌린다. 잡목 사이로 소나무가 크게 자란다. 바닥에는 솔방울이 떨어져 있다. 자연에서 땔감을 얻었던 어릴 시절에는 솔방울이 훌륭한 땔감 재료이다. 소나무밭에서 솔방울을 한 자루 가득 주워 담고 온 후 땔감으로 이용했던 추억이 생각난다. 곧이어 서중천 가장자리 언덕 숲터널과 만난다. 서중천을 따라 나란히 조성돼 있다. 나뭇가지 사이로 서중천이 눈에 들어온다. 깊고 움푹 패 있다. 웅장함이 느껴진다. 서중천은 한라산 동북쪽 흙붉은오름에서 발원해 동남쪽으로 흐르다 5·16도로를 지나 거린오름과 머체오름 북쪽 사면을 따라 남원읍으로 관통해 해안에 이른다. 도내에서 3번째로 긴 하천이다. 긴 여정 속에는 수많은 식생이 자유롭게 자라면서 생물다양성을 이루고 있다.

구실잣밤나무들로 울창한 숲을 이룬 서중천 계곡 바위 웅덩이에는 물이 고여 있다.

길 따라 걸으면서 하천을 본다. 깊게 팬 바위 웅덩이에는 물이 고여 있다. 모새나무가 모새의 기적이라도 이룰 것처럼 딱 버티고 서 있다. 벼랑 바위틈에는 구실잣밤나무가 튼튼한 몸뚱이를 내놓고 있다. 얼마나 오랜기간 풍파와 싸워왔는지 줄기는 여러 개로 나뉘지고 겹쳐 있다. 하천의 살점은 거센 물살에 모두 뜯겨져 나가고 울퉁불퉁 돌덩이 뼈만 남아있다. 사람과 다르게 생물들은 그런 곳을 좋아한다. 지저귀는 온갖 새소리가 우렁차다. 건강함을 말해주고 있다. 그 소리를 들으며 푹신푹신 낙엽 흙길을 걷는다. 참꽃나무가 얇고 부드러운 꽃잎을 살랑살랑 흔들어 지루함을 달래준다. 진하지 않은 분홍빛 고운 빛깔이 마음을 사르르 녹인다. 큰 나뭇가지에는 그네 줄이 묶여 있다. 지나가다 심심했는지 그네를 타고 간 듯하다.

서중천에는 다양한 모양의 기암동굴과 움푹 패여 물이 고여 있는 소沼들이 있다. 그 중에 대표적인 것이 서중천 기암이다. 마치 움푹 들어간 동굴처럼 보인다. 소 가운데에는 오리튼물이 있다. 가뭄에도 물이 가물지 않고 풍부하다. 오리 등 많은 새들이 물가 주변에 둥지를 틀고 있다. 그런 곳에도 언제부턴가 사람의 손이 미치고 있다. 깎고 부수고 자르고 무차별적으로 상처를 내고 있다. 하천으로 쏟아져 흐르는 물을 다른 곳으로 빼내기 위한 대규모 공사가 벌어지고 있다. 콘크리트 다리를 만들고 있다. 긴 인공 물길을 만들고 있다. 들머리에서 보았던 시멘트 물길이 이것과 이어지고 있다. 한편에서는 예산을 들여 치유의 숲길을 만들고 한편에서는 환경을 파괴하며 저류지용 예산을 쏟아 붓고 있다.

기준 없는 행정의 단면이 그대로 드러나는 현장이다. 두 사업이 충돌하는 현장을 목도하면서 참으로 안타까운 생각이 든다. 탐방의 처음과 마지막 코스에서 마주친 회색빛 시멘트콘크리트가 마음을 아프게 한다. 이곳을 서식지로 발붙여 사는 동물과 식물에게 미안한 마음이 든다. 일행은 서둘러 방문객지원센터 주차장으로 돌아온다. 이렇게 해서 실제 걸은 거리는 2시간 21분에 걸쳐 $6.64km$를 걸었으며 걸음 수는 10,580보이다. 이로 인한 에너지 소모량은 $412cal$이다.

### ▲ 참여자 소감

한남리 머체왓숲길 치유탐방을 마친 후 참여자들이 느낀 소감을 설문조사를 통해 확인한 결과를 종합적으로 정리하면, 이번 치유탐방은 계절이 빠름을 실감한다. 지난달까지만 하더라도 봉오리였던 새순이 기지개를 켜며 푸른 잎을 내놓고 있다. 비가 올 것으로 예보됐지만 비는 오지 않고 더위가 찾아온다. 어느새 물들고 있는 초록세상이 펼쳐지고 있다. 꽃들도 앞 다퉈 아름다움을 뽐낸다. 노란 유채꽃이 피고 분홍 참꽃이 활짝 열어젖힌다. 봄 햇살의 마술에 홀린 고사리들이 경쟁하듯 솟구친다. 천남성은 긴 새순을 들어올린다. 상산나무 향기가 바람에 실려 코끝을 자극한다. 새비나무까지 새순으로 봄을 맞이한다. 지는 꽃도 있다. 겨울에 핀 동백꽃이 땅바닥에 떨어져 있다.

자라는 식물들이 사람의 욕심을 자극한다. 눈에 보이는 고사리를 꺾을까 생각을 했지만 일행과의 동행을 위해 그 욕심을 잠재운다. 그럼에도 일행 중의 한 사람은 눈치를 보며 한 움큼 꺾는다. 머체골 터에 들어선다. 화전을 일구며 생활했던 농경사회의 모습을 그려본다. 4·3때 사라진 마을이다. 땅 밑에 떨어진 동백꽃이 애처롭다. 어제(2018년 4월 3일)가 4·3 70주년 추모행사가 있어서 그런지 희생자들의 넋이 이곳에 있는 듯하다. 제주사람들의 비극을 다시 한 번 떠올리게 한다. 유채꽃·동백꽃·참꽃이 숲길의 지루함을 달랜다. 꽃향기를 싣고 물어오는 바람이 지친 탐방객을 시원하게 해준다. 활짝 핀 참꽃을 따서 입에 넣었더니 달콤새콤한 맛이 든다. 새로 돋아난 나뭇잎이 우리를 젊음으로 이끈다. 초록물결이 안정감을 준다. 노랑 유채꽃이 따뜻함이라면 분홍 참꽃은 사랑이다. 잘 조성된 편백나무 숲이 건강을 이끈다. 싸한 공기, 맑고 시원한 공기가 폐 속으로 빨려든다. 피톤치드를 흡입하면서 느끼는 상쾌함이 으뜸이다. 평상에 잠시 몸을 맡긴다. 몸과 마음이 편안하고 시원하다. 액운을 막는다는 방사탑 주위로 편백나무 숲이 둘러싸여 있다. 거기에 마련된 평상에도 앉아 본다. 숲속의 빈 공간으로는 햇빛이 쏟아져 들어오고 숲에는 그늘져 있다. 마치 음양이 교차하고 있는 느낌이다. 더운 여름철에 한 번 더 찾고 싶은 욕심이 생긴다. 서중천을 따라 걷다 보니 다양한 기암들이 있다. 바위 웅덩이에 물이 고여 있어 물속에 풍덩 몸을 맡기고 싶다. 그래서 머체왓숲길은 비교적 짧은 거리, 짧은 시간으로 산림욕을 즐기며 심신의 치유를 할 수 있는 적당한 코스이다. 가파른 비탈길 없이 고른 숲길을 걸으며 들숨과 날숨의 호흡을 통해 체력을 증진할 수 있다. 정신적 안정 효과까지 얻을 수 있다. 세속의 욕심과 욕망을 털어낼 수 있어 좋다.

문제점으로는 자연은 그대로 있을 때가 아름답다. 가만히 놔둬야 더 많이 선물한다. 인위적인 건물이나 조형물로 치장하는 것은 역효과를 가져온다. 초입부터 인공 물길을 뚫는 저류지 개발공사가 한창이다. 공사를 하면서 숲길 코스까지 훼손해 놓아 탐방객들의 탐방길을 헷갈리게 한다. 과연 이곳에 대규모 저류지시설이 절실했는지, 실효성과 타당성에 대한 진정한 고민이 있었는지, 아니면 개발 우선주의에 치우친 행정이 빚어낸 저류지 공사인지 의문시된다. 아무데나 파헤쳐도 괜찮다는 정책결정자들의 논리가 작용하고 있는 것은 아닌지 묻지 않을 수 없다. 엉뚱한 곳에 막대한 예산을 투입하여 대단위 저류지 시설이 들어서고 있는 것은 자연에게 씻을 수 없는 커다란 흉터를 남기는 것이기 때문이다.

## ▲ 치유적 시사점

이번 치유탐방은 남부지역 중산간에 위치한 한남리 머체왓숲길를 소재로 한 영화 한 편을 관람한다. '머체'라는 이름부터 독특하다. 머체는 커다란 돌무더기를 뜻한다. 화산활동 당시에는 땅 속에 묻혀 있는 돌덩어리이다. 마그마가 파열되지 않고 땅 속에서 덩어리 채 굳어진 것이다. 그 모양은 마치 타원형 구조를 이루는 대규모 돔 형태와 같다. 오랜 세월이 지나면서 머체 주변에 있던 퇴적층들이 침식한다. 머체는 자연스럽게 땅 위로 노출된다. 그래서 머체를 지하 용암돔이라고 한다. 이런 유형은 세계적으로 흔치 않다. 가시리 쫄븐갑마장길에 있는 행기머체가 우리나라에서는 가장 크고 유일하다. 동양에서 가장 큰 것으로 기록되고 있다. 행기머체에서 100m 떨어진 곳에 있는 꽃머체 또한 같은 유형이다. 머체는 지질학적으로 중요한 연구자료가 되고 있다.

그런데 한남리는 숲속의 한 지역을 머체라는 명칭으로 사용하고 있다. 그렇다고 해서 그 곳에 머체를 상징할 수 있는 돌무더기가 있는 것도 아니다. 탐방을 통해 아무리 찾아보아도 머체는 보이지 않는다. 그럼에도 머체라는 명칭을 통해 숲속의 치유마을을 형성하고 있다. 우선 머체골이 그렇다. 그곳에는 5가구 정도가 모여 살았다고 한다. 4·3때 뿔뿔이 흩어지면서 현재는 흔적만 남아 있다. 둘째는 머체왓이다. '왓'은 밭을 뜻한다. 화전을 일궈 농사를 짓거나 목축업을 한 것이다. 셋째는 머체길이다. 사람이나 가축이 드나들 수 있도록 길을 낸 것이다. 넷째는 머체오름이다. 오름 기슭에 마을이 형성된다. 오름이 바람 등으로부터 마을을 보호하는 역할을 하기 때문이다.

  그래서 이곳의 머체는 하나의 돌무더기가 아니라 마을과 밭과 길과 오름을 한 단위로 묶어진 종합 머체치유마을이다. 머체치유마을은 중추신경 격인 서중천을 허리로 삼아 든든한 버팀목을 하고 있다. 위쪽으로 거린오름과 머체오름이 바람막이 기둥 역할을 하고 있다. 그 아래 넓게 펼쳐진 기슭에는 수많은 치유인자들이 에너지를 뿜어내고 있다. 삼나무숲을 넘으면 편백나무 숲이 마중을 나온다. 서중천을 따라 형성된 울창한 원시림 숲터널과 그 속에 감춰진 기암계곡은 태고의 신비를 연출한다. 가는 길에 혹시 지루함이 있을 때면 계절 따라 아름다운 꽃길을 열어준다. 목장길을 사이에 두고 한가로이 풀을 뜯는 말들의 목가적 풍경은 마음을 차분하고 평화롭게 해 준다. 그래서 이곳은 울창한 숲과 함께 돌의 상징적 의미인 행운의 치유력을 갖고 있다.

# Part 3
# 저고산지대 치유탐방 7선

숲길에는 과거를 돌아보고
현재를 배우는 에너지가 흐르고 있다.
숲길에는 새 생명처럼 활기를 되찾거나
재충전을 위한 치유력이 살아 숨 쉬고 있다.

# ⋮ 장생의숲길과 큰절물오름

## ▲ 절물오름 현황

| 대표명칭 | 큰절물오름(큰대나) |
|---|---|
| 세 대 주 | 큰절물부인(원형 굼부리) |
| 주 소 | 제주시 봉개동 산78-1 |
| 시설규모 | 해발높이 696.9m / 건물높이 147m / 시설면적 397,123$m^2$ |
| 이웃시설 | 절물휴양림, 장생의숲길, 용천수 |
| 특 징 | 울창한 삼나무숲, 잘 갖춰진 편의시설과 산책길 |

| 대표명칭 | 족은절물오름(족은대나) |
|---|---|
| 세 대 주 | 족은절물부인(말굽형 굼부리) |
| 주 소 | 제주시 봉개동 산78 |
| 시설규모 | 해발높이 656.7m / 건물높이 120m / 시설면적 305,719$m^2$ |
| 이웃시설 | 장생의숲길, 큰절물오름, 이웃한 민오름 |
| 특 징 | 울창한 자연림, 길게 흘러내린 구릉지 |

| 치유탐방코스 |

**일행 1팀** 절물휴양림 입구(0km) → 삼물결 → 생태숲길교차로 → 후문교차로(2.4km) → 노루길(4.0km) → 연리길(6.2km) → 큰절물오름교차로(8.6km) → 내창길(9.6km) → 출구(11.1km)

**일행 2팀** 큰절물오름교차로(8.6km) → 큰절물오름 전망대 → 절물휴양

림 출구(10.3㎞)

## ▲ 탐방지 날씨 및 실측정보

탐방일자  2017년 12월 13일   탐방인원  8명

탐방시간  09:32          종료시간  12:42

현장날씨  눈 / 온도 3° / 체감온도 -1° / 습도 72% / 풍속 3m/s

실측현황

**걸은 거리**  11.1㎞    **걸은 시간**  3시간 10분(휴식시간 등 포함)

**만보기**  16,610보    **칼로리소모량**  688kcal    **난이도**  하

## ▲ 관찰된 주요 산림치유인자

| | |
|---|---|
| 생물 요소 | 삼나무, 편백나무, 산뽕나무, 조릿대, 산벚나무, 산딸나무, 상산나무, 초피나무, 고로쇠나무, 서어나무 등 |
| 오감 요소 | 오름 정상에서 보는 경관, 흰 눈 덮인 오름 등성이와 숲 바닥, 포근한 원형 굼부리, 꼬불꼬불 숲길 등 |
| 지형 요소 | 오름 정상, 원형 굼부리, 나무 계단, 깊고 긴 구릉지, 오름 전망대, 울퉁불퉁 흙길, 작은 하천 등 |
| 기후 요소 | 차가운 겨울 공기 및 바람, 흐린 날씨, 가루처럼 흩날리며 내리는 눈 등 저고산지대 날씨 |
| 심리 요소 | 탈출감, 해방감, 넉넉함, 적막감, 웅장함, 위대함, 포근함, 자신과의 대화, 자기 이해, 명상 등 |
| 사회 요소 | 대화의 기회, 이해와 배려, 소통, 교감, 관계 형성, 넉넉한 마음, 나눔, 정담, 합리적 주장 등 |

## ▲ 적절한 치유요법

• 삼나무 숲 흙길과 오름 등성이를 오르고 내리며 걷는 유산소 운동

요법
- 숲속이나 오름에서 자생하는 식생들을 보고 느끼는 관찰요법
- 나무이름, 꽃이름 등을 관찰하고 그 내용들을 적어놓는 기록요법
- 삼나무로 둘러싸인 아늑한 숲속을 홀로 걸으며 생각에 몰입하는 명상요법
- 복잡하게 얽혀 있던 문제들이 자연스럽게 풀리고 비우고 새롭게 채울 수 있도록 하는 정화요법
- 숲속 쉼터 등에서 가던 길 잠시 멈추고 쉬면서 준비한 따뜻한 커피 한 잔 등을 음미하며 마시는 식이요법
- 서로 함께 어울려 걸으며 마음을 열어놓고 교감하는 소통요법
- 추운 기온으로부터 얼굴, 손 등의 피부를 비비며 마사지를 받는 피부자극·냉기요법
- 오름 바위나 기슭에서 떨어지는 용천수가 물보라를 일으키며 피부 등의 건강을 돕는 음이온요법
- 삼나무 등 침엽수림에서 뿜어내는 테르펜류인 $a$-피넨(휘발성 피톤치드)을 흡입해 정신을 맑게 하는 향기요법

### ▲ 산림치유 체험

장생의숲길과 큰절물오름은 삼나무와 자연림으로 우거진 해발 500m 이상의 저고산지대를 특징으로 하는 치유인자가 있는 곳이다. 전국적으로 많이 알려진 절물자연휴양림이 있다. 빽빽하게 들어 찬 삼나무 군락과 자연림이 하늘을 가릴 정도로 주변을 가득 메우고 있

다. 걷는 길 또한 지루하지 않다. 적당한 경사지와 평지의 흙길이다. 혹시 숲속에 갇혀 답답한 기분이 들 때에는 큰절물오름으로 방향을 바꾸면 탁 트인 공간이 펼쳐진다. 큰절물오름 전망대에서 바라보는 부드러운 지형이 아름답다. 한라산 백록담에서 뻗어 내린 거대한 능선 줄기가 굽이친다. 울창한 숲으로 가려졌던 속살이 하얀 눈으로 벗겨진다.

12월 13일 8명의 일행은 오전 8시 40분 제주시에서 집결해 봉개동을 거쳐 명도암으로 들어서는 명림로를 타고 절물자연휴양림으로 발길을 옮긴다. 서울 등 다른 지역은 영하의 한파가 몰아치고 있다. 제주지역 역시 영하의 기온은 아니지만 지난밤 많은 눈이 내렸다. 들녘은 하얀 눈으로 덮여 있다. 30분쯤을 달려 절물자연휴양림 주차장에 도착한다. 일행은 큰절물오름을 연계한 장생의숲길 탐방계획을 세운다.

| 절물자연휴양림 |

제주시 봉개동에 위치한 절물자연휴양림은 1997년에 개관한다. 명도암 마을과 비자림로로 이어지는 명림로와 접해 있다. 오름과 숲으로 둘러싸인 아늑한 공간이다. 이곳에서 자라는 나무는 산림청 소관 국유림이다. 90만평에 이른다. 천연림이 30만평, 인공림이 60만평이다. 남동쪽에는 큰절물오름과 족은절물오름이 둘러싸여 있다. 서쪽에는 진물굼부리, 북서쪽에는 거친오름이 감싸고 있다. 명림로를 건너 동쪽에는 민오름이 자리하고 있다. 제주시내에서 비교적 가까운 곳에 있어 남녀노소를 불문하고 많은 사람들이 찾는다. 전국적으로도

유명세를 탄다. 추운 겨울에도 숲속의 집은 빈 공간이 없을 정도이다. 휴양림의 최고 자랑은 삼나무 숲이다. 50년 된 아름드리 삼나무들이 울창한 숲을 이루고 있다. 하늘을 찌를 듯하다. 마치 삼나무 궁전에 온 기분이다. 여름철 삼나무 궁전은 탐방객들로 인산인해를 이룬다. 더위를 피해 몰려든 사람들로 한바탕 잔치를 치른다. 이외에도 휴양림 주변에는 산책시설들이 많다. 장생의숲길을 비롯해 너나들이길, 생이소리길, 큰절물오름 오르기 등이 그것이다. 활엽수가 우거진 생이소리길은 데크로 돼 있어 누구나 걷기에 부담이 없다. 너나들이길 또한 계단이 없는 3km 산책길로 장애인·노약자까지 편하게 이용할 수 있다. 주변 숲길들도 휴양림 숲길과 자연스럽게 연결돼 있다. 숫모르편백숲길은 5·16도로와 접한 한라생태숲에서 노루생태관찰원까지 이어진다. 휴양림 입구에는 민오름으로 가는 탐방로가 있다. 절물임도와 비자림로를 거쳐 사려니숲길로도 갈 수 있다. 그래서 절물자연휴양림은 제주시 산림치유의 중심지이자, 도청소재지라 할만하다.

| 삼나무 울창한 삼울길 |

일행은 휴양림 입구에서 입장료를 낸다. 장생의숲길 입구로 가기 위해서는 휴양림에 있는 울창한 삼울길을 지나야 한다. 절차를 마친 일행은 삼나무궁전으로 들어선다. 돌하르방이 산타 옷을 입고 인사를 하며 반긴다. 장승들이 갖가지 모양으로 웃음을 선사한다. 아름드리 삼나무가 하늘을 찌른다. 어떤 환경에도 굽힘없이 꼿꼿하게 자신의 길을 가고 있는 선비의 기상과 흡사하다. 지나가는 길에 문득 '삼

나무의 지혜'가 머리를 스친다.

### 〈삼나무의 지혜〉

아무리 사랑하는 사이라도 / 둘이 하나 될 수 없음을 알기에 / 처음부터 일정한 거리를 두고 / 서로 마주보며 보듬고 있네요.

아무리 아끼는 사이라도 / 상대의 그늘에서 클 수 없기에 / 줄기에 난 잔가지 떨어뜨리며 / 하늘로 쭉쭉 내달리고 있네요.

아무리 넉넉한 공간이라도 / 각자 자랄 수 있는 면적이 있기에 / 욕심 없는 자기만의 범위에서 / 어깨 도닥거리며 크고 있네요.

아무리 훌륭한 연주라도 / 하나의 줄로 하모니 엮을 수 없기에 / 여럿이 함께하는 울림으로 / 장엄한 음률의 미 그리고 있네요.

너와 나 유연한 마음으로 / 비바람에 꺾이지 않도록 북돋우며 / 선비 같은 삼나무의 올곧은 지혜를 / 마음 깊이 되새기며 걷고 있어요.

| 장생의숲길 |

어느새 삼울길을 지나 장생의숲길 입구에 다다른다. 총길이가 11.1 $km$이다. '장생長生'의 유래는 바둑에서 찾을 수 있다. 사활에서 어느 한쪽이 물러서지 않으면 같은 형태가 반복돼 무승부로 결정되는 경우를 말한다. 그래서 장생은 오래 사는 행운을 의미한다. 장생의숲길 또한 자연스럽게 풀어놓은 실의 끈처럼 끊김 없이 꼬불꼬불하고 길쭉하게 늘어진 모양이다. 폭신폭신한 흙길이다. 계절에 관계없이 누구나 편하게 걸을 수 있다. 노약자들이 즐겨 찾는다. 여름철에는 하루

종일 걷고 쉬다 오후 늦게 돌아가는 경우도 있다. 숲길에는 삼나무숲길만 4km에 이른다. 1970년대 산림녹화사업으로 제주 곳곳에 심어진 삼나무들이 이제는 산림치유의 효자로 각광받고 있다. 피톤치드의 생산공장이다. 나머지는 자연림 등 다양한 수림으로 덮여 있다. 마치 하늘을 가린 삼나무숲의 어둠과 하늘을 연 천연림의 밝음이 교차하며 지나간다. 흰 눈 덮인 공간에서 색다른 분위기를 자아낸다.

장생의숲길에는 다양한 식물들이 군락을 이루고 있다. 대표적인 식물은 복수초와 박새이다. 복수초 군락은 3km와 10km 지점에 있으며 박새 군락은 4km와 10km지점에 분포한다. 왕성하게 새순이 돋아나는 봄이 아닌 겨울철이라 이를 보지는 못했다. 그렇지만 5km지점에 이르렀을 때에는 울창한 천연림 사이로 빼곡하게 들어찬 조릿대들이 흰 눈의 무게에 허리를 굽히고 있다. 더욱 눈길을 끄는 것은 6km지점에 있는 연리목(가지가 연결되면 연리지)이다. 길 한가운데 자리하고 있다. 산벚나무와 고로쇠나무 줄기의 연결이다. 맨살로 붙어 있어 영양분까지 주고받는다. 생물학적 결합이다. 일명 사랑나무라고 한다. 출신 성분이 같지 않아 부부라고도 한다. 단단하게 얽혀 있는 열정적인 사랑이 뜨겁다.

잠시 가던 길을 멈추고 곁에 마련된 쉼터에서 추운 손

장생의숲길에 있는 연리목

절물오름 굼부리 등성이가 하얀 눈으로 덮여 있다.

녹이며 커피 한잔을 한다. 연리목을 지나면 낮은 경사지와 마주한다. 어렵지 않게 지나갈 수 있다. 절물오름의 남쪽 등성이다. 오름이 가까이에 있음을 알리고 있다. 숲 사이로 커다란 큰절물오름이 버티고 서 있다. 등성이를 넘으면 큰절물오름 교차길를 만난다. 8.6km지점이다. 일행 가운데 1팀은 마저 남은 장생의숲길로, 2팀은 큰절물오름으로 나눠 간다.

| 큰절물오름 / 족은절물오름 |

장생의숲길과 큰절물오름 교차점에서 큰절물 부인과 마주한다. 다른 이름은 큰대나오름이다. 부인은 제주시 봉개동 산78-1번지에 터를 잡고 있다. 비고를 뺀 해발높이가 549.9m에 이른다. 건물높이는 147m에 이른다. 들머리는 경사가 심해 나무계단이다. 양쪽으로 길을 터 자유롭게 드나들 수 있도록 한다. 가운데에는 큼지막한 둥근 방

한 칸이 마련돼 있다. 건물을 중심으로 둘러싼 정원은 397,123$m^2$에 이른다. 정원에는 천연림이 가득하다. 부인은 사람의 손 떼가 묻지 않는 본래의 나무를 고집한다. 그래서 정원 등성이마다 다양한 수종을 손수 심어놓고 있다. 건물 옥상에는 주변을 둘러볼 수 있는 2개의 전망대가 있다. 탁 트인 공간의 즐거움까지 아낌없이 제공하고 있다.

전망대에 서면 숲 세상이 들어온다. 한라산 어머니가 눈앞에 있다. 백록담에서부터 내려 온 능선은 개오리오름(견월악)을 거쳐 절물오름·민오름·지그리오름을 타고 바농오름으로 이어진다. 마치 오름들이 한 줄의 실에 방울처럼 꿰어진 듯 늘어서 있다. 그리고 겨울의 오름과 능선들은 빨가벗고 있다. 몸뚱이를 보여주지 않으려고 그렇게 감쌌던 지난여름의 여러 겹 푸른 옷은 간데없고 헐벗은 살갗을 드러내고 있다. 겨울이 와야 진정한 숲의 마음을 볼 수 있다. 어쩌면 흰 눈

절물오름에서 본 견월악 능선

은 대자연의 감찰기관과 같다. 1년마다 찾아와 풀 한 포기까지 샅샅이 조사한다. 숨김없이 털어내고 다음을 맞이하도록 한다. 나무는 채우려고만 하는 사람의 생리와는 사뭇 다르다. 잠시 큰절물오름 전망대에 서 본다. 차갑고 매서운 바람이 코끝을 스친다. 그 때 문뜩 떠오르는 김종서 장군의 시가 귀전을 맴돈다. "삭풍은 나모 끝에 불고 / 명월은 눈 속에 찬데 / 만리변성에 일장검 짚고 서서 / 긴 파람 큰 한 소래에 거칠 것이 없어라."

절물 부인은 자매이다. 자매이면서도 생활모습은 큰 차이를 보인다. 언니가 사는 남동쪽에 동생(족은절물오름)이 살고 있다. 하나의 등성이로 연결돼 있다. 다른 이름은 족은대나이다. 동생이 사는 주소는 제주시 봉개동 산78번지이다. 언니보다 조금 낮은 해발 536.7m에 위치해 있다. 건물 높이는 언니보다 27m 낮은 120m이다. 방 또한 언니와는 다르게 동쪽으로 터져 있다. 정원면적은 305,719$m^2$이다. 동생은 언니처럼 개방적이지 않다. 일부러 찾아오는 사람이 아니고서는 스스로를 드러내지 않는다. 조용히 살고 있다. 일행은 절물 부인의 이야기를 뒤로하고 건물 계단을 밟으며 내려간다. 눈 쌓인 계단은 미끄럽다. 몇 번 넘어지기를 반복한 후에 휴양림에 이른다. 그리고 절물 약수터로 간다.

| 절물 약수터 |

살아있는 생물이라면 물을 빼놓고는 살 수 없다. 그만큼 물이 솟아나는 곳은 좋은 자리임을 말해준다. 큰절물오름 기슭에는 고갈되지

절물 약수터 샘물이 추운 겨울을 녹이며 흘러내리고 있다.

않고 흘러나오는 용천수가 아직까지도 남아있다. 물줄기는 과거에 비해 많이 줄었다. '절물'은 절 옆에 물이 있었다고 해서 붙여진 이름이다. 가까운 거리에는 약수암이라는 아담한 절이 있다. 1965년에 들어선 것으로 알려지고 있다. 그렇지만 이 절이 약수터 옆에 있었던 절인지는 확인되지 않고 있다. 절물 용천수는 십여 년 전만하더라도 백중날(음력 7월 15일) 전후로 복더위를 씻는 물맞이행사로 북적거렸다. 언덕 아래로 힘차게 떨어지는 물줄기에 등허리를 대고 물마사지를 한다. 물맞이요법으로는 독일의 크나이프 요법이 유명하다. 몸의 혈액순환을 돕는 데 좋은 치유효과가 있다. 우리 조상들도 이미 물맞이 효능을 알고 있음을 엿볼 수 있다. 이 샘물은 음용수로 이용되고 있다. 제주시는 용천수 먹는 물 1호로 지정해 관리하고 있다.

이렇게 해서 큰절물오름과 장생의숲길 치유탐방을 모두 마무리한다. 실제 1팀의 걸은 거리는 3시간 10분에 걸쳐 11.1$km$이며 걸은 걸음 수는 16,610보이며 이로 인한 칼로리소모량은 688$kcal$이다.

### ▲ 참여자 소감

큰절물오름과 장생의숲길 치유탐방을 마친 후 참여자들이 느낀 소감을 설문조사를 통해 확인한 결과를 종합적으로 정리하면, 한겨울 눈 덮인 자연을 보노라면 겨울왕국에 온 것 같다. 사시사철 푸르름을 간직한 삼나무 숲과 나뭇잎을 모두 버리고 앙상한 몸뚱이만 남은 채 서 있는 천연림이 대조를 이룬다.

높은 오름, 굽이굽이 감도는 도로, 드넓은 목장, 조릿대 잎, 빨간 천남성 열매 가릴 것 없이 하얀 눈으로 덮여 있다. 숲은 속살을 모두 드러내고 깨끗함을 보여준다. 그래서인지 소복하게 쌓인 하얀 눈을 보면 마음과 정신이 자연스럽게 깨끗해진다. 차갑게 스며드는 바람이 손끝을 아리게 해도 참을 만하다. 눈 덮인 대지는 약을 발라 낫게 하듯 상처받은 사람의 마음을 아물게 한다. 날리는 눈발이 얼굴에 닿는 기분은 차가움이 아니라 오히려 간지럽다. 발자국을 옮길 때마다 쫓아오며 '뽀드득 뽀드득' 나는 눈 밟는 소리 또한 정겹다.

이외에도 장생의숲길에는 나그네의 마음을 어루만져주는 것이 많다. 삼나무 숲 위에서는 자신들의 존재감을 알리는 우렁찬 까마귀 떼 합창소리가 정막을 깨운다. 간벌로 잘린 나무줄기에서 뿜어내는 독특한 냄새

장생의숲길에 있는 조릿대가 흰 눈에 덮여 있다.

가 싫지 않다. 누군가 걸음을 멈추고 돌멩이 하나 쌓고 그 위에 또 하나 쌓아 놓은 돌탑이 정성스럽다. 다른 나무와 합쳐 자라는 연리목에서 상생의 지혜, 그리고 협동정신의 지혜를 얻는다. 그래서 겨울철 장생의숲길은 정신적 안정감과 상쾌함을 준다. 과거 주간보호시설에서 보호받던 20~30대 정신지체아를 대상으로 숲길걷기행사를 가졌을 때에도 이들로부터 안정감 효과가 탁월하다는 보고가 있다. 뿐만 아니라 자칫 몸의 온도가 떨어질 수 있는 겨울철에 찬바람 맞으며 걷는 것은 몸의 온도를 스스로 끌어올리는 체온상승 효과가 있다. 날씨가 나의 몸의 온도를 조절하게 하는 것이 아니라 나의 몸의 온도를 걷기운동 등을 통해 스스로 조절해야 함을 알게 한다.

한편 개선사항으로는 눈이 쌓이면 큰절물오름에서 내려오는 계단이 심하게 미끄러워 낙상위험이 있어 손잡이 설치 등이 필요하다. 숲길 거리 안내표시 또한 공급자 위주로 기록돼 있어 지나온 거리와 남은 거리를 동시에 안내해 주는 정보표시가 바람직하다. 큰절물오름으로 가는 갈림길 안내판과 오름 정상 등성이를 둘러보는 입체적인 조감도 설치, 숲길에 서식하는 나무 등에 대한 정보제공 표시도 필요하다는 의견이다.

### ▲ 치유적 시사점

이번 치유탐방은 한라산 백록담에서 흘러내린 거대한 능선의 한 줄기에 있는 오름들 가운데 하나인 큰절물오름과 장생의숲길을 소재로 한 겨울영화 한 편을 감상했다.

오름왕국 지도를 펼쳐보면 큰절물오름은 백록담을 기점으로 김녕 입산봉까지 동북방향으로 전기줄처럼 길게 뻗은 능선에 있다. 이 능선 줄기에는 20여 개의 오름들이 일직선상을 중심으로 앞서거니 뒤서거니 놓여 있다. 설문대할망이 빠져 죽었다는 물장오리오름도 이 능선에 있다.

그 중에 큰절물오름은 한라산국립공원 지역을 벗어난 중하류지점에 위치해 있다. 바로 밑 동남쪽으로 족은절물오름이 마주하고 있다. 서로 물결치듯 흐르는 등성이와 연결돼 있다. 큰절물오름으로 둘러싸인 안쪽 기슭에는 절물 약수터가 흐른다. 긴 능선줄기 따라 한라산 어머니가 보내는 모정의 약수이다. 안쪽 공간에는 전국적으로 유명한 절물자연휴양림이 조성돼 있다. 오름으로 거센 바람을 막아주고 있어 포근한 공간이다. 풍수적으로는 여인이 양손으로 금잔을 받쳐든 모양이라고 한다. 그 공간에는 50년 된 삼나무들이 울창하게 자라고 있다.

절물오름 바깥쪽에는 다양한 숲길이 조성돼 있다. 주변 숲길로 이어지는 방사선의 중심지와 같다. 마치 온몸 구석구석으로 혈액을 보낼 수 있도록 다리를 놓은 실핏줄과 같다. 장생의숲길과 연결된 이웃 숲길만도 7개에 이를 정도이다. 장생의숲길 역시 절물오름 구릉지와 접하고 있다. 그렇게 이어진 11.1$km$의 숲길은 마치 실타래에서 풀려 자유롭게 놓인 실의 선과 같다. 실은 무병장수를 의미한다. 따라서 큰절물오름을 연계한 장생의숲길은 무병장수의 에너지가 흐르고 있다.

백록담에서부터 이어진 거대한 능선줄기, 그 선상에 놓여 있는 절물오름, 절물오름 안쪽 기슭에서 흘러나오는 생명수, 생명수를 마시며 자라는 50년생 삼나무들, 바깥쪽 숲속에는 자연스럽게 놓여 실처럼 길게 뻗는 숲길 등으로 장수의 에너지가 흐르고 있다. 누구든 쉽게 찾아와 '걷고 놀면서 오래오래 살 수 있도록 건강을 지켜주는 장생의 치유력'이 살아 숨 쉬고 있다.

## : 추억의숲길과 검은오름

### ▲ 추억의숲길 현황

| 대표명칭 | 추억의숲길 |
|---|---|
| 세 대 주 | - |
| 주 소 | 서귀포시 서홍동 산44-2 |
| 시설규모 | 해발높이 450~800m |
| 이웃시설 | 옛집터, 사농바치터, 검은오름(실체 없는 산체) |
| 특 징 | 원시적 숲길, 부엽토와 흙길, 편백나무, 삼나무숲, 하천 등 |

| 치유탐방코스 |

출입구(0km) → 옛집터(1.7km) → 사농바치터(3.7km) → 삼나무군락(5.1km) → 편백나무군락(5.6km) → 동흥천 다리(6.5km) → 검은오름(7.3km) → 사농바치터(8.2km) → 옛집터(10.2km) → 출입구(11.6km)

### ▲ 탐방지 날씨 및 실측정보

탐방일자 2017년 12월 20일    탐방인원 6명

탐방시간 10:05    종료시간 14:25

현장날씨 흐림 / 온도 6° / 체감온도 3° / 습도 76% / 풍속 1m/s

실측현황

걸은 거리 11.6km    걸은 시간 4시간 20분(휴식시간 등 포함)

만보기 20,704보    칼로리소모량 728kcal    난이도 중

## ▲ 관찰된 주요 산림치유인자

| | |
|---|---|
| 생물 요소 | 삼나무, 편백나무, 서어나무, 황칠나무, 동백나무, 붉가시나무, 이나무, 소나무, 조록나무 등 |
| 오감 요소 | 고요한 숲속 흙길과 돌길의 촉감, 수북이 쌓인 낙엽의 부드러움, 삼나무와 편백나무 군락에서의 피톤치드 향기 등 |
| 지형 요소 | 하천길, 울퉁불퉁 돌작지길, 다져진 흙길, 크고 작은 하천, 평상 바위, 가파른 계곡, 길게 둘러싼 잣성 등 |
| 기후 요소 | 차가운 겨울 공기 및 바람, 숲속에서의 온화한 기온, 살짝 언 하천 웅덩이 물 등 저고산지대 날씨 |
| 심리 요소 | 탈출감, 해방감, 적막감, 고요함, 포근함, 자신과의 대화, 자기 이해, 명상 등 |
| 사회 요소 | 대화의 기회, 이해와 배려, 소통, 교감, 관계 형성, 나눔, 정담, 마음의 문 개방 등 |

## ▲ 적절한 치유요법

- 삼나무·편백나무 군락 등 빽빽하게 들어 찬 숲길을 걷는 유산소 운동요법
- 숲속에서 자생하는 150여 식물뿐만 아니라 화전민 터전 등을 직접 보고 느끼는 관찰요법
- 나무이름, 식물이름 등을 알아가며 그 내용들을 적어놓는 기록요법
- 빼곡하게 둘러싸인 고요한 숲속을 걷거나 평상에 앉아 생각에 몰입하는 명상요법

- 편백나무 숲 등 침엽수림의 조용한 공간을 찾아 깔개 위에 편안하게 누워 피톤치드(α-피넨) 흡입 등 산림욕을 하는 와토요법
- 머릿속에 복잡하게 얽혀 있던 문제들이 자연스럽게 풀리고 비우고 새롭게 채울 수 있도록 하는 정화요법
- 하천 평평한 바위에 둘러앉아 잠시 쉬면서 각자 준비한 간식을 나눠 먹는 식이요법
- 서로 함께 어울려 걸으며 마음을 열어놓고 교감하는 소통요법
- 차가운 하천 물웅덩이에 짧은 시간 입수해 피부자극 마사지를 하는 냉찰요법
- 수북이 쌓인 낙엽과 울퉁불퉁 돌길에 발바닥이 맞닿으면서 자극을 받아 혈액순환을 원활하게 하는 지압요법/신진대사 촉진요법

### ▲ 산림치유 체험

서귀포시 서홍동에 있는 추억의숲길은 천연림으로 우거진 600m 저고산지대를 특징으로 하는 치유인자가 있는 곳이다. 아름드리 편백나무와 삼나무 군락이 있다. 한라산국립공원에 인접해 있을 뿐만 아니라 한라산둘레길의 하나인 무오법정사와 연결된 동백길과도 만난다. 동홍천을 돌아오는 왕복 12km에 가까운 숲길 바닥에는 아스팔트 하나 깔지 않은 자연 그대로의 원시적인 길이다. 하늘을 가릴 정도로 숲이 우거져 고요하고 아늑하다. 걷는 길 또한 지루하지 않다. 적당한 경사지와 평평한 흙길, 울퉁불퉁한 돌길, 수북이 쌓인 낙엽이 일행을 편안하게 인도한다.

12월 20일 6명의 일행은 오전 8시 50분 제주시에서 집결해 5·16도로 성판악을 거쳐 서귀포 돈네코와 산록남로를 타고 추억의숲길로 발길을 옮긴다. 차가운 날씨를 보였던 지난주와는 달리 따뜻한 햇살이 찬 기온을 누그러뜨린다. 1시간쯤을 달려 추억의숲길 들머리에 다다른 일행은 탐방계획을 세운다.

| 추억의숲길 |

추억의숲길은 서귀포시 서홍동 산44-2번지에 있다. 이곳은 한라산 해발 450~800m 범위에 있는 천연 국유림지역이다. 들머리 입구는 한라산 중턱을 가로 지르며 서귀포시 상층부를 관통하는 산록남로와 접한다.

북쪽은 한라산국립공원에 근접해 있다. 무오법정사에서부터 서귀포학생문화원 야영수련장까지 14.2㎞에 이르는 한라산둘레길 중의 하나인 동백길과 500m정도 접한다. 동쪽은 한라산 백록담 남쪽 방애오름 부근에서 발원해 깊은 계곡 산벌른계곡을 따라 돈네코계곡으로 흘러드는 동홍천(동홍천은 마을 중심에 있는 하천으로 동홍천과는 다름)이 남북으로 놓여 있다. 추억의숲길과 동홍천 사이의 남쪽에는 살오름(미악산)이 솟아 있다. 서북쪽은 시오름(숫오름)이 자리하고 있으며 서남쪽은 각시바위가 버티고 서 있다. 서쪽으로 100m 거리에는 2016년에 개장한 서귀포치유의숲이 자리를 잡고 있다. 서홍동주민들은 선조들의 삶의 터전(우마 방목을 위해 다녔던 길)으로 남아 있는 역사의 현장 등을 포함한 11㎞에 이르는 숲길을 조성해 2012년 8월에 '추억의숲길'이라는 간판을 내걸고 문을 연다. 완만한 경사로 이뤄진 숲길에는 수많은 식물이 자생하고 동물들이 서식하고 있다. 곳곳에는 크고 작은 하천이 흐른다. 과거 화전민들이 터전을 일궜던 삶터의 현장이기도 하다.

| 화전민 삶터 |

일행은 곧바로 추억의숲길로 들어선다. 나무로 통로를 만든 들머리는 거창하거나 화려하지 않다. 달리는 차에서는 쉽게 눈에 띄지 않는다. 깊은 과거로 안내하는 초입문과 같다. 안으로 들어서는 순간 숲으로 햇빛을 가려 환한 밝음이 사라진다. 어둠이 내려앉으려는 경계선에 있는 듯하다. 숲으로 둘러싸인 공간을 따라 간다. 1.5km정도 진입하면 나무들이 우거진 사이로 목장경계를 위해 둘러싼 돌담 울타리인 잣성이 눈에 들어온다. 잣성은 말을 키우기 위해 제주전역을 10소장(국영목장)으로 나눠 그 경계를 위해 쌓은 돌담이다. 고려시대를 거쳐 조선시대까지 융성했던 제주지역의 말 목축산업은 조선말 갑오개혁을 전후로 쇠퇴의 길을 걷는다. 말들이 떠난 자리에는 화전민들이 땅을 일궈 삶의 터전을 만든다. 근처에는 화전민들이 살았던 흔적이 고스란히 남아 있다. 평평

돌을 쌓아 경계를 만든 잣성이 이색적이다.

화전민의 삶터 흔적인 말방아가 숲속에 오롯이 남아 있다.

한 공간 울타리에는 대나무(족대)가 있다. 울창한 삼나무 사이로 네모형태 돌담을 두른 옛집터 흔적이 있다. 집터 가까이에는 음식물 찌꺼기나 사람의 변을 처리하고 그로부터 생산한 '돗거름'을 농사의 퇴비로 사용할 수 있도록 만든 통시(돼지우리)가 보인다. 소나 말을 이용해 웃돌을 돌려 곡물을 빻아 가루를 내는 말방아도 있다. 화전민 마을은 제주4·3을 겪으면서 역사 속으로 사라진다. 모든 일에는 변곡점이 있듯이 이곳의 삶의 역사도 마찬가지이다.

| 하천 따라 숲길 |

화전민들의 삶의 터전을 지나 깊은 숲길로 들어서면 하천과 마주하는 경사 길을 만난다. 하천 하나가 숲길과 함께 나란히 따라 나선다. 울창한 원시림이 하늘을 가린다. 화전민들이 살았던 숲의 식생과는 확연히 다르다. 훨씬 더 연륜이 있는 천이과정을 보인다. 극상림에서 볼 수 있는 서어나무가 자라고 있다. 인근에 화전민이 살았을 당시에도 이곳의 숲은 훼손되지 않았던 것으로 보인다. 생각에 잠기며 나가는 걸음 속에 나무들이 다가왔다 뒷걸음치듯 멀어진다. 땅위로 솟아난 뿌리를 밟기도 하고 푹신한 나뭇잎 양탄자(부엽토)를 밟기도 한

다. 발바닥은 때로는 부드럽게, 때로는 돌부리로부터 강한 자극을 받는다. 온몸에서는 혈액순환이 원활하게 요동친다. 3.7㎞에 이르렀을 쯤 숲의 한 공간에는 돌로 울타리를 쌓은 사농바치터 흔적이 있다. 사냥꾼들이 한라산 숲속에서 사냥을 하다 잠시 쉬는 공동쉼터이다.

숲길 오른쪽으로는 이름도 알 수 없는 하천이 있다. 높은 절벽을 이루던 하천은 숲길 4㎞ 지점에 이르면 평평해지면서 도로와 맞물린다. 하천의 위쪽과 아래쪽의 높낮이 격차가 심하다. 1㎞ 남짓 거리를 두고 급격한 변화를 보이는 것이 특이하다. 하천 가운데에는 넓은 바위가 있다. 바위들이 펼쳐놓은 멍석처럼 넓게 깔려 있다. 일명 평상바위이다. 하천 가장자리에서 자란 나무들이 평상방위 위를 덮으며 숲터널을 이룬다. 더운 여름철 평상바위에 앉아 있는 것만으로도 심신의 피로가 저절로 사라질 것 같다.

넓고 평평한 하천의 평상바위

| 삼나무와 편백나무군락 |

편백나무들이 흐트러짐없이 하늘을 향해 일렬로 서 있다.

추억의숲길 가장 위쪽에는 삼나무군락이 있다. 한라산둘레길 중에 하나인 동백길과 만난다. 일제침략의 잔재인 병참로(하치마키)이다. 일제가 한라산에서 나는 표고버섯 등 임산물을 거둬들이기 위해 뚫어놓은 길이다. 이 길을 만들기 위해 얼마나 많은 천연림이 사라졌을까 생각하니 가슴이 아프다. 도로변에는 식재한 삼나무들이 무리 지어 울창하게 자라고 있다. 가장 큰 삼나무는 두 사람이 팔을 벌려 껴안아야 할 만큼 줄기가 굵다. 가까이에는 줄기껍질이 하얀색으로 보이는 이나무가 자라고 있다. 제법 크다. 주변을 둘러보니 여러 그루가 모여 있다. 동백길(병참로)을 따라 동쪽 방향으로 300m쯤 간다. 미끈하게 다듬어진 편백나무들이 마치 마을 어귀에 세워놓은 장승들처럼 하늘을 향해 흐트러짐 없이 곧추 서 있다. 휘어지거나 구부러진 것이 없다. 지나가는 행인을 위해 잠시 쉬어갈 수 있도록 평상도 몇 개 마련돼 있다. 평상에 잠시 앉아 들숨을 길게 들이 마신다. 나무 사이에는 태풍으로 넘어져 베어진 편백나무가 있다. 일정한 공간을 만들어주기 위해 간벌을 한 것 같다. 여러 토막을 낸 채 쌓여 있다. 덮인 눈을 헤집고 잘려진 줄기 부분에 코를 들이댄다. 짙은 피톤치드 향기가 코를 자극한다. 어느새 뇌로 전달돼 정신이 맑아진다.

| 동흥천과 검은오름 |

편백나무 숲길을 지나 동백길 표지판 21번에 와 있다. 무오법정사에서는 10.5km 지점이며 돈네코에서는 3km지점이다. 이 지점에는 한라산 산벌른계곡의 줄기인 동흥천이 흐른다. 1,700m 한라산 방애오름에서 발원한 거대한 하천이다. 중간에 영천과 합류하면서 돈내코 계곡을 지나 서귀포시 하례동 소재 예촌망(망오름) 옆 해안으로 빨려든다. 동백길과 만나는 동흥천 계곡에는 건너기 쉽도록 다리가 놓여 있다. 다리 바로 아래쪽 바위에는 물웅덩이가 있다. 바위 한 모퉁이로 물이 솟아나고 있다. 그래서인지 웅덩이에는 물이 항상 고여 있다. 더운 여름철에는 시원한 목욕을 즐길 수 있다. 물웅덩이 주변 바위를 깔개 삼아 간

추억의숲길 넘어 동백길과 만나는 동흥천 모습

단하게 준비한 간식을 꺼내 먹는다. 바위틈에 뿌리를 내리고 커가는 적송의 생명력에 놀란다. 그렇다고 마냥 눌러 앉을 수 없다. 오면 가고 때가 되면 떠나는 것이 나그네이다. 잠시 내려놓았던 배낭을 메고 길을 나선다. 이를 기점으로 왔던 길로 다시 돌아간다.

 되돌아가는 길에 검은오름을 방문한다. 6.4$km$ 지점에 있다. 옛날 서홍동 주민들이 마을 등지에서 한라산을 바라봤을 때 산봉우리가 마치 검은색처럼 솟아나 보였다는 데서 유래하고 있다. 현장을 직접 봤을 때는 형체가 없다. 경사지 등에는 천연림이 빽빽하게 자라고 있다. 옆에는 큰 계곡이 가로놓여 있다. 수백 년 동안 비·바람 등에 의한 침식작용으로 오름이 깎였다는 주장이 있다. 그럼에도 오름으로 가는 길은 넓고 평평하게 조성된 흔적들이 있어 지난날 도로였던 것으로 보인다. 일행은 갔던 길을 따라 되돌아 나온다. 내달리는 차 소리가 들린다. 출입구에 다가옴을 알린다. 어두워질 만큼만 비쳤던 조명은 환한 세상의 조명으로 바뀐다. 이렇게 해서 추억의숲길 치유탐방을 모두 마무리한다. 실제 걸은 거리는 4시간 20분에 걸쳐 11.6$km$이며 걸음 수는 20,704보이며 이로 인한 칼로리소모량은 728$kcal$이다. 이처럼 추억의숲길은 과거의 흔적을 찾아 나선 회상의 길이다. 그에 대한 감상을 그려본다.

  〈추억의숲길에서의 회상〉

  과거를 걷는 숲이 있습니다. / 서귀포시 서홍동 남쪽 / 왕복 11$km$ 3시간 30분 / 어두워질 만큼 커튼 드리우고 / 울퉁불퉁 흙돌길 넘어

/ 넓게 펼쳐놓은 평상바위 지나 / 삶의 여정으로 빨려 들어갑니다.

과거를 만나는 숲이 있습니다. / 앞선 세대들이 / 남겨놓은 삶의 터전 / 집터·말방아·통시·사농바치터… / 나무와 나무 사이로 걸었던 / 삼나무·편백나무 숲길 / 그 흔적 고스란히 남아 있습니다.

과거를 읽는 숲이 있습니다. / 처음과 끝 사이 / 사랑도·미움도·침묵도·떨림도… / 보일 듯 말 듯 잡힐 듯 말 듯 / 아련히 녹아 있는 / 지나 온 일에 대한 회상 / 하나씩 일으켜 세우고 있습니다.

나도 그 숲속을 거닐고 있습니다. / 지나왔던 그날 / 어린아이로 되돌아가 / 동홍천 흐르는 계곡물에 / 발가벗은 몸뚱이 맡기고 / 땅바닥에 내려앉아 / 달콤한 사탕 하나 물고 있습니다.

이제 과거를 받아 안고 있습니다. / 추억의숲길 숨소리 따라 / 들려오는 옛 이야기 / 내 마음에 젖어들어 / 깊은 울림으로 평온함이 넘쳐납니다.

### ▲ 참여자 소감

추억의숲길 치유탐방을 마친 후 참여자들이 느낀 소감을 설문조사를 통해 확인한 결과를 종합적으로 정리하면, 추억의숲길은 한라산 저고산지대 숲으로 둘러싸인 숲길 중에 백미이다. 인공이 가미되지 않는 원시 그대로이다. 오름처럼 오르고 내리는 것 없이 평탄하다. 나무들이 뿌려놓은 나뭇잎을 푹신푹신 밟고 걷는다. 때로는 불쑥 튀어나온 돌부리를 밟기도 한다. 벌써 봄이 온 듯 파릇파릇 피어난 겨울딸기가 땅바닥을 덮는다. 하천 따라 넓게 펼쳐진 평평한 바위가 인상적이다. 화전민이 살았던 흔적들이 있다. 자연 속에서 얻는 옛사람들의 여유로운 지혜에 공감이 간다. 박물관에서나 볼 수 있는 말방아를 숲속에서 볼 수 있어 신기하다. 돌을 이용한 다양한 생활문화가 깊숙이 배어 있다. 잣성에서부터 밭담, 집의 울타리, 돼지우리, 사농바치 터 등 돌이 쓰이지 않는 곳이 거의 없다. 잣성은 목축산업을 위한 국영목장 등의 경계표시이다. 숲속에는 조록나무 군락지가 있다. 북을 만드는 용도로 사용되었던 조록나무의 거목이 보인다. 북을 연상하면서 성삼문의 '사세가'가 뇌리를 스친다. "擊鼓催人命 : 북소리 둥둥 울려 사람 목숨 재촉하네 / 回頭日欲射 : 고개 들어보니 해는 뉘엿뉘엿 서산으로 넘어가네 / 黃泉無一店 : 저승가는 길엔 여인숙 하나 없다 하니 / 今夜宿誰家 : 이 밤을 어디에서 쉬다 갈까." 숲속을 벗어나면 삼나무 군락지와 편백나무 군락지가 으뜸이다. 흐트러짐 없이 곧게 뻗은 나무의 기상이 늠름하다. 삼나무 군락 한편에 직립성장형의 이나무가 자란다. 잎은 오동나무 잎처럼 커다랗다. 색깔은 곱지 않지만 단풍이 든다. 황칠나무도 숲속 사이사이에 자리 잡고 있다. 약용 등으로 이용되면서 사람들에게 많이 알려져 있다.

  탐방길 차가운 공기에도 날씨가 맑아 상쾌하다. 걸으면서 흘린 땀이 쉴 때면 금세 차가움으로 바뀐다. 숲속에서의 체온관리가 필요하다. 잘려진 편백나무 줄기에 코를 댄다. 짙게 뿜어져 나오는 피톤치드 향기가 정신적 안정감을 준다. 많이 걸어도 피곤하지 않다. 탐방 후 다음날 안경을 벗고 컴퓨터 작업을 해도 불편함을 못 느낀다.

## ▲ 치유적 시사점

　이번 치유탐방은 한라산 남쪽 저고산지대에 있는 추억의숲길을 소재로 한 영화 한 편을 감상한다. 추억의숲길 치유탐방코스를 보면 마치 씨앗이 땅속에서 발아해 어린 새싹으로 자라는 모양과 같다. 들머리는 뿌리부분이다. 옛집터와 사농바치터를 따라 줄기를 형성하고 있다. 삼나무와 편백나무 군락지로 도는 원형은 잎이다. 그렇게 자라는 새싹은 어른으로 커간다. 어린 생명에서 시작한 나무들이 아름드리만큼 자라고 있다. 이는 현재를 의미한다. 그러는 사이 수많은 추억이 만들어진다. 추억은 과거의 경험이다. 숲길 위에는 과거의 흔적들이 많다. 잣성을 비롯해 옛집터·통시·말방아·사농바치터 등이다. 검은오름도 마찬가지이다. 형체가 없다. 수백 년 동안 비와 바람 등 자연 침식작용으로 오름 모양이 사라졌다고 한다. 수많은 흐름 속에 사라지고 태어나고 또 사라진다. 이처럼 추억의숲길은 과거를 돌아보고 현재를 배우는 에너지가 흐르고 있다. 선조들이 그랬듯이 우리도 새 생명인 새싹에서 움터 추억을 만들며 살아가다 과거로 돌아간다. 그래시 추억의숲길은 새 생명처럼 활기를 되찾거나 재충전을 위한 치유력이 살아 숨 쉬고 있다.

# 큰노꼬메와 족은노꼬메

## ▲ 큰노꼬메와 족은노꼬메 현황

| 대표명칭 | 큰노꼬메 |
|---|---|
| 세 대 주 | 큰노꼬메부인(북서쪽 말굽형 굼부리) |
| 주 소 | 애월읍 유수암리 산138 |
| 시설규모 | 해발높이 833.8m / 건물높이 234m / 시설면적 923,692㎡ |
| 이웃시설 | 족은노꼬메, 궷물오름, 목장지대, 가족묘지, 夷죽을홈 |
| 특 징 | 제주시 서부지역 대표 오름, 경관, 가파른 경사, 움푹 팬 굼부리 |
| 대표명칭 | 족은노꼬메 |
| 세 대 주 | 족은노꼬메부인(북서쪽 말굽형 굼부리) |
| 주 소 | 애월읍 유수암리 산138 |
| 시설규모 | 해발높이 774.4m / 건물높이 124m / 시설면적 601,440㎡ |
| 이웃시설 | 큰노꼬메, 궷물오름, 백중제단, 궷물샘, 고사리밭, 상잣길 |
| 특 징 | 울창한 숲, 남쪽과 북쪽으로 도드라진 봉우리, 진지동굴 |

| 치유탐방코스 |

큰노꼬메 주차장(0km) → 목장지대(0.5km) → 큰노꼬메 정상(2.32km) → 족은노꼬메 정상입구 삼거리(2.82km) → 족은노꼬메 정상(3.32km) → 상잣길 교차로(5.32km) → 목장지대(6.32km) → 큰노꼬메 주차장(6.82km)

⇒ 제주시 서부지역 대표 오름이며 경관의 백미를 제공하는 오름

## ▲ 탐방지 날씨 및 실측정보

탐방일자  2017년 12월 27일    탐방인원  7명

탐방시간  09:35         종료시간  13:05

현장날씨  흐림 / 온도 8° / 체감온도 -1° / 습도 71% / 풍속 5m/s

실측현황

**걸은 거리**  6.82km    **걸은 시간**  3시간 30분(휴식시간 등 포함)

**만보기**  12,891보   **칼로리소모량**  510kcal    **난이도**  중

## ▲ 관찰된 주요 산림치유인자

| | |
|---|---|
| 생물 요소 | 서어나무, 단풍나무, 산딸나무, 사람주나무, 때죽나무, 졸참나무, 산뽕나무, 노루, 족제비, 오소리 등 |
| 오감 요소 | 오름 정상에서 보는 경관, 웅장한 한라산 모습, 푹 꺼진 굼부리 형태, 가르마처럼 갈라진 등성이 모양 등 |
| 지형 요소 | 오름 정상, 말굽형 굼부리, 큰노꼬메로 가는 가파른 계단, 목장길, 가족공동묘지, 길게 이어진 상잣길, 정상 등성이 등 |
| 기후 요소 | 매서운 날씨, 숨죽인 바람, 흐림 등 저고산지대 한겨울 날씨 |
| 심리 요소 | 탈출감, 해방감, 넉넉함, 포근함, 시원함, 광활함, 웅장함, 자신과의 대화, 자기 이해, 긍정적 사고 등 |
| 사회 요소 | 대화의 기회, 이해와 배려, 소통, 교감, 관계 형성, 넉넉한 마음 등 |

## ▲ 적절한 치유요법

- 오름 등성이와 가파른 계단을 오르고 내리며 걷는 유산소 운동요법
- 탁 트인 정상에서 자연의 아름다운 멋을 조망할 수 있는 경관요법
- 저고산지대 오름에서 자생하는 식생들을 관찰하며 배우는 지식요법

- 나무이름 등을 알아가며 그 내용들을 적어놓고 사진으로 남기는 기록요법
- 빼곡하게 둘러싸인 숲속을 걷거나 오름 정상에 앉아 생각에 몰입하는 명상요법
- 복잡하게 얽혀 있는 머릿속 문제들이 자연스럽게 풀리고 비우고 새롭게 채울 수 있도록 하는 정화요법
- 우거진 숲 사이 공간에 둘러앉아 잠시 쉬면서 각자 준비한 간식을 나눠 먹는 친교·식이요법
- 서로 함께 어울려 걸으며 마음을 열어놓고 교감하는 소통요법
- 가파른 계단이나 평평한 잣성길을 걸을 때 발바닥 자극으로 혈액순환을 원활하게 하는 지압요법 / 신진대사 촉진요법
- 추운 기온으로부터 얼굴 등 피부 마사지 자극을 받는 공기요법

### ▲ 산림치유 체험

큰노꼬메와 족은노꼬메는 제주 서부지역인 애월 저고산지대를 특징으로 하는 치유인자가 있는 곳이다. 마치 자매처럼 어울려 있는 이들 오름은 오름왕국의 제2도시에 있으며 서부지역 오름의 백미이다. 가파른 나무계단을 따라 큰노꼬메 정상에 올라서면 제주시 전역뿐만 아니라 웅장한 한라산 전경의 진수를 보여준다. 이와는 대조적으로 족은노꼬메는 오름 정상을 비롯해 대부분 지역이 울창한 숲으로 이뤄져 있다. 오름마다 느끼는 맛이 완전히 다르다.

12월 27일 7명의 일행은 예전과 마찬가지로 오전 8시 40분 제주

시 종합경기장에서 집결한다. 매서운 겨울날씨는 이번 탐방에서도 예외가 되지 않는다. 출발할 쯤에는 너무 추워 제대로 탐방이 이뤄질지 걱정이 앞선다. 그럼에도 탐방에는 큰 무리가 없을 것으로 판단한 일행은 평화로를 타고 산록서로를 넘어 큰노꼬메 주차장으로 발길을 옮긴다. 40분쯤 달려 주차장에 도착한 일행은 탐방계획을 세운다.

| 노꼬메 |

노꼬메는 큰노꼬메와 족은노꼬메가 합쳐진 이름이다. 이들은 자매와 같다. 서쪽에 있는 것이 언니이다. 언니는 동생보다 크고 웅장하다. 가파르다. 북서쪽으로 흘러내린 굼부리는 깊고 길다. 정상에는 나무 대신 억새와 조릿대들이 자란다. 정상에서 펼쳐지는 주변경관이 일품이다. 그래서 동적이다. 반면 동쪽에 있는 오름은 동생이다. 동생은 언니보다 몸집이 작고 둥그스름하다. 오름 대부분이 천연림으로 둘러싸여 있다. 그래서 포근하고 아늑하다. 언니와는 다른 정적이다. 이들 자매가 자리 잡은 북쪽으로는 산록서로가 뚫려 있다. 한라산 중턱을 가로지르는 산록도로 가운데 서쪽에 있어 산록서로라고 한다. 자매의 들머리는 모두 산록서로와 통한다. 목축업의 경계돌담인 상잣길(제주전역 10소장 가운데 5소장)이 이들 자매 구릉지 북쪽을 둘러싸고 있다. 그 사이에 말테우리(말을 돌보는 사람)들의 쉼터로 이용됐던 작고 나지막한 궷물오름이 있다.

| 큰노꼬메 |

일행은 주차장에 차량을 주차시키고 곧바로 큰노꼬메 들머리로 간다. 들머리로 이어지는 길목에는 목장지대가 놓여 있다. 평평한 목장지대에 서서 주위를 둘러본다. 웅장한 큰노꼬메 건물이 한 눈에 들어온다. 예사롭지가 않다. 북서쪽으로 푹 꺼지며 늘어진 굼부리가 강한 인상으로 남는다. 강렬했던 화산활동의 흔적이다. 들머리에는 정낭대신 놓여진 'ㄷ'자형 출입구가 있다. 왼쪽 기슭에는 가족공동묘지가 조성돼 있다.

큰노꼬메 부인이 빨리 오라고 손짓한다. 일행은 부인과 인사를 하고 정원으로 들어선다. 부인의 이름에 대해서는 명확하지 않다. 그래도 가장 그럴듯해 보이는 이름으로는 '높다'라고 하는 고고산高古山이

큰노꼬메 정상이 마치 미지의 세계로 들어가는 길처럼 보인다.

다. 부인은 애월읍 유수암리 산138번지에 산다. 해발 599.8m의 저고 산지대에 집을 지었다. 건물 높이는 무려 234m에 이른다. 1층당 3m로 치면 78층에 이른다. 말굽형 굼부리를 가진 오름으로는 가장 높다. 물론 원형 굼부리로는 어승생오름(350m)이며 복합형 굼부리로는 영실기암(389m)이다. 원추형으로는 산방산이 395m로 가장 높다. 높은 건물이다 보니 계단이 가파르다. 서쪽으로 난 길을 따라 오른다. 잘 정돈됐지만 돌계단이라 한 번에 오르기는 쉽지 않다.

부인이 가꾸고 있는 정원의 규모는 923,692$m^2$에 이른다. 비교적 넓다. 그곳에는 서어나무·단풍나무·산딸나무·사람주나무 등 다양한 나무들이 빼곡하게 자라고 있다. 조릿대도 바닥을 덮는다. 가는 길에 우연찮게 탐방로 가장자리를 본다. 경사진 곳에는 흙을 뒤집어쓴 하얀 얼음꽃이 촘촘히 피어 있다. 겨울 추운 맛이 느껴진다. 지친 나그네에게 잠시 쉬어가도록 중간에 평상이 마련돼 있다. 평상에 앉을 새 없이 옥상으로 내닫는다.

푹 꺼진 굼부리 때문에 옥상모양은 초승달처럼 한쪽으로 휘어진 곡선을 그리고 있다. 그렇게 많았던 나무들은 자취를 감추고 그 자리에는 억새들이 들어차 있다.

큰노꼬메 정상에 난 가르마길

큰노꼬메 정상에서 바라본 북쪽의 전경이 파노라마처럼 끝없이 펼쳐져 있다.

바람은 쉼 없이 불고 있다. 바람 방향에 따라 억새들이 비스듬히 누워 있다. 일어서려는 억새와 눕히려는 바람과의 싸움이 계속되고 있다. 옥상 등성이 중심에는 많은 사람들이 다녀갔는지 기다란 가르마가 나 있다. 정수리 끝까지 100여m쯤 돼 보인다. 옥상에 올라 처음 마주하는 것은 남쪽방향이다. 옥상보다 높은 곳에 위치해 상향공간의 자연미를 갖는다. 하얀 옷을 입은 웅장한 한라산 어머니가 화면을 가득 채운다. 얼굴은 구름으로 가려 보이지 않는다. 눈 덮인 치마부분만 드러나 있다.

이어지는 능선은 어승생오름뿐만 아니라 삼형제오름을 따라 그린 아치이다. 마치 흘러내린 어머니 치맛자락과 같다. 너무나 아름다워 무엇이라고 표현할 방법이 없다. 그냥 마음으로 느낄 뿐이다. 나무 편의시설이 있는 옥상 정수리에서 북쪽을 향한다. 광활한 하향공간을 따라 제주시 대부분 지역이 드러난다. 동쪽으로는 함덕 서우봉에서 시작해 서쪽 산방산과 군산이 발밑에 있다. 해안선을 따라 펼쳐진 쪽빛바다가 손에 잡힐 듯하다. 서쪽 가까이에는 바리메 등 많은 오름들이 줄지어 서 있다. 동쪽 코앞에는 작은 동생(족은노꼬메)이 서 있다. '큰노꼬메 전망대의 멋'에 대한 느낌을 그려본다.

### 〈큰노꼬메 전망대의 멋〉

가파른 비탈길 따라 / 가쁜 숨 몰아쉬며 / 높다고 하는 / 노꼬메에 오른다.

하늘과 땅 사이 / 234미터 꼭대기에 서서 / 사방을 둘러보다 / 나도 모르게 / 감탄사가 절로 난다.

만약 저곳이 / 아무것도 없는 / 공간이었다면 어땠을까?

만약 저곳이 / 높낮이 없는 / 평지였다면 어땠을까?

만약 저곳이 / 부드럽지 않은 / 직선이었다면 어땠을까?

만약 저곳이 / 딱딱하게 세워진 / 건물이었다면 어땠을까?

만약 저곳이 / 전등불빛 물든 / 비색이었다면 어땠을까?

그런데, 그 어디에도 / 더하거나 덜함 없이 / 있어야 할 곳에 / 있을 만큼만 있기에

저 초자연적인 멋을 / 정신없이 사랑하다 / 영혼까지 뺏긴다.

파노라마처럼 펼쳐진 전경을 시간 가는 줄 모르게 바라본다. 그리고 아쉬운 발길을 옮긴다. 동쪽으로 난 가파른 나무계단을 탄다. 나무계단은 동생 집과 연결돼 있다. 경사가 심해 혹시 넘어지지 않을까

가슴이 두근두근 거린다. 한발 한발 조심스럽게 계단을 밟는다. 마지막 계단을 밟자마자 곧바로 동생과 마주한다.

| 족은노꼬메 |

족은노꼬메(동생)는 큰노꼬메(언니)의 밑부분과 연결돼 있다. 가파른 계단을 벗어나면 곧바로 사거리가 나온다. 남쪽으로는 고사리밭을 거쳐 족은노꼬메 남쪽 기슭 둘레를 돌아 궷물오름 주차장으로 가는 길이다. 북쪽 길은 궷물오름 주차장으로 이어진다. 동쪽 길은 족은노꼬메 정상으로 간다. 한 울타리에서 같은 이름을 갖고 있기에 자매이다. 그렇지만 한 집안을 거느리는 여성 가장의 위치에서는 영락없는 부인이다. 족은노꼬메 부인도 애월읍 유수암리 산138번지에 주소를 두고 있다. 건물은 해발 650.4m에 있다. 높이는 124m이다. 언니의 집보다 110m나 낮다. 가꾸고 있는 정원은 601,440$m^2$이다. 이 또한 언니의 정원보다 작다. 그렇지만 동생은 정원 전체를 숲으로 가꾸고 있다. 빼곡하게 들어 찬 나무들이 아늑함을 자아낸다. 건물 옥상은 가운데가 움푹 파여 있다. 마치 따뜻한 방을 꾸미려다 실패한 것처럼 보인다. 남북으로 터져 있어 방으로서의 기능이 떨어진다. 대신 동서쪽에는 두 개의 등성이가 솟아 있다. 동쪽 등성이는 말안장처럼 움푹 들어간 형상이다. 서쪽 등성이 기슭에는 깊은 골짜기가 있다. 이곳에서 발원한 수산천은 금덕리와 장전리를 거쳐 수산저수지로 들어간다.

일행은 족은노꼬메 부인 건물옥상으로 올라간다. 건물은 그리 높지 않아 경사지 또한 가파르지 않다. 경사지를 오를 때 잠시 한라산

족은노꼬메 정상 중간지점에서 바라본 한라산의 눈 덮인 모습

어머니를 본다. 상체를 가렸던 구름은 사라지고 하얀 눈옷으로 차려입은 모습이 아름답다. 몇 번이고 휴대폰을 누른다. 추웠던 날씨마저 언제 그랬냐는 듯이 자취를 감춘다. 포근하다. 자연의 경외감에 다시 한 번 고개를 숙인다. 옥상을 넘어 내려간다. 나무 사이사이로 난 길을 따라 걸음을 재촉한다.

| 상잣길 |

어느새 기슭의 상잣길과 마주한다. 이곳의 잣성은 조선시대 말을 방목했던 탐라 전지역 10소장 가운데 5소장이 있던 곳이다. 5소장 지역은 애월읍 유수암리를 비롯해 소길리와 장전공동목장까지 이어진다. 관련 논문에 따르면 잣성은 각 소장의 위치에 따라 크게 하잣성·중잣성·상잣성으로 나눈다. 하잣성은 말들이 농경지에 들어가 농작물을 해치지 못하도록 하기 위해 둘러싼 돌담이다. 해발 150~250m

노꼬메 북쪽을 두른 상잣길 모습

고지 일대에 위치한다. 상잣성은 말들이 한라산 산림지역으로 들어가 얼어 죽는 것을 막기 위해 둘러싼 돌담이다. 해발 450~600m고지에 있다. 중잣성은 하잣성과 상잣성 사이 경계의 표시를 위해 쌓아 놓은 돌담이다.

이곳의 상잣길은 족은노꼬메에서 큰노꼬메 입구까지 2.6km에 이른다. 노꼬메 자매의 북쪽 기슭을 감싸고 있다. 상잣길은 굴곡이 거의 없는 목장길이다. 상잣길을 따라 걷다보면 '이(夷)죽을홈'이라는 곳이 있다. 큰노꼬메 굼부리 하단 기슭에 있다. 이죽을홈은 '오랑캐가 죽은 홈'이라 하여 붙여진 이름이다. 조선시대 왜적들이 제주에 들어와 약탈을 일삼는다. 그런데 어느 날 풍랑을 만나 돌아가지 못한 일당이 제주 장정들에게 발각되자 노꼬메 기슭으로 도주한다. 저녁이 돼 이곳에서 연기가 나는 것을 본 장정들은 무장을 하고 이곳을 급습해 이들을 몰살시킨다.

현장을 직접 둘러본다. 넓고 평평한 곳에는 과거 흔적은 없고 크게 자란 나무와 잡풀들만 무성하다. 다시 큰노꼬메 주차장으로 돌아간다. 그리고 오늘의 모든 일정을 모두 마무리한다. 차를 타고 돌아오는 길에 새삼스럽게 공자의 말씀이 떠오른다.

'君子 和而不同이요, 小人 同而不和이니라.'(군자는 화합하되 뇌동하지 않듯이 자기의 중심과 원칙을 잃지 않지만 소인은 뇌동만 하고 화합하지 못하듯이 같아지기는 하되 어울리지 못한다.)

이렇게 해서 실제 걸은 거리는 3시간 30분에 걸쳐 6.82$km$를 걸었으며 걸음 수 12,891보에다, 이로 인한 에너지 소모량은 510$kcal$이다.

### ▲ 참여자 소감

큰노꼬메와 족은노꼬메 치유탐방을 마친 후 참여자들이 느낀 소감을 설문조사를 통해 확인한 결과를 종합적으로 정리하면, 큰노꼬메 정상에서 바라보는 전경은 경이롭다. 바다와 오름, 눈 덮인 장엄한 한라산에 매료된다. 적설 위에 도도히 떠 있는 구름무리가 백록담을 껴안고 있다. 한라산의 깊은 골짜기에도 하얀 눈이 쌓여 선명하게 드러난다. 바다 쪽 하향공간으로 눈을 돌린다. 동쪽으로 함덕 서우봉, 서쪽으로 산방산과 군산이 서 있다. 많은 오름들이 앞서거니 뒤서거니 줄지어 서 있다. 해안선으로 둘러싸인 바다는 에메랄드빛을 발산한다. 호수처럼 보이는 비닐하우스 무리들이 저마다의 공간을 채우고 있다. 도시 아파트들이 군집을 이루고 있다. 동쪽 가까이에 있는 족은노꼬메는 아담한 정원 같다. 이 모든 것이 한 폭의 그림이다. 족은노꼬메 정상 중간지점에서 또다시 한라산을 본다. 덮였던 구름이 걷힌다. 그리고 하얗게 드러난 한라산의 완전체는 환상 그 자체이다. 백설공주가 나타나 인사할 것 같다. 가파른 경사지 가장자리에는 추워야 보여주는 얼음꽃이 흙을 뒤집어쓴 채 섬세하게 피어난다. 밟으면 '보삭보삭' 소리 나는 꽃이다. 북쪽으로 둘러싼 상잣길 또한 노꼬메의 멋을 뽐내는 데 한 몫 한다. 이렇게 노꼬메는 일행들에게 행복감을 안겨준다. 그리고 긍정적인 사고, 정신적 안정감, 잔잔한 감동, 훈훈한 마음 등을 솟게 한다. 2017년 한 해 동안 쌓인 스트레스가 한방에 날아간다. 가파른 경사지는 체력을 강화시킨다. 다소 힘에 부치기도 했지만 예전보다 덜하다. 폐활량이 좋아지는 느낌이다.

개선할 사항으로는 큰노꼬메를 넘고 족은노꼬메 정상을 돌아 하산하는 마지막 기슭에는 잣성길과 연결되는 여러 갈래의 길이 있다. 그런데 이 지점에는 주차장으로 가는 안내표시가 없다. 초행길인 경우 길을 잘못 들 수 있어 안내판 설치가 필요하다. 이와 함께 탐방을 시작할 때에는 간단한 스트레칭을 하는 것이 도움이 될 것으로 보인다.

### ▲ 치유적 시사점

이번 치유탐방은 제주시 서부지역 최대 오름 군락지이며 오름왕국 제2의 도시에 위치한 큰노꼬메와 족은노꼬메를 소재로 한 영화 한 편을 감상한다. 읍·면·동 단위로는 애월읍 지역이 가장 많은 50개의 오름을 거느리고 있다. 또한 큰노꼬메는 말굽형 굼부리 오름 중에 가장 높은 비고(오름의 높이)를 자랑한다. 이처럼 큰노꼬메-족은노꼬메는 자매관계이다. 언니와 동생의 성격은 대조적인 만큼 지형적 특징 또한 다양하다. 언니의 특징은 높고, 크고, 가파르고, 웅장하고, 스케일이 크다. 오름 전망대는 용진각 현수교처럼 아슬아슬하고 짜릿짜릿하다. 그러면서도 평 뚫린 공간을 제공한다. 가파른 계단 또한 에스컬레이

터를 타고 내리는 것과 같다. 그래서 동적이다. 반면 동생의 특징은 낮고, 작고, 섬세하고, 숲으로 우거져 있어 포근하고 고요하다. 스케일이 작다. 그래서 정적이다. 그러면서도 이들 자매는 하나로 이어져 있다. 기슭 끝에서 손을 맞잡고 있다. 서로 부족한 것은 채워주며 의좋게 살고 있다. 자매애가 돈독하다. 그래서 큰노꼬메와 족은노꼬메 치유코스는 조화의 에너지가 흐르고 있다. 부족한 것을 채워준다. 외롭지 않게 서로 도와준다. 이는 서로 어긋나거나 부딪힘 없는 어울림이 있다. 마치 겸용병포(兼容幷包 : 모든 것을 아울러 함께 다 포용한다)와 같다. 노꼬메 자매는 그렇게 의연하고 당당하다. 누구와도 잘 어울릴 수 있는 협력과 조화의 치유력이 살아 숨 쉬고 있다.

## 사려니숲길과 물찻오름

### ▲ 물찻오름 현황

| 대표명칭 | 물찻오름 |
|---|---|
| 세 대 주 | 물찻부인 (원형 굼부리) |
| 주 소 | 조천읍 교래리 산137-1 |
| 시설규모 | 해발높이 717m / 건물높이 150m / 시설면적 744,401$m^2$ |
| 이웃시설 | 사려니숲길, 삼나무숲, 임도, 천미천, 새왓내숲길, 말찻오름, 온대산림 등 |
| 특 징 | 물찻오름 산정호수(바깥둘레 1,000m, 수심 1.2m), 전망대, 휴식년제, 호수 덮인 원시림 등 |

| 치유탐방코스 |

남조로 사려니숲길 입구(0km) → 월든삼거리(3.6km) → 물찻오름(5.4km) → 천미천(8.8km) → 새왓내숲길(9.85km) → 절물 사려니숲길 안내소(10.35km)

### ▲ 탐방지 날씨 및 실측정보

탐방일자  2018년 1월 31일    탐방인원  5명

탐방시간  10:25             종료시간  13:40

현장날씨  흐림 / 온도 5° / 체감온도 3° / 습도 64% / 풍속 1m/s

실측현황

**걸은 거리** 10.35km  **걸은 시간** 2시간 27분(휴식시간 등 제외)

**만보기** 16,482보  **칼로리소모량** 566kcal  **난이도** 하

## ▲ 관찰된 주요 산림치유인자

| | |
|---|---|
| 생물 요소 | 삼나무, 서어나무, 개서어나무, 단풍나무, 산딸나무, 산뽕나무, 꽝꽝나무, 노루, 박새, 까마귀, 딱따구리 등 |
| 오감 요소 | 30cm정도 덮인 적설의 깨끗함, 나뭇가지에 내려앉은 눈의 무게, 裸木 뒤로 드러난 물찻오름의 전경 등 |
| 지형 요소 | 평평하게 뻗은 숲길(임도), 숲길에 가로놓인 천미천, 숲길 따라 도열한 삼나무숲, 봉긋한 물찻오름 등 |
| 기후 요소 | 강추위 지난 후의 포근한 날씨, 30cm 덮인 설국의 숲길, 도로 가장자리에 쌓인 눈 등 저고산지대 한겨울 날씨 |
| 심리 요소 | 탈출감, 해방감, 포근함, 상쾌함, 순수함, 깨끗함, 인내심, 정직함, 자유로움, 자신과의 대화, 자기 이해, 긍정적 사고 등 |
| 사회 요소 | 대화의 기회, 이해와 배려, 소통, 교감, 관계 형성, 넉넉한 마음, 추억의 회상 등 |

## ▲ 적절한 치유요법

- 30cm 성도 눈 덮인 숲길을 푹푹 빠지면서 걷는 유산소 운동요법
- 적설 숲길에서 날숨과 들숨의 호흡조절작용을 통해 심폐기능을 증진시키는 호흡요법
- 수북이 쌓인 눈의 무게를 이기지 못해 축 늘어진 나뭇가지의 다양한 모양 등 흰 눈과 만물이 엮어지면서 기묘하게 연출한 것을 바라보는 경관요법
- 일정한 코스를 따라 동일하게 다니는 사람의 길과는 다르게 숲속

이곳저곳으로 나 있는 노루의 길을 보며 다름을 배우는 해량요법
- 저고산지대 숲길에서 자생하는 기묘하게 생긴 나무 등을 관찰하며 배우는 지식요법과 사진으로 남기는 기록요법
- 복잡하게 얽혀 있는 머릿속 문제들이 자연스럽게 풀리고 비우고 새롭게 채울 수 있도록 하는 정화요법
- 서로 함께 어울려 걸으며 마음을 열어놓고 교감하는 소통요법
- 수북이 쌓인 눈 위에 누워 땅의 기운과 높은 하늘의 기운을 얻는 와설臥雪요법

### ▲ 산림치유 체험

사려니숲길과 물찻오름은 제주 동부지역 저고산지대를 특징으로 하는 치유인자가 있는 곳이다. 전국적으로 널리 알려진 사려니숲길은 신성한 길이다. 도종환 시인은 '신역으로 뻗은 길'이라고 표현한다. 5명의 일행은 1월 31일 아침 8시 40분 여느 때와 마찬가지로 종합경기장에 모여 목적지로 출발한다. 일행이 탄 차량은 제주시 봉개동을 경유해 번영로와 남조로를 따라 붉은오름자연휴양림으로 달린다. 1시간쯤 걸려 도착한 일행은 폭설로 인한 휴양림의 탐방통제 소식에 어쩔 수 없이 치유탐방계획을 인근에 있는 사려니숲길로 수정한다. 지난주에도 강추위 폭설로 탐방계획이 전면 취소되는 등 변덕스런 날씨는 일행의 순조로운 탐방을 허락하지 않는다. 유난히 심한 강추위 폭설이 올해는 더 심한 것 같다.

| 사려니숲길 |

　해발 500~600m 저고산지대에 위치한 사려니숲길은 흰 눈으로 덮여 색다른 분위기를 자아낸다. 눈에 묻힌 숲길은 모든 것이 감춰져 있어 본래의 모습은 보이지 않는다. 그럼에도 숲길은 울창한 나무 숲 속에 있는 넓고 깊은 길이다. 붉은 송이를 깔아 놓거나 시멘트로 포장된 길이다. 완만하고 평탄해 누구나 부담 없이 다닐 수 있는 길이다. 비자림로 입구에서 서귀포시 남원읍 한남리 소재 사려니오름까지 15km에 이른다. 그러나 이 구간은 특정한 날만 개방한다. 365일 연중 개방한 구간은 비자림로 입구에서 남조로 붉은오름 입구까지 10km이다.

　숲길 따라 좌우로 울창하게 자란 천연림이 빽빽하게 들어차 있다. 기묘하게 생긴 나무들이 멋을 부린다. 졸참나무·서어나무·개서어나무·산딸나무·때죽나무·단풍나무·산뽕나무 등 전형적인 온대산림이다. 거기에다 조림된 삼나무가 대단위 군락을 이뤄 이색적이다. 주변에는 많은 오름들이 한라산을 기준으로 도열해 있다. 가장 대표적인 물찻오름을 비롯해 말찻오름·궤펜이오름·사라오름으로 이어지는 능선줄기이다. 계곡도 경유한다. 도내에서 가장 긴 천미천이 통과하고 있다. 그래서 이 지역 역시 유네스코 생물권보전지역에 포함돼 있다. 이뿐만이 아니다. 이 숲길은 농경사회의 산림목축문화를 형성했던 임도이기도 하다. 숲속 곳곳에는 말을 키웠던 잣성, 숯을 만들었던 숯가마터 흔적이 남아있다.

　사려니숲길에서 '사려니'는 '살안이' 혹은 '솔안이'라고 부른다. 여기에 쓰인 '살' 혹은 '솔'은 신성한 곳을 의미한다. 그래서 '신령스러운'이라는 뜻으로 풀이된다. 신성한 생명의 숲길이다. 도종환 시인도 '사려니숲길'이라는 시를 통해 말하고 있다. 전문을 옮긴다.

〈사려니숲길 / 도종환〉

어제도 사막 모래언덕을 넘었구나 싶은 날 / 내 말을 가만히 웃으며 들어주는 이와 / 오래 걷고 싶은 길 하나 있으면 얼마나 좋을까

나보다 다섯 배 열 배나 큰 나무들이 / 몇 시간씩 우리를 가려주는 길 / 종처럼 생긴 때죽나무 꽃들이 오리 십리 줄지어 서서 / 조그맣고 짙은 향기의 종소리를 울리는 길 / 이제 그만 초록으로 돌아오라고 / 우리를 부르는 산길 하나 있으면 얼마나 좋을까

용암처럼 끓어오르는 것들을 주체하기 어려운 날 / 마음도 건천이 된지 오래인 날 / 쏟아진 빗줄기가 순식간에 천미천 같은 개울을 이루고 / 우리도 환호작약하며 물줄기를 따라가는 날

나도 그대도 단풍드는 날 오리라는 걸 / 받아들이게 하는 가을 서어나무 길 / 길을 끊어놓은 폭설이 / 오늘 하루의 속도를 늦추게 해준 걸 / 고맙게 받아들인 삼나무 숲길 / 문득 짐을 싸서 그 곳으로 가고 싶은 / 길 하나 있으면 얼마나 좋을까

한라산 중산간 / 신역으로 뻗어 있는 사려니숲길 같은

이처럼 시인은 사려니숲길을 신성한 길로 여기고 있다. 일상생활의 무거운 짐을 풀어놓을 수 있는 숲길이 바로 사려니숲길임을 말하

고 있다. 사려니숲길 같은 길을 자신에게도 있었으면 좋겠다는 뜻을 담고 있다.

| 삼나무숲과 월든삼거리 |

사려니숲길 치유탐방 출발지는 남조로와 접한 입구이다. 10㎞를 걸어 절물 비자림로와 마주하는 곳으로 나올 예정이다. 입구는 비교적 혼잡하다. 주차된 차량은 물론 푸드트럭들이 있다. 이른 아침이라 그런지 문은 닫혀 있다. 쌓인 눈이 차량 바퀴를 감싸고 있다. 미끄러질 듯 기우뚱거리며 숲길로 들어선다. 우리보다 먼저 길을 나선 사람들이 삼삼오오 눈에 띈다. 모두 눈이 주는 기쁨에 신이 난 듯하다. 푹푹 꺼지는 눈 위를 걸어 끝까지 갈 수 있을까 하는 걱정이 앞선다. 올

삼나무숲 가지 위에 수북이 쌓인 눈꽃이 장관이다.

해 겨울은 유난히 눈꽃을 자주 본다.

들머리에서 3.6km쯤 떨어진 곳에 월든삼거리가 있다. 월든삼거리는 남조로로 가는 길과 사려니숲길로 가는 길, 물찻오름으로 가는 길의 교차지점이다. 일행이 지나왔던 사이에는 50년쯤 돼 보이는 꼿꼿한 삼나무숲이 있다. 푸른 나뭇잎 위로 하얀 눈꽃이 핀다. 눈꽃이 얼마나 무거운지 가지가 축축 늘어진다. 한 줄로 늘어선 삼나무를 따라 나뭇가지를 부여잡은 눈꽃들이 장관이다. 바람이 살짝 스친다. 작은 흔들림에도 눈꽃이 우수수 떨어진다. 하얀 꽃가루가 흩날린다. 수정을 위해 흩어지는 꽃가루와 같다. 쌓인 눈을 헤집고 나간다. 숲길 한가운데에는 다니기 좋게 눈길이 나 있다. 눈길을 벗어난 가장자리나 숲 쪽에는 50cm 넘게 쌓인 곳도 있다. 무릎 위까지 푹푹 들어간다. 월든삼거리에 마련된 정자에 잠시 앉아 준비한 간식으로 추운 몸을 녹인다. 지체할 시간 없이 또다시 이동한다. 삼나무숲을 벗어난다.

곧이어 천연림 숲이 눈에 들어온다. 비자림로 출구까지 삼나무 조림지는 많이 없다. 대부분 자연림이다. 그래서인지 가수기목佳樹奇木이다. 아름다우면서도 기묘하게 생긴 나무들이 도열해 있다. 옷을 벗는다. 채울 공간이 없다. 눈꽃이 나뭇가지에 피지 못하고 바닥으로 낙하된다. 헐벗은 나무와 하얀 바닥이 멋들어진 조화를 이룬다. 앙상한 가지 사이로 모든 것이 드러난다. 감출 것이 아무것도 없다. 비워야 다음이 있음을 말하고 싶은 것일까?

발가벗은 나뭇가지 사이로 물찻오름이 보인다.

| 물찻오름 |

천연림 숲을 따라 가는 길 오른쪽으로 불쑥 솟은 오름 하나가 나뭇가지들 사이로 들어온다. 하얀 색으로 옷을 입혀 형체가 뚜렷하다. 사려니숲길의 대표적 오름인 물찻오름이다. 굼부리에는 산정호수가 있다. 물은 늘 고여 있다. 그래서 한자명은 수성악水城岳이다. 해발높이가 717m, 오름높이가 150m에 이른다. 인접한 곳에는 말찻오름이 있다. 이곳은 말들이 놀았던 오름이라고 해서 마성악馬城岳이다. 물찻오름을 중심으로 백록담 방향으로는 궤팬이오름이 있다. 그 위쪽으로는 성널오름과 사라오름으로 이어지는 오름능선 줄기이다.

물찻 부인은 기슭을 따라 지나가는 일행에게 먼 거리에서 인사의 손짓을 한다. 그러나 갈 수 없다. 탐방이 허용되지 않고 있기 때문이다. 보호를 위해 휴식년제를 실시하고 있다. 1년에 한 번 행사가 있는 특정한 기간에만 개방한다. 먼발치에서 인사만 한다. 필자는 2016

년 6월 10일 직접 만난 적이 있다. 그 때의 생각을 더듬어본다. 부인의 건물은 서북쪽으로는 비교적 완만하고 동남쪽으로는 급경사를 이룬 모양이다. 건물 옥상 조금 아래에 방이 있다. 바깥둘레가 1천m이다. 방은 물이 고인 연못이다. 수심은 1.2m에 이른다. 연못 위에는 울창한 천연림이 돔 모양처럼 둘러 있다. 바람이 들어와 머물 수 없다. 검푸른 색의 물을 보면서 신비함마저 든다.

〈물찻오름의 심성〉

숲속 높은 꼭대기 / 웅장한 굼부리에 / 괴어 있는 검푸른 물 / 오랜 세월 지나도 / 마르거나 넘치지 않고 / 청정함 이어져 오는 것은 / 누구의 힘입니까?

비가 오나 가뭄이 드나 / 늘 고르고 일정한 양 / 개구리·뱀·붕어… / 찾아오는 벗들에게 / 조건 없이 내어주는 / 아름다운 마음은 / 누구의 정입니까?

비탈진 벼랑 곳곳 / 울창하게 자란 생명들 / 짙푸른 신선함 모아 / 서로 서로 도우며 / 거대한 돔지붕 엮어 / 깨끗하게 보호하려는 것은 / 무슨 연유입니까?

울퉁불퉁 비좁은 비탈길 / 님 보러 가고 올 때 / 붐비는 너와 나 사이 / 넘어지고 미끄러지고 / 어깨 부딪혀도 / 오히려 미소로 화답하는 것은 / 누구의 배려입니까?

물도 오래 괴면 썩는다는 / 만고의 진리는 / 욕심 많은 인간세상에서나 / 쓸 수 있는 말이라고 / 물찻오름 연못이 / 속삭이듯 건 내는 울림 / 당신의 마음속에서는 / 어떻게 들리십니까?

이처럼 아무리 오래시간 고여 있어도 썩지 않고 남아 있다는 것은 정화작용이 얼마나 잘 되고 있는지를 보여주고 있다. 신성하지 않을 수 없다. 김종철은 '오름나그네'에서 물찻오름을 '신령스런 오름'이라고 말하고 있다.

| 흰 눈에 찍힌 발자국 |

일행은 물찻 부인과의 상봉을 미룬 채 헤어진다. 아쉬움을 기념사진으로 대신한다. 그리고 가던 길을 계속 간다. 눈 덮인 길 위를 본다. 다양한 발자국이 눈 위에 남아 있다. 누가 어디에서 와서 어떻게 다녀갔는지 뚜렷하다. 그 중에서 사람 발자국과 노루 발자국이 선명하다. 노루 발자국이 여기저기 나 있다. 이곳은 노루가 사는 숲이다. 이 날도 새끼노루가 눈을 털어내며 꽝꽝나무 잎을 뜯어먹고 있다. 그런데 사람과 노루가 다녔던

꽝꽝나무에 쌓인 눈을 헤집고
나뭇잎을 뜯어먹는 새끼 노루

발자국 길은 서로 교차되고 있다.

　사람 발자국은 먼저 다녀간 사람의 발자국을 따라 모두 같은 길을 따라 간다. 그래서 한 줄로 이어진다. 반면 노루 발자국은 숲속에 나와서 사람이 다녀간 길과 교차하면서 다시 반대편 숲속으로 들어간다. 가는 길은 모두 다르다. 누군가 앞서 갔던 길을 다시 쫓아가는 법이 없다. 각개약진이다. 각자의 생각에 따라 자유롭게 가고 싶은 길을 만들어 간다. 그래서 노루의 길은 모두 새 길이다. 자유로움을 최고의 가치로 여기고 있다. 반면 사람은 쉽고 편한 것을 우선의 가치로 두고 있다. 이런 차이점 속에서도 눈 덮인 숲길은 고요하다. 날씨마저 포근하다. 걷는 기분이 즐겁다.

| 천미천 |

　일행은 어느덧 비자림로와 연결된 출구를 향해 다가가고 있다. 숲속 하천에 고가도로처럼 보이는 도로가 하나 있다. 계곡이 넘쳤을 때 다닐 수 있도록 만들어놓은 것이다. 이 하천이 천미천이다. 사려니숲길을 가로지르고 있다. 하천은 한라산 해발 1,400m 어후오름 일원에서 발원해 200m까지 서쪽과 동쪽으로 방향을 바꾸며 흐르다. 그리고 본류는 또다시 북서쪽에서 남동쪽으로 흘러 표선 바닷가로 나간다. 굽이굽이 돌고 돌아온 하천은 제주에서 가장 길다. 무려 25.7$km$에 이른다. 물이 흐르는 유역면적은 126.14$km^2$이다. 하천 굴곡이 심한 것은 여기저기 산재한 오름들 영향이 크다. 실제 40여 개의 오름들이 계곡 가까이에 있다. 그러다 보니 나뭇가지 형태의 작은 지류만도 60개에

사려니숲길를 가로지르는 천미천에 설치한 고가도로

이른다.

　어느덧 일행은 비자림로와 연결된 사려니숲길 안내소에 도착한다. 사려니숲길은 2011년 산림청 등이 공동주최한 제12회 아름다운 숲 전국대회에서 공존상을 수상하기도 한다. 눈꽃은 비자림로 가장자리를 따라 꼿꼿하게 줄지어 서 있는 삼나무 위에도 흐드러지게 피어 있다. 즐거운 탐방을 축하해주는 것 같다. 그렇게 해서 실제 걸은 거리는 2시간 27분에 걸쳐 10.35$km$를 걸었으며 걸음 수는 16,482보이다. 이로 인한 에너지 소모량은 566$kcal$이다.

### ▲ 참여자 소감

　사려니숲길 치유탐방을 마친 후 참여자들이 느낀 소감을 설문조사를 통해 확인한 결과를 종합적으로 정리하면, 이번 탐방은 백설로 뒤덮인 겨울왕국의 숲길이다. 처음부터 끝까지 수북이 쌓인 적설이 안내한다. 삼나무 등 나뭇가지마다 다양한 눈의 모양은 오직 신만이 그릴 수 있는 그림이다. 외국의 숲에서나 볼 수 있는 설국이다. 사람얼굴이 모두 다르듯이 나무·돌의자 등 곳곳에 쌓인 모양도 무엇 하나 같은 것이 없다. 동물의 모양을 연상케 한다. 한 덩어리 백설기 같기도 하다. 때로는 쌓인 눈이 푹신푹신한 솜이불 같아 눕고 싶다. 아슬아슬하게 매달려 있는 나뭇가지 위의 덩어리 눈이 바람의 흔들림에 툭하고 떨어지며 흩날리다 남김없이 사라진다. 나뭇가지 사이로 보이는 물찻오름이 각도에 따라 다양한 모양을 연출한다. 추위에도 아랑곳없이 집을 짓고 먹이를 찾는 딱따구리와 박새의 생존본능을 본다. 먹이를 찾는 노루의 어려움도 느낀다. 눈 위에 떨어진 씨앗은 제대로 싹을 틔울지 걱정 아닌 걱정을 한다.

  설국의 깨끗한 숲길을 걸으면서 시각적으로 하얀 적설이 인상적이고 뽀드득뽀드득 눈 밟는 소리, 박새와 까마귀 지저귀는 소리가 청각을 자극한다. 청아한 공기흡입은 후각을 통해 가슴을 시원하게 한다. 치유적인 측면에서는 눈 속에서 산림욕을 제대로 한 기분이다. 묵은 감정, 웅어리진 감정, 편협했던 생각을 눈 속에 떨어내 머릿속이 차분하고 깨끗하고 상쾌하다. 마음이 여유롭다. 평온하고 아늑하고 안정적이다. 폭폭 빠지는 힘겨운 걸음이 인내심을 키운다. 길을 걸을 때는 힘이 들기도 한다. 누구나 견해차가 있어 숲속을 걸으면서 서로 다름을 인정하는 지혜를 배운다. 개선사항으로는 가능한 함께 행동하는 것이 필요하고 치유 또는 현장 중심의 이야기가 병행됐으면 좋을 것 같다.

### ▲ 치유적 시사점

 이번 치유탐방은 누구나 쉽게 걸을 수 있는 평탄한 동부지역의 대표적인 숲길인 사려니숲길을 소재로 겨울영화 한 편을 본다. 본래 15㎞의 숲길은 'S'자 모양의 길이다. 산림보호 등을 이유로 일부 지역의 탐방이 통제되고 있다. 대신 'L'모양의 10㎞ 구간 숲길을 조성해 개방하고 있다. 사려니숲길은 '사려니'라는 이름에서처럼 신성스러움을 갖고 있다. 절물 인근 비자림로에서부터 웅장함을 자아낸다. 늠름한 삼나무 장승들이 바자림로 가장자리를 일렬로 도열해 찾아오는 나그네를 맞이한다. 예우를 받으며 사려니숲길에 들어서면 길가로 도열한 천연림이 돔을 이룬 듯 둥그렇게 숲길을 감싼다. 봄·여름·가을·겨울 가릴 것 없이 나름의 멋을 뽐내며 기쁨을 선사한다. 그리고 천미천이 숲길을 가로질러 흐른다. 도내에서 가장 긴 하천이다. 서쪽에서 동쪽으로, 다시 북서쪽으로, 또다시 남동쪽으로 흐른다. 그럼에도 하류로 가면 유역이 넓어, 상수도시설이 여의치 않았던 시절에는 지역주민들의 최대 식수원이 되었던 곳이기도 하다.

 4.6㎞ 지점에 이르면 꺾어지는 'L'자형 부분이 있다. 'L'자형 바깥쪽으로는 성판악으로 나갈 수 있는 숲길이다. 안쪽으로는 물찻오름이 자리하고 있다. 이 오름의 남서쪽 방향(위쪽)으로는 궤팬이오름-물오름-성널오름-사라오름으로 이어지고 남동쪽 방향(아래쪽)으로는 말찻오름-붉은오름-대록산-따라비오름-영주산-남산봉으로 이어지는 오름 능선줄기의 중심이다. 물찻오름 옆으로 제주시와 서귀포시를 구분 짓는 경계선이 놓여 있다. 물찻오름은 산정호수를 간직한다. 아

직까지 마르지 않는 연못이다. 물찻오름과 이어진 능선줄기 최상층부에 있는 사라오름도 산정호수를 품고 있다. 그러나 이곳의 물은 마른다. 'L'자형 곡선을 돌아 6.4km 지점에는 월든삼거리가 있다. 이곳에서부터 한남리 소재 사려니오름으로 가는 숲길이다. 산림보호를 위해 통제되고 있다. 이 구간이 신역의 길이라고 할 수 있을 정도로 음습(안개 낀 날)하고 고요하고 적막감을 자아낸다. 서중천은 이 구간을 가로질러 흐른다.

이처럼 사려니숲길은 누구나 공평하게 다닐 수 있도록 평탄한 길을 내주면서 신성스런 생명력을 뿜어내는 에너지를 제공한다. 가장 많은 에너지가 모아지는 곳은 물찻오름이 있는 'L'자형 숲길 모퉁이 주변이라고 할 수 있다. 물찻오름 꼭대기는 더욱 그렇다. 산정호수는 마르지 않는 에너지의 상징이다. 그래서 사려니숲길은 걷거나 쉬면서 조용히 자신을 돌아보는 기회를 가질 수 있는 곳이다. 잘못에 대해서는 반성하고 정도의 길, 참자아를 찾을 수 있도록 깨닫게 한다. 새로운 마음으로 미래를 설계할 수 있도록 건강한 정신을 북돋게 하는 치유력을 갖고 있다.

## ⋮ 애월 붉은오름과 천아오름

### ▲ 애월 붉은오름과 천아오름 현황

| 대표명칭 | 애월 붉은오름 |
|---|---|
| 세 대 주 | 붉은부인(북서쪽 말굽형) |
| 주 소 | 애월읍 광령리 산18-2 |
| 시설규모 | 해발높이 1,061m / 건물높이 136m / 시설면적 411,978$m^2$ |
| 이웃시설 | 천아계곡, 천아숲길, 광령천, 하천 바위에 뚫린 구멍(포트홀) |
| 특 징 | 조릿대와 천연림, 무릎까지 쌓인 적설, 김통정 장군 자결 장소 |
| 대표명칭 | 애월 천아오름 |
| 세 대 주 | 천아부인(북서쪽 말굽형) |
| 주 소 | 애월읍 광령리 산182-1 |
| 시설규모 | 해발높이 797m / 건물높이 87m / 시설면적 157,348$m^2$ |
| 이웃시설 | 동쪽 광령천, 천아수원지, 드넓은 목장지대 |
| 특 징 | 소나무, 상수리나무, 꽝꽝나무 등 잡목 |

| 치유탐방코스 |

어승생제2저수지에서 천아계곡 사이 진입로 중간 출발지점(0km) → 천아계곡(1.5km) → 천아숲길 사거리(3.2km) → 붉은오름 입구(4.0km) → 천아숲길 사거리(4.8km) → 천아오름(6.2km) → 천아계곡(7.69km) → 천아계곡 진입로 중간 출발지점(9.19km)

⇒ 무릎까지 쌓인 적설 때문에 붉은오름을 탐방하지 못하고 천아숲길 붉은오름 입구에서 가던 길을 멈추고 되돌아 나와 천아오름 기슭을 넘어 천아계곡으로 순환하는 차선의 길을 선택함.

## ▲ 탐방지 날씨 및 실측정보

탐방일자 2018년 2월 21일    탐방인원 4명

탐방시간 09:46    종료시간 12:54

현장날씨 흐림 / 온도 6° / 체감온도 4° / 습도 61% / 풍속 2m/s

실측현황

**걸은 거리** 9.19km    **걸은 시간** 3시간 08분(휴식시간 등 제외)

**만보기** 12,105보    **칼로리소모량** 526kcal    **난이도** 중

## ▲ 관찰된 주요 산림치유인자

| | |
|---|---|
| 생물 요소 | 삼나무, 소나무, 송악, 서어나무, 단풍나무, 산딸나무, 꽝꽝나무, 노루, 까마귀, 꿩, 박새 등 |
| 오감 요소 | 적설의 해빙과 결빙, 눈의 무게로 부러진 죽은 나무줄기와 송악, 봄의 기운 감도는 숲 등 |
| 지형 요소 | 길게 뻗은 숲길, 숲길과 연결된 천아계곡, 길 따라 도열한 삼나무숲, 봉긋하게 솟은 붉은오름 등 |
| 기후 요소 | 포근한 날씨, 설국의 숲길, 아침의 결빙과 낮의 해빙 등 저고산지대 2월 겨울 날씨 |
| 심리 요소 | 탈출감, 해방감, 포근함, 상쾌함, 순수함, 깨끗함, 인내심, 자유로움, 자신과의 대화, 자기 이해, 긍정적 사고 등 |
| 사회 요소 | 대화의 기회, 이해와 배려, 소통, 교감, 관계 형성, 넉넉한 마음, 역사적 사실의 이해 등 |

## ▲ 적절한 치유요법

- 무릎높이까지 쌓인 한라산 적설 숲길을 푹푹 빠지고 미끄러지면서 걷는 유산소 운동요법, 혹한기 극기 훈련요법
- 적설 숲길에서 날숨과 들숨의 호흡조절작용을 통해 심폐기능을 증진시키는 호흡요법
- 눈의 무게를 이기지 못해 부러진 나무줄기, 스스로 죽은 잔가지를 떨어뜨리는 삼나무의 생존방식 등을 보면서 자연의 섭리를 깨닫는 혜량요법
- 한라산 Y계곡의 험준한 능선과 계곡이 조화를 이루며 장엄하게 뻗어 내린 자연의 에너지에 빨려 들어갈 듯이 압도돼 오히려 경외감을 갖게 하는 동화(同化)요법
- 삼별초 김통정 장군이 항파두리성에서 붉은오름(직선거리 약 10km)까지 여원연합군과 항전을 하면서 최후 걸어갔을 것으로 추정되는 숲길을 따라 걸으며 역사적 사실을 몸소 느껴보는 체험요법
- 저고산지대 숲길에서 자생하는 기묘하게 생긴 나무 등을 관찰하며 배우는 지식요법과 사진으로 남기는 기록요법
- 복잡하게 얽혀 있는 머릿속 문제들이 자연스럽게 풀리고 비우고 새롭게 채울 수 있도록 하는 정화요법
- 서로 함께 어울려 걸으며 마음을 열어놓고 교감하는 소통요법

## ▲ 산림치유 체험

애월 소재 붉은오름과 천아오름은 제주 서부지역 오름도시 저고산

지대를 특징으로 하는 치유인자가 있는 곳이다. 붉은오름은 삼별초 김통정 장군이 최후까지 여원연합군과 항전하다 자결한 곳으로 알려져 있다. 이로써 42년간에 걸친 삼별초의 항몽투쟁사는 막을 내린다.

4명의 일행은 2월 21일 아침 8시 50분 이동거리가 편리한 아라동 성안교회 입구에서 모여 목적지로 출발한다. 일행이 탄 차량은 제주시 아라동 애조로를 경유해 1100도로로 들어선다. 한라산 어리목으로 가는 어승생제2저수지 방향으로 달린다. 지나오는 동안 길 가장자리 등에 간간히 보이던 눈은 천아계곡으로 들어가는 길목에서부터 수북이 쌓여 도로는 결빙상태이다. 사람의 왕래가 많지 않았는지 그동안 내린 눈이 그대로 남아 있다. 차량은 쌓인 눈길을 뚫고 진입한다. 더 이상 진입이 불가능할 것으로 판단한 일행은 중간지점에 주차를 한다. 그래도 다행인 것은 바람이 없는 포근한 날씨이다. 모두의 안전을 고려하며 탐방계획을 세운다.

| 천아숲길 |

붉은오름으로 가는 길은 천아숲길과 만나야 한다. 천아숲길은 한라산둘레길 서쪽 옆구리를 도는 임도 포함 13km에 이른다. 1100도로와 만나는 어승생제2저수지를 들머리로 시작하면 영실방향 1100도로와 만나는 돌오름입구를 말머리로 한다. 국유림 임도가 포함된 천아숲길에는 비가 올 경우 많은 양의 수계를 자랑하는 광령천(무수천)과 깊은 계곡의 수려함을 뽐내는 천아계곡이 함께 있다. 주변에는 돌오름을 비롯해 노로오름·붉은오름·천아오름, 그리고 버섯재배단지 등

천아수원지에서 하향 방향으로 펼쳐진 계곡의 웅장한 모습

이 자리 잡고 있다.

  일행은 어승생제2저수지를 지나 천아계곡을 들머리로 정한다. 결빙 적설이 가는 차량을 막는다. 어쩔 수 없이 차량을 길옆에 주차하고 걸어서 간다. 쌓인 눈이 발목을 덮는다. 지난밤의 추위에 눈은 탱탱하게 뭉쳐 있어 미끌미끌하다. 조심조심 한발 한발 내딛는다. 천아계곡에 다다른다. 지난 가을에 봤던 울긋불긋한 단풍은 온데간데없다. 하얀 눈옷을 입은 헐벗은 나무들만 가파른 계곡 경사지를 지키고 있다. 하천의 바위도 하얀 이불로 덮여 있다. 저지대 도시는 이미 봄의 기운이 감도는데 이곳은 여전히 겨울잠에서 깨어날 줄 모른다. 숨죽여 있는 깊은 맛이 고요하고 적막한 맛으로 숙성되는 듯하다.

  일행은 깊은 하천을 넘어 가파른 비탈길을 오른다. 보행 안전을 위해 나무계단과 밧줄이 놓여 있다. 그럼에도 계단을 오르는 길은 쉽지 않다. 얼린 눈이 있기 때문이다. 자칫 미끄러지기라도 하면 큰 부상으로 이어질 수 있다. 매우 조심스럽게 한발 한발 내딛는다. 무사히 경사지를 넘어 숲이 우거진 평지에 올라선다.

숲속 바닥은 온통 눈으로 덮여 있어 그 속에 무엇이 있는지 전혀 알 수 없다. 그렇게 많던 조릿대도 안 보인다. 송악줄기로 감겨 있는 죽은 나무줄기가 눈 위에 쓰러져 있다. 송악 잎이 여기 저기 흩어져 있다. 배고픈 노루들이 송악 잎을 먹기 위해 다녀간 모양이다. 얼마가지 않아 길 옆 눈 위에는 죽은 동물이 보인다. 몸뚱이는 없고 가죽과 털만 오롯이 남아 있다. 걷고 걸어 하천을 넘는다. 길 옆 하얀 눈 위에 국유림지역 팻말이 보인다. 표고버섯과 약초재배 연구농장으로 허가 받은 곳이기 때문에 무단출입을 금지한다는 내용이다.

얼마 지나지 않아 붉은오름 진입 안내표시가 보인다. 천아숲길 사거리(천아계곡·바라메오름·천아오름·붉은오름 방향)이다. 고도가 높아질수록 적설량도 비례한다. 송악 잎을 먹었던 노루 흔적들이 여기저기 넘친다. 사거리에서 천아숲길을 따라 가다 좌측으로 붉은오름 초입구를 만난다. 사람 다녀간 발자국이 없다. 어떠한 표시도 없이 고스란히

노루들이 힘겹게 송악 먹이활동을 한 흔적들

쌓여 있는 눈이 숲속 평지를 만든다. 붉은오름으로 가는 길이 사라진다. 무릎까지 빠지는 적설로 더 이상의 탐방은 진행할 수 없다. 붉은오름 정상탐방은 다음 기회로 미룬다.

| 붉은오름 |

이날 붉은오름 탐방의 뜻은 좌절됐지만 2016년 가을에 다녀갔던 기억을 더듬어 본다. 천아숲길과 헤어지는 초입구는 조릿대 물결이다. 나뭇가지에 빨강색과 노란색의 리본이 길안내를 한다. 조금 들어가면 물이 흘러 고랑을 이뤘던 것으로 보이는 자갈길이 드러난다. 흙길도 있다. 바닥은 낙엽으로 양탄자를 깔아 놓은 것처럼 푹신푹신하다. 경사지 없이 평탄한 길이다. 단풍나무·서어나무 등 천연림이 울창하다. 숲속에는 휴식을 취할 수 있는 넓은 공간이 하나 있다. 숲길을 따라 20여 분 걸어간다.

우거진 나뭇가지 사이로 거대한 하천이 가로놓여 있다. 광령천이다. 이 하천을 건너야 붉은오름 기슭에 닿는다. 얼마나 많은 물이 흐르고 흘렀기에 이처럼 거대한 하천이 탄생할 수 있었을까? 자연의 장엄한 업적(침식작용)에 감탄하지 않을 수 없다. 하천 바위에 배낭을 풀어 휴식을 취한다. 바위를 살핀다. 특이한 곳이 보인다. 작은 돌웅덩이들이 여기저기에 널려 있다. 마치 사발처럼 생겨 사발바위라는 이름을 새롭게 붙인다. 이를 지형학 전문용어로는 포트홀(돌개구멍)이라고 한다. 하천 바위에 생긴 요지凹地이다. 암반에 생긴 작은 틈에 모래와 자갈이 들어가 있다가 흐르는 하천 물의 힘에 의해 빙빙 돌며 바

천아오름 기슭 들판에서 바라본 붉은오름 모습

위를 깎아먹어 만들어진 구멍이다. 이런 침식작용을 마식磨蝕이라고 한다.

바위에 앉아 쉬면서 커피 한 잔을 한다. 그리고 하천을 넘어 건너편 숲으로 들어간다. 붉은오름 기슭이다. 붉은 부인은 과거의 역사를 아는 듯 우리를 차분하게 맞이한다. 부인이 사는 주소는 애월읍 광령리 산18-2번지이다. 건물 지면높이는 한라산 중턱 해발 925m이다. 건물높이는 136m에 이른다. 북서쪽으로 트인 안방이 조성돼 있다. 정원규모는 411,978$m^2$에 이른다. 건물 옥상으로 가는 길은 조금 가파르다. 건물 주위를 비롯해 정원은 대부분 조릿대와 숲으로 둘러싸여 있다. 정원수로 모든 것을 감춘 듯 드러내지 않고 조용히 받아 안고 있다. 삼별초 최후의 현장이 어느 지점인지도 알려주지 않는다. 알고 싶어도 알 수조차 없다. 그냥 조릿대를 젖히고 단풍나무를 스치며 능선을 오른다. 그래도 능선 곳곳에는 시야가 트이는 공간이 있다. 삼형제오름·노로오름·한라산 백록담이 보인다. 그러나 옥상(정상)은 잡목과 조릿대로 빽빽하다. 숲으로 둘러싸여 주변이 잘 보이지 않는다. 전망이 어렵다. 부인은 지난날의 아픔을 그렇게 대변하고 있는 듯하다. 이에 그 느낌을 전한다.

〈붉은오름과 장군〉

흐드러지게 / 꽃 피는 계절에 / 가보지 않은 길 / 산속 오름으로 / 장군은 갔습니다.

최후의 대몽항전 / 죽어 가는 부하들 / 모두 가슴에 묻고 / 산속 오름으로 / 장군은 갔습니다.

남겨진 흔적조차 / 부끄러운 일인 양 / 사랑하는 가족까지 / 먼저 보내 놓고 / 산속 오름으로 / 장군은 갔습니다.

계곡을 건너고 / 나무를 스치며 / 굴곡진 능선 넘어 / 말없이 뚜벅뚜벅 / 산속 오름으로 / 장군은 갔습니다.

한번 가면 / 돌아올 수 없는/그 길 따라 / 모든 걸 내려놓고 / 산속 오름으로 / 장군은 갔습니다.

세상과 이별하는 / 마지막 순간 / 붙어 있는 목숨 / 단칼로 끊고 / 산속 오름에서 / 장군은 갔습니다.

쓰러지면서도 / 굽히지 않는 용맹 / 핏빛 솟구쳐 / 오름을 물들이니 / 붉은오름으로 / 장군의 뜻 기렸습니다.

수백 년 흐른 지금 / 그 길 걷노라면 / 산천초목 어느 하나 / 말은 없어도 / 그 날 그 심정 / 뼈아프게 다가옵니다.

그날의 역사를 다시 한 번 생각하며 우리는 갔던 길로 되돌아 내려온다. 기슭까지 따라 나선 부인은 우리의 마음을 아는지 따뜻한 마음으로 작별인사를 건넨다. 일행은 그런 뜻을 새기며 이날 다시 찾았지만 많은 양의 적설로 탐방의 뜻을 이루지 못한다. 그렇지만 돌아오는 길에 42년의 삼별초 역사를 생각한다. 1231년 강화도에서 처음 조직한 삼별초는 진도를 거쳐 제주로 쫓겨 온 후 1273년 6월쯤 이곳에서 모든 것을 끝내야 하는 운명의 마지막을 알린다. 그리고 그 뒤안길을 그려본다.

| 천아오름과 둘레길 |

일행은 눈길을 마다하지 않고 역사의 현장, 붉은오름을 만나러 나섰지만 적설은 끝끝내 우리의 뜻을 허락하지 않는다. 어쩔 수 없이 다음을 기약하며 차선책을 계획한다. 김통정 장군이 지나갔을 것으로 예측되는 천아숲길 사거리에서 천아오름 방향으로 발길을 옮긴다. 숲과 들판 바닥은 온통 눈으로 덮여 지형지물을 구별하기 힘들다. 눈 위로 솟아난 것들만 눈에 들어온다. 얼마 지나지 않아 넓은 벌판이 나온다. 천아오름 기슭이다. 천아 부인을 만나 건물을 방문하려고 했지만 이마저도 적설은 허락하지 않는다. 기슭에서 동남쪽으로 바라본다. 숲속 사이로 드러난 하얀 눈이 한라산 Y계곡의 모양을 뚜렷하게 보여준다. 주변에 있는 오름까지 시야에 들어온다. 가까운 곳 좌측으로는 어승생오름이 우뚝 서 있다. 오른쪽으로는 붉은오름의 형체가 뚜렷하게 보인다. 먼발치에서나마 붉은오름을 볼 수 있어 오르

한라산에서 뻗어 내린 어승생악 등 오름능선들이 선명하게 드러나 있다.

지 못한 아쉬움을 달랠 수 있다.

넓은 목장지대를 넘어 천아계곡으로 이어지는 길로 들어선다. 땅바닥에 눈 녹은 물이 고여 있다. 눈을 밟으면 푹푹 빠져 신발이 물에 젖는다. 딱딱하게 굳어 있던 아침의 백설은 낮 시간이 되면서 그 힘을 잃어간다. 길에는 삼나무숲이 있다. 하얀 눈 위에 삼나무 잔가지들이 널브러져 있다. 누가 이렇게 해놓았을까? 아무리 주변을 둘러봐도 누구인지 알 수 없다. 걸으면서 생각한다. 그것은 삼나무들의 생존방식이었음을 알게 된다. 불필요한 잔가지는 스스로 제거하고 있다. 에너지 낭비를 최소화하기 위한 방법이다. 낙지落枝를 하고 있다. 삼나무는 자연낙지의 대표적인 수종이다. 그래서 삼나무가 우거진 숲 바닥에는 죽어 있는 잔가지들이 수북하다. 이 때문에 삼나무숲에는 다른 식물들이 거의 자랄 수 없다. 새 순이 돋아나 커가려고 하면 그 위에 잔가지들이 계속 떨어져 새순 성장을 막는다. 우리가 흔히 보는

천아오름 전경

식물에서의 낙화나 낙엽이나 낙과들도 같은 이유이다. 임무가 끝나면 미련 없이 버린다. 그런데 사람은 아니다. 목숨 다할 때까지 끊임없이 채우려고만 한다. 떠날 때는 숟가락 하나 갖고 가지 못하면서 말이다. 식물은 이런 사람들의 모습을 보면서 비웃는 것만 같다.

삼나무숲을 벗어나 가는 길을 재촉한다. 숲속에 천아수원을 관리하기 위해 지어진 것으로 보이는 건물이 있다. 주변에는 개집이 있다. 나무의자도 있다. 그러나 인기척은 없다. 건물 지붕에 달린 고드름이 주인 없는 집을 지키고 있다. 철조망을 넘고 비탈진 길을 넘어 천아계곡으로 들어선다.

계곡에는 물을 뽑아 올리기 위해 설치해 놓은 관정이 있다. 수량이 많지 않아 천아수원의 활용은 미미하다고 한다. 일행은 출발했던 자리로 되돌아온다. 실제 걸은 거리는 3시간 8분에 걸쳐 $9.19km$를 걸었으며 걸음 수는 12,105보이다. 이로 인한 에너지 소모량은 $526kcal$이다.

### ▲ 참여자 소감

애월 붉은오름과 천아오름 치유탐방을 마친 후 참여자들이 느낀 소감을 설문조사를 통해 확인한 결과를 종합적으로 정리하면, 이번 치유탐방은 백설로 뒤덮인 한라산 중턱 붉은오름 숲길이다. 마치 겨울 혹한기에 예비산악인이 극기 훈련하는 느낌이다. 어느 곳이 길이고 아닌지 분간할 수 없을 정도로 설국이다. 지나온 탐방에서 보았듯이 눈길의 다양함을 알게 한다. 내리면서 곧바로 녹아 없어지는 눈길, 소복이 쌓이는 눈길, 기온이 내려가면서 꽁꽁 얼려 있는 눈길, 굳어져 미끄러운 곳과 덜 얼려 푹푹 빠지는 곳 등 '녹았다, 얼렸다'를 반복하는 눈길 등 그 종류가 많다. 한파를 안고 사는 한라산 중턱에도 우수(2월 19일)가 지난 이날은 춥지 않는 봄기운이 조금씩 감돈다. 햇볕이 드는 곳의 눈은 조금씩 녹고 있다.

찬아계곡을 건너 눈 쌓인 가파른 경사지를 넘는 길은 초긴장이다. 암벽을 타는 기분이다. 눈 속에 무릎까지 빠지고 미끄러진다. 로프를 잡고 버티면서 한발 한발 올라선다. 온몸이 땀으로 범벅이다. 등산화 속으로 눈이 들어와 신발 속에서 녹는다. 차가운 발이 감각을 잃으며 무뎌지는 느낌이다. 사람과 개의 발자국이 눈길에 선명하다. 옛날 사농바치가 산짐승을 찾아다녔던 모습을 떠올리게 한다. 실제는 눈에 빠져 멀리 달아나지 못하는 1년생 어린 노루사냥이다. 몸뚱이를 뽑아간 후 가죽과 털만 남아 있는 노루 한 마리가 눈 위에 나뒹굴고 있다. 곳곳에는 송악줄기가 흩어져 있다. 노루들이 먹이활동을 하다 남긴 흔적이다.

푹푹 빠지는 경사지와 평지 눈길을 걸으며 어려움을 이겨낸 자신이 뿌듯하다. 체력을 연마하고 체득한다. 청아한 숲속 공기를 마시며 상쾌한 기분을 느낀다. 부질없는 탐욕을 털어내고 그 속에서 찾아오는 '텅 빈속의 충만감'이 남다르다. 천아오름 기슭에서 굽이굽이 능선 따라 이어진 한라산 절경을 보며 가슴이 뻥 뚫리는 것 같다. 그 자태가 근엄하고 강한 인상을 남긴다. 탐방의 뜻을 이루지 못한 붉은오름을 먼 거리에서나마 볼 수 있어 기쁘다. 다리에 힘이 붙는다. 뽀드득뽀드득 눈 밟는 소리와 까마귀·박새 지저귀는 소리가 정겹다.

산행을 함에 있어 무리한 강행은 금물이다. 올바른 판단과 결정이 안전의 지름길이다. 이에 앞서 탐방코스에 대한 보다 구체적인 정보를 알고 난 후 코스를 정하는 것이 필요하다. 유사시 대비를 위한 플랜B를 마련해 두는 것 또한 필요하다. 적설 안전 대비를 위해 천아계곡 가파른 경사지의 시설보강이 필요하다.

### ▲ 치유적 시사점

이번 치유탐방은 삼별초 최후의 역사가 서려 있는 애월읍 소재 붉은오름을 적설의 어려움을 무릅쓰고 도전하려 했으나 끝내 이루지 못한다. 대신 과거에 탐방했던 붉은오름에 대한 기억을 되살리며 주변탐방을 소재로 한 영화 한 편을 본다. 애월 붉은오름의 이름은 다른 지역의 붉은오름과는 다른 의미를 갖고 있다. 제주의 오름들 중에는 '붉은오름'이라는 동명의 오름이 여러 개 있다. 이들 이름은 대부분 '흙빛이 붉다'고 하여 붙여진다.

그러나 애월 붉은오름은 김통정 장군이 이끄는 삼별초군이 최후의 항전을 하다 전멸하고 그로인해 오름 전체가 피로 물들었다고 해서 붙여진 이름이다. 붉은오름은 항파두리성과는 직선거리로 10㎞에 있다. 삼별초의 항전과 관련이 있는 오름들은 붉은오름 외에 여러 개 있다. 가장 먼저 애월 하귀리에 소재한 파군봉(바굼지오름)이다. 1273년 5월 여원연합군과 맞서 처음 전투를 벌였던 곳이다. 이어서 한라산 높은 지대인 붉은오름까지 밀려난다.

안오름(김통정 가족 죽임 당한 곳 추정)→극락오름→산세미오름→천아오름→붉은오름으로 이어진다. 유수암리에는 모친 등을 피신시켜 살았던 종신당이 있다. 그래서 붉은오름은 42년간의 기나 긴 삼별초 항전의 종결지이다. 이후 제주는 몽고 지배 100년의 시작점이 된다. 최영 장군이 1374년 서귀포 범섬에서 몽고인을 모두 소탕하면서 이의 역사도 끝을 맺는다.

붉은오름은 남다른 오름이다. 지형과 산세가 풍수지리로 볼 때 궁궐터에 위치한 모양과 같다고 한다. 남쪽 사면은 하천을 끼고 흘러내린 경사지가 매우 가파르다. 굼부리가 있는 북서쪽 사면으로는 멀리 비양봉이 펼쳐져 입체적인 조화를 이룬다. 특히 오름 양쪽으로는 광령천이 흐르다 천아계곡에서 합류돼 거대한 수원을 이룬다. 오름으로 진입하는 하천에는 마치 배고픈 병사들에게 음식을 제공하기 위해 만든 것인 양 사발바위(포트홀)가 있다. 오름을 찾는 나그네들을 위한 휴식의 자리이다.

이렇듯 붉은오름은 그 역사성만으로 숙연한 공간이다. 그리고 모든 것을 받아들이는 수용과 포용의 에너지가 있다. 역사의 흔적을 온 세상에 영원히 남기기 위해 자신의 이름을 붉은오름으로까지 바꿔 그 뜻을 기리는 관용과 용서의 치유력을 갖고 있다.

# 한라산둘레 동백길과 시오름

## ▲ 시오름 현황

| 대표명칭 | 시오름 |
|---|---|
| 세 대 주 | 시선비(원추형) |
| 주 소 | 서귀포시 서호동 산1번지 |
| 시설규모 | 해발높이 757.8m / 건물높이 118m / 시설면적 276,280㎡ |
| 이웃시설 | 악근천 상류, 4·3 시오름 토벌군 주둔지, 서귀포치유의숲, 추억의숲길, 동백길 등 |
| 특 징 | 남북 긴 등성마루, 서쪽 급사면, 빽빽한 숲, 큰 바위, 넓지 않은 정상부 등 |

| 치유탐방코스 |

제2산록도로 서귀포치유의숲 주차장(0km) → 시오름 정상(2.7km) → 4·3 시오름토벌군주둔지(4.5km) → 화전마을 숯가마터(6.6km) → 동백나무숲(8.1km) → 무오법정사 항일운동발상지(10.1km) → 1100도로 무오법정사 입구(12.11km)

## ▲ 탐방지 날씨 및 실측정보

    탐방일자 2018년 4월 11일     탐방인원 6명

    탐방시간 10:29     종료시간 14:15

현장날씨  흐린 후 맑음 / 온도 20° / 체감온도 17° / 습도 87% / 풍속 2m/s

실측현황

**걸은 거리**  12.11km    **걸은 시간**  3시간 46분(휴식시간 등 포함)

**만보기**  19,231보    **칼로리소모량**  812kcal    **난이도**  중

## ▲ 관찰된 주요 산림치유인자

| | |
|---|---|
| 생물 요소 | 동백나무, 편백나무, 삼나무, 서어나무, 붉가시나무, 구실잣밤나무, 적송, 올벚나무, 자금우, 마삭줄, 가막살나무, 호자덩굴, 바위손 등 |
| 오감 요소 | 가지 끝 갓 피어난 연녹색 새순, 오름 정상 군락 이룬 동백꽃, 숲길 곳곳 크고 작은 하천의 웅장함, 맑은 물과 음이온 등 |
| 지형 요소 | 시오름, 치유의숲길, 악근천, 궁상천, 도순천, 4·3 시오름 주둔지, 숯가마터, 동백나무숲, 무오법정사 항일운동발상지, 하치마키도로 등 |
| 기후 요소 | 미세먼지 많은 도심과 미세먼지 없는 숲, 습도 높고 더운 날씨 등 한라산 남사벽 저고산지지대 4월 중순 날씨 |
| 심리 요소 | 탈출감, 해방감, 상쾌함, 안정감, 쾌적함, 차분함, 인내심, 자유로움, 자신과의 대화, 자기 이해, 긍정적 사고 등 |
| 사회 요소 | 대화의 기회, 이해와 배려, 소통, 교감, 관계 형성, 숯가마터와 4·3주둔지, 하치마키 등 역사적 사실에 대한 이해 등 |

## ▲ 적절한 치유요법

- 한라산 남부 능선 경사지 울창한 숲지대와 하천·오름을 넘고 넘으며 걷는 유산소 운동요법
- 구불구불 길고 긴 숲속 길을 걸으며 날숨과 들숨의 호흡조절작용을 통해 심폐기능을 증진시키는 호흡요법

- 한라산 저고산지대 숲속에서 자생하는 식생들을 관찰하며 배우는 지식요법과 사진으로 남기는 기록요법
- 갓 벌채된 편백나무 그루터기에 코를 직접 대고 짙은 향기 테르펜류인 $a$-피넨(휘발성 피톤치드)을 맡으며 부교감신경을 향상시키고 마음을 안정시키는 심상요법
- 크고 작은 하천의 물방울로부터 공급되는 음이온과 식물의 광합성으로부터 나온 풍부한 산소가 융합된 숲속에 앉아 생리기능의 증진과 피부의 아름다움을 가꿔주는 미백요법
- 아늑한 숲속을 홀로 걷거나 바위 앉아 무념에 몰입하는 명상요법
- 복잡하게 얽혀 있는 머릿속 문제들이 자연스럽게 풀리고 비우고 새롭게 채울 수 있도록 하는 정화요법
- 서로 함께 어울려 걸으며 마음을 열어놓고 교감하는 소통요법
- 숲속의 맑은 공기와 숲속으로 들어오는 따사로운 햇볕을 쬐며 부족할 수 있는 비타민D를 보충하는 일광요법
- 도심보다 주파수가 고르게 분포하는 숲속의 소리 백색소음과 오름 정상에 올라 산림경관 조망을 통해 뇌파를 안정시켜 마음을 편안하게 하도록 유도하는 알파($a$)파와 세타($\theta$)파요법
- 무장 항일운동의 발상지를 비롯해 4·3시오름토벌군주둔지, 일제가 뚫어놓은 하치마키(병참로)도로의 흔적을 살피며 역사적 사실을 되새겨보는 반추요법

## ▲ 산림치유 체험

　한라산둘레 동백길과 시오름은 한라산 남쪽 등성이를 머리띠처럼 가로놓인 저고산지대를 특징으로 하는 치유인자가 있는 곳이다. 한라산 둘레길 제1구간이기도 하다. 6명의 일행은 4월 11일 아침 8시 40분에 제주시종합경기장 내 수영장 남쪽 공터에서 모여 목적지로 출발한다. 이날따라 종합경기장은 많은 행사들로 인해 매우 혼잡하다. 미세먼지가 가시거리를 어둡게 만든다. 오전 한때 비 날씨가 예보됐지만 비는 오지 않고 후덥지근하다. 일행이 탄 차량은 제주시 아라동을 거쳐 애조로와 1100도로를 따라 무오법정사 입구 주차장에 도착한다. 차량 한 대를 이곳에 주차시켜놓고 들머리인 제2산록도로에 있는 서귀포치유의숲으로 이동한다. 10시 20분쯤 치유의숲 주차장에 도착한다. 일행은 계획에 따라 치유탐방에 나선다.

### | 서귀포치유의숲 |

　서귀포치유의숲은 2016년 6월에 제주도내 최초로 개설된 산림치유의 숲이다. 한라산 남쪽 해발 320~760m에 위치해 있다. 주소는 서귀포시 산록남로 2271번지(서호동 산1번지)이다. 규모는 1,740,000$m^2$에 이른다. 이곳에는 60년 넘은 아름드리 편백나무와 삼나무가 자란다. 난대림과 온대림이 함께 분포한 자연 그대로의 숲이다. 산림치유는 숲에 존재하는 다양한 산림인자 활용을 통해 인체의 면역력을 높이고 신체적·정신적 건강을 회복시키는 활동을 말한다. 이를 위해 곳곳에 다양한 숲길을 만든다. 오멍가멍·가베또롱·벤조롱·숨비소리·오고

생이·쉬멍치유숲길 등이다. 산림치유 프로그램도 운영된다. 가족이나 직장인 또는 일반인을 대상으로 하고 있다.

일행은 안내소에 들러 입장료를 지불하고 넓게 뚫린 가멍오멍 숲길로 나선다. 이 길은 인공적으로 만든 치유의숲의 중심 대로이다. 치유실이 있는 힐링센터까지 1.9㎞에 이른다. 울창한 숲을 없애 만든 것 같다. 도로 한 부분에는 야자매트가 깔려있다. 양옆에는 숲으

서귀포치유의숲에 있는 삼나무들이 개선장군처럼 길 가장자리를 따라 도열해 있다.

로 둘러싸여 있다. 동백나무와 조록(이)나무가 유독 많다. 그러나 우점종에 눌려 크게 자라지는 못하고 있다. 길은 오르막이다. 아름드리 삼나무가 숲 터널을 이룬다. 개선장군을 맞이하는 것 같다. 숲 곳곳에는 탐방객을 위한 쉼터가 있다. 숲길도 뻗어 있다. 송양의 시인은 치유의 숲에 대한 찬가를 부른다.

〈시오름 치유의숲 / 송양의〉

여긴 빈 마음을 보는 곳 / 진정한 무소유가 무엇인지 / 빈 몸을 느끼는 곳 / 외롭고 쓸쓸해 보이는 곳인데 / 기쁨과 감사가 넘치는 곳

/ 다시 살아야 함을 알게 하는 곳 / 사랑도 / 비웠을 때 찾아옴을 깨닫게 하는 곳 / 흔들리는 나무처럼 / 두둥실 떠가며 흐뭇해진다 / 치유의 숲에 놓인 편백나무 평상에 누워 / 맛있는 낮잠을 즐기듯 / 평안함을 누린다 / 여행이란 검은 색을 걷어내고 / 꿈에 바짝 다가서는 것 / 여행이란 삶으로의 떠남이라는 것을 / 각인 시키는 곳 / 세상을 떠나 / 편백나무 벤치에서 하늘을 본다 / 시오름 중턱에 마련된 치유의 숲 / 조금만 보여주는 / 하늘을 바라보며 통증이 가신다

| 시오름 |

힐링센터에 도착한 일행은 치유서비스를 받을 새도 없이 곧바로 시오름(숫오름) 기슭을 밟는다. 시 선비가 마중을 나와 인사를 한다. 오르는 길이 가파르다며 친절하게 안내까지 한다. 선비의 이름은 남성을 상징하는 웅악雄岳이다. 그래서 숫오름이라고도 한다. 이는 굼부리

시오름 정상에서 바라본 한라산 백록담과 남부 능선에 펼쳐진 연초록 대자연이 조화를 이루고 있다.

가 없는 원추형 때문이기도 하다. 이 밖에 덤불이 많다고 해서 수악(藪岳)이라 부르기도 하지만 거의 쓰지 않는다. 선비는 한라산 남쪽 등성이 중심에 자리를 잡고 있다. 주소가 서귀포시 서호동 산1번지이다. 선비는 해발 639.8m 높이에 집을 짓는다. 건물은 비교적 높은 118m에 이른다. 건물 모양은 남북으로 길게 나 있다. 양쪽에 봉우리가 솟아 있다. 악근천 계곡을 낀 서쪽은 급사면을 이루고 있다. 정원규모는 276,280$m^2$에 이른다. 유독 동백나무가 많다. 옥상까지 동백나무가 심어져 있다. 선비는 동백나무를 무척 좋아하는 것 같다.

선비 주변에는 이웃한 오름이 거의 없다. 외롭게 떨어져 있다. 한라산 남사벽은 가파른 경사 때문에 오름이 만들어질 여유가 거의 없었던 것으로 보인다. 굳이 있다면 동남방향 아래쪽에 있는 살오름(미악산)이 유일하다. 살오름은 굼부리가 있어 암메이다. 서로 가까이 있으면서도 다가갈 수 없다. 외로움 속에 빨간 동백꽃만 피고 지고 있다. 이에 대한 느낌을 전한다.

〈시오름과 살오름의 사랑〉

한라산 남쪽 깊은 숲속에 / 이웃한 오름 하나 없이 / 적막감 흐르는 공간 / 지독한 외로움 이겨내며 / 자리 지킨 숫오름 있습니다.

우연일지 모르지만 / 멀지도 가깝지도 않는 거리에 / 우아하고 아름다움 뽐내며 / 누군가를 기다리는 듯 / 암오름 자리하고 있습니다.

소곤대는 바람과 새소리로 / 숲 향기 흐르는 달콤함으로 / 초롱초롱 고개 든 눈빛으로 / 마음과 마음 주고받으며 / 서로 따뜻한 정 나났습니다.

　그러던 어느 날 / 이들 사이 추억의숲길에 / 젊은 사내 들어와 / 새 터전 일궈 자리 잡으니 / 남몰래 오가던 정 / 조금씩 멀어졌습니다.

　편백나무·동백나무·조록나무까지 / 무리지어 훼방하듯 / 울창한 숲으로 덮으니 / 마음 전할 길 막혀 / 마침내 헤어지고 말았습니다.

　이들의 못다 이룬 사랑 / 오늘에 이르러 전하니 / 새로운 숲길로 다리 놓아 / 누구나 마음 달래는 / '치유의숲'으로 거듭났습니다.

일행은 '치유의숲'을 넘어 시오름 등성이를 오른다. 등성이는 가파르다. 500m 거리임에도 불구하고 숨이 차다. 숲은 잘 관리돼 있다. 간벌과 가지치기가 돼 있다. 오름 정상은 두 군데이다. 첫 번째 정상을 밟는다. 평평한 공간이 있다. 앞으로 조금 더 나간다. 또 하나의 정상에 닿는다. 큰 바위가 가운데 있다. 앉을 공간은 거의 없다. 몇 명 앉을 정도이다. 빽빽한 숲을 이룬 사이로 숲길이 뚫려 있다. 숲길의 정거장역할을 하고 있다. 공간 너머 북쪽으로 백록담이 뾰쪽하게 드러난다. 이곳에서 보는 백록담의 모습은 또 다른 느낌으로 다가온다. 흘러내린 능선에는 나무마다 연한 새순을 키우고 있다. 얼마 지나지 않아 신록의 옷을 입을 것이다. 무더운 여름에는 광합성 활동을 하며 두툼한 옷을 입고 추운 겨울에는 모든 것을 벗어 나목으로 남는다. 나무가 살아가는 생존의 이치이다. 잠시 가쁜 숨을 고르며 준비해간 차 한 잔을 나눈다. 지체할 시간 없이 발길을 서쪽 등성이로 옮긴다. 등성이에는 삼나무들이 가득하다. 기슭에 이른 일행은 선비와 작별

인사를 나눈 후 서쪽 방향으로 발길을 옮긴다.

| 동백길 |

2010년에 개설한 동백길은 한라산 남쪽 8부 능선(해발 600~700m)에 조성된 한라산 둘레길 제1구간이다. 늘어나는 탐방객 수요를 해소하기 위해 일제가 만들어놓은 하치마키도로(병참로)를 중심으로 개설한다. 하치마키는 일본말로 머리띠를 뜻한다. 일제는 한라산 중허리에 길을 머리띠처럼 뚫어놓아 산림과 표고버섯을 수탈한다. 이 길에는 동백나무가 많다. 바위틈에 뿌리를 내린 동백나무가 바위를 비집고 나온다. 줄기가 바위에 끼어 뒤틀려 있다. 좋은 환경에서 태어나지 못한 것 같다. 다양한 모양의 잡목들로 우거진 좁은 길을 걷는다. 넓은 숲길이 눈에 들어온다. 편백나무가 군락을 이루고 있다. 사이사이에는 간벌한 나무가 있다. 잘려진 밑동이 하얗게 드러나 있다. 표피 안쪽 부분에는 진액이 흘러나와 있다. 코를 대고 향기를 맡는다. 특유의 향기가 콧속으로 스며든다. 편백나무 숲을 넘어 계속 서쪽으로 나간다. 갈림길이다. 오른쪽으로 펼쳐진 넓은 길은 돈네코 방향이다. 한때 표고버섯을 재배·판매했던 무인판매대가 부식된 채 흉물스럽게 남아 있다.

일행은 악근천 방향의 동백길로 간

동백길에서 만난 동백꽃이 유난히 붉다.

악근천 계곡에서 바라본 시오름 봉우리

다. 숲길은 좁다. 야자매트가 깔려 있다. 가장자리에는 깊은 하전으로의 진입 방지를 위한 노끈이 쳐 있다. 나무줄기에는 둘레길 안내판이 붙어 있다. 숲길은 다소 어둡다. 그럼에도 안정감을 준다. 휘황찬란한 도심의 불빛은 자극적이며 피로감을 주지만 숲속의 조명은 안정적이다. 나무막대로 세워진 동백길 ⑮표시 안내판이 눈에 들어온다. 무오법정사까지 남은 거리가 7.5km임을 알리고 있다. 100여m 걸어가다 큰 계곡을 만난다. 악근천 상류이다. 고근산을 거쳐 강정천 해안으로 흐른다. 계곡으로 내려간다. 발아래에는 절벽이 있다. 눈앞 정면에는 시오름 봉우리가 보인다. 바위 웅덩이에 물이 고여 있다. 계곡 바위에 앉아 잠시 숨을 고른다. 준비해간 요깃거리로 배고픔을 달랜다. 악근천을 뒤로하고 다시 숲길로 나선다. 야자매트가 길을 안내한다. 숲길은 직선이 거의 없다. 구불구불 굴곡진 곡선이다. 그러면서도 내딛는 부엽토 바닥은 부드럽다. 무릎의 충격을 완화시킨다.

걷는 걸음은 바쁘다. 가야 할 길이 많이 남아있기 때문이다. 총총걸음 사이로 담장 흔적이 보인다. 안내판을 들여다본다. 4·3의 흔적이다. 무장대를 토벌하기 위해 마련한 시오름토벌군주둔소이다. 1950년 초반에 창설된 제100전투경찰사령부 산하 토벌대주둔소로 추정하고 있다. 산속에 숨어 저항하며 맞서는 무장대를 토벌하고 지역주민과의 연결 관계를 차단하기 위한 목적으로 만든 것이다. 주둔소 시설은 내성과 외성으로 된 이중구조이다. 내성은 생활공간, 외성은 감시용이다. 담장은 돌담이다. 지역주민들의 부역동원으로 만들어졌다고 한다. 얼마나 많은 고초를 겪었는지 눈에 선하다.

얼마 가지 않아 또다시 하천이 나온다. 하천은 깊고 웅장하지 않다. 이름 없는 지류인 것으로 보인다. 하천을 넘는 길에 나무 하나를 본다. 뿌리와 줄기가 돌덩이를 휘감고 있다. 그럼에도 나무는 무럭무럭 자라고 있다. 끈질긴 생명력에 감탄하지 않을 수 없다. 나무에 매달린 한라산 둘레길 노란리본이 바람결에 흔들린다. 바람은 나의 얼

돌로 벽을 쌓았던 시오름토벌군 주둔소 흔적

굴에도 다가와 시원함을 제공한다. 나무 숲 사이로 구릉지 같은 작은 하천이 또 드러난다. 숲길 바닥은 자연 그대로의 흙길이다. 사람이 다니면서 다져진 길이다. 좁은 흙길을 걷는 기분이 좋다. 또다시 하천이 앞길을 가로막는다. 이번에는 이끼천이라는 나무간판이 붙어 있다. 숲 터널을 이룬 하천 바위에는 많은 이끼들이 퍼렇게 붙어 있다. 많은 비가 내려도 쉽게 물이 넘치지 않은 하천임을 알 수 있다.

가야할 길은 이제야 절반을 지나고 있다. 화전마을 숯가마터를 지난다. 숯가마터는 비교적 온전하게 남아 있다. 아치형 구조이다. 1940년대에 축조된 것으로 알려지고 있다. 정면에는 화입구가 뚜렷하다. 숯가마터에는 나무가 크게 자라고 있다. 세월이 많이 흐르고 있음을 말해주고 있다. 숯가마터를 지나는 길에는 나무이름표가 곳곳에 붙어있다. 곰의말채·가막살나무·마삭줄·자금우 등 생소한 이름들이 많다. 갑자기 넓은 숲길과 마주한다. 오른쪽 좁은 숲길로 들어서는 모퉁이에 동백길 안내도가 붙어 있다. 아직도 갈 길이 멀다. 곳곳에 붙어 있는 나무 이름을 외우며 지루함을 달랜다.

숲속 길에 하치마키도로 안내 표시가 눈에 들어온다. 법정사에서부터 4.5$km$지점까지는 일제가 만들어놓은 하치마키도로(병참로)이다. 평평한 도로를 내기 위해 바위를 굴착했던 흔적이 남아 있다. 한라산의 울창한 산림과 표고버섯을 수탈하기 위해 한라산 중허리를 돌아가며 자른 길이다. 도내 전체 길이는 54$km$에 이르는 것으로 알려지고 있다. 그동안 눈에 보이지 않았던 적송이 장대처럼 곧게 서 있다. 또다시 하천 하나가 고개를 내민다. 바위 웅덩이에는 맑은 물이 고여 있다. 입을 대고 먹고 싶은 충동에 빠져든다.

하천을 넘어 동백길 ⑧번 표시 위치에 이른다. 4km 남아 있다. 이번에는 제법 큰 하천이 펼쳐진다. 하천의 깊이가 있다. 바위들이 온통 하얗다. 다른 하천의 바위와는 다르다. 궁상천이 아닌가 생각이 든다. 나무계단을 밟고 하천을 넘는다. 동백길이라 그런지 활짝 핀 동백꽃이 가는 길을 반긴다. 또다시 작은 하천을 만난다. 하천에는 작은 돌덩이들이 엉켜 있다. 얼마 가지 않아 적송 군락이 눈에 들어온다. 바닥에는 무수히 많은 솔잎과 솔방울이 떨어져 있다. 솔방울을 발로 툭툭 찬다. 아무런 반응이 없다. 숲길에는 볼거리가 많다. 커다란 바윗덩어리 사이로 굴처럼 생긴 궤가 있다. 움푹 들어가 있다.

이를 지나니 어린 동백나무 군락지가 나타난다. 최근 벌목으로 공터가 생기면서 동백나무들이 선점한 것이다. 다른 나무들도 어리다. 오래지 않은 시기에 벌목이 이뤄진 것으로 보인다. 숲길은 낙엽 덮인 부엽토 길이다. 또다시 거대한 하천을 만난다. 바로 앞에는 갈림길이 놓여 있다. 직진하면 기념탑이 세워진 무오법정사로 간다. 왼쪽으로 틀면 무오법정사 항일운동발상지로 간다. 일행은 왼쪽 방향으로 들어선다. 굴곡진 숲길을 따라 걷는다. 얼마 가지 않아 발상지가 나타난다.

서귀포시 도순동 소재인 이곳은 일제 강점기 제주항일운동의 효시인 곳이다. 1919년 3·1운동보다 5개월 앞선 1918년 10월 7일에 발생한다. 불교계를 비롯해 민간인 400여 명이 집단 무장해 2일에 걸쳐 일제에 항거한다. 3·1운동 이전 일제에 항거했던 단일투쟁으로는 최

무오법정사 항일운동발상지에 남아 있는 축담 건물 흔적들

대 규모이다. 일제는 항일지사 체포와 동시에 법정사를 불태운다. 현장은 제주도기념물 제61호로 지정되고 있다. 그후 무오법정사 항일항쟁성역화 사업이 추진된다. 2004년에 400인 합동신위와 66인의 영정을 모신 의열사를 인근에 세운다. 항일운동발상지는 건물 벽을 쌓았던 것으로 보이는 돌담 흔적이 남아 있다. 물을 길어 마셨던 샘물터가 남아 있다. 커다란 바위 앞에는 제를 올렸던 제단이 있다.

이를 뒤로하고 길을 나선다. 바로 앞에는 웅장한 하천이 있다. 하천 이름 표시는 없다. 도순천인 것 같다. 하천 바위를 건넌다. 경고문이 있다. '우천 시 하천 범람의 우려가 있으니 출입을 금하여 주십시오.' 동백길은 비가 많이 내리면 탐방에 조심해야 한다. 급류위험이 상존하고 있기 때문이다. 하천을 넘어 곧바로 무오법정사 진입 아스팔트길과 만난다. 1100도로로 나와 치유탐방 일정을 마감한다. 이렇게 해서 실제 걸은 거리는 3시간 46분에 걸쳐 12.11km를 걸었으며 걸음 수

동백길에 있는 도순천 계곡이 웅장한 위용을 드러내고 있다.

는 19,231보이다. 이로 인한 에너지 소모량은 812kcal이다.

### ▲ 참여자 소감

한라산둘레 동백길과 시오름 치유탐방을 마친 후 참여자들이 느낀 소감을 설문조사를 통해 확인한 결과를 종합적으로 정리하면, 오전 한때 비 예보가 빗나가면서 치유탐방길은 안성맞춤이다. 하천이 많은 동백길은 비가 많이 내리면 하천범람 때문에 늘 탐방위험을 안고 있다. 미세먼지와의 전쟁을 벌이고 있는 도심과는 다르게 숲속은 청정하다. 완연한 봄과 함께 돋아난 연초록 대자연의 향연이 펼쳐지고 있다. 우거진 나무가 그늘이 되고 커가는 나뭇잎들이 미세먼지를 빨아들인다. 치유의숲은 잘 조성돼 있다. 치유의숲길마다 붙여진 제주어 이름이 독특하다. 산림청 주관 2017년 가장 아름다운 숲으로 선정된다. 시오름 등성이는 가파르다. 정상 숲 사이 공간으로 장엄한 한라산 남사벽 백록담이 시야에 들어온다. 동백길로 들어선다. 동백나무가 많아 동백길 명칭이 어울린다. 초록색 속에 동백꽃 빨간색이 조화를 이룬다. 잘려진 편백나무 그루터기에 코를 대고 향기를 맡는다. 하치마키도로가 있다. 일제는 산림자원과 표고버섯을 수탈하기 위해 머리띠처럼 한라산 중허리에 길을 낸 것이다. 2010년에 이 도로를 중심으로 둘레길을 조성한다. 그 길을 걸으며 발아래를 본다. 도토리·동백꽃·수북이 덮인 낙엽이 반긴다. 성이 다른 나무 둘이 만나 백년해로를 하는 연리목이 간간히 보인다. 숯가마 터에도 어느덧 나무가 크게 자라나 있다. 이외에도 동백길에는 일제강점기 흔적과 4·3의 아픈 역사의 흔적이 남아 있다. 무오법정사 항일운동발상지에 남아 있는 녹슨 솥과 깨진 사기그릇 조각을 직접 보니 실감이 난다.

   치유적으로는 기분이 너무 좋다. 연초록이 심신의 안정감을 준다. 치유의숲이라는 선입감이 있어서 그런지 치유효과가 있는 것 같다. 산소를 내뿜는 무성한 나무들이 시원함을 발산한다. 시오름 정상까지 숨이 차도록 걸어 오른다. 흘린 땀을 식혀주는 시원한 바람이 그렇게 고마울 수 없다. 그냥 숲이 좋다. 숲의 향기와 바람이 온몸을 감싼다. 열심히 걸어온 탐방객에게 주는 산림의 선물이다. 기분이 상쾌하다. 큰오색딱다구리인지는 모르지만 멀리서 들려오는 나무 쪼는 소리가 아름답다. 도심의 미세먼지로 인해 간지러웠던 목과 코끝 자극이 어느새 사라진다. 편백나무 그루터기에 엎드려 피톤치드를 흡입하니 정신이 맑아진다. 심신이 깨끗해진다. 하천 바위에서 발산하는 형언할 수 없는 정기가 감돈다. 계곡의 맑은 물에서 분사되는 음이온이 차분함을 이끈다. 아니 명경지수明鏡止水와 같은 느낌이다. 그래서 동백길은 육체와 정신회복에 더 없이 좋은 치유탐방코스이다.

개선사항으로는 무오법정사로 들어가는 아스팔트도로에는 차도만 조성돼 있을 뿐 인도가 없어 보행 안전사고 위험이 높아 인도조성이 필요하다. 서귀포치유의숲은 곳곳에 쉼터·숲길 등 인위적인 시설이 너무 많이 조성돼 있어 아쉬움을 주고 있다. 이외에도 치유탐방코스를 선정함에 있어 인위적인 선정보다는 특색 있는 곳을 첨가시키는 것이 필요할 것으로 보인다.

## ▲ 치유적 시사점

이번 치유탐방은 남부지역 한라산 8부 능선에 있는 한라산 둘레길 제1구간 동백길을 소재로 한 영화 한 편을 관람한다. 동백길은 한라산 남부 능선에 머리띠를 두룬 것 같은 길이다. 서귀포치유의숲과 연결된 시오름에서 무오법정사까지의 동백길은 남부 능선 절반 정도의 거리이다. 남북 중심축을 기준으로 잡았을 때 서쪽으로 뻗어나간다. 숲길의 지형은 시오름을 최정점(해발 757.8m)으로 시작해 무오법정사(해발 600m)까지 조금씩 낮아지는 내리막길이다. 뿐만 아니라 동백길은 한라산 남부 가파른 8부 능선에 가로 놓여 있다. 산남지역 백록담에서 해안까지 뻗어 내린 지형은 급경사를 이룬다. 밑으로 흐르는 물의 힘은 거대한 하천과 작은 지류를 형성한다. 이 길을 거치는 큰 하천만 4개에 이른다. 시오름에서 발원한 악근천을 비롯해 순서대로 궁상천·고지천·도순천이 있다. 도순천은 영실에서 발원한 하천으로 산남지역 대표적인 하천 중의 하나이다. 그 사이 지류 하천이 4~5개 정도 끼여 있다. 이들 하천 모두는 하류로 가면서 강정천으로 통합된다.

동백길에는 하천만 많은 것이 아니다. 숲길 또한 아기자기하다. 낙엽 덮인 부엽토길을 비롯해 흙길·바위길·계단길·자갈길·편백나무숲길·오르막길·내리막길 등 그 특징이 다채롭다. 숲길은 동백꽃 빨간색과 나뭇잎 푸른색이 어우러져 멋진 조화를 연출한다. 아픈 역사의 흔적들도 고스란히 남아 있다. 그래서 동백길은 슬픈 역사의 때가 묻어 있는 곳, 아기자기한 숲길의 아름다움을 창출하는 곳, 물의 힘을 실감할 수 있는 웅장한 하천이 드러난 곳, 시오름을 중심으로 도내에서 유일한 치유의숲이 조성된 곳이다. 이를 볼 때 동백길은 강력한 힘의 상징이며 그 힘이 하나로 뭉쳐 큰 뜻을 이루는 명경지수의 치유력을 갖고 있다.

## : 해맞이숲길과 말찻오름

### ▲ 붉은오름과 말찻오름 현황

| 대표명칭 | 붉은오름 |
|---|---|
| 세 대 주 | 붉은부인(원형 굼부리) |
| 주 소 | 표선면 가시리 산158 |
| 시설규모 | 해발높이 569m / 건물높이 129m / 시설면적 585,044$m^2$ |
| 이웃시설 | 자연휴양림, 말찻오름, 숲속의집, 생태연못, 상잣성 숲길, 해맞이숲길 등 |
| 특 징 | 특이한 원형 굼부리, 시 경계 오름, 자연수림, 삼나무숲, 전망대 등 |
| 대표명칭 | 말찻오름 |
| 세 대 주 | 말찻부인(동쪽 말굽형 굼부리) |
| 주 소 | 조천읍 교래리 산137-1 |
| 시설규모 | 해발높이 653.3m / 건물높이 103m / 시설면적 403,935$m^2$ |
| 이웃시설 | 물찻오름, 해맞이숲길, 상잣성, 한라산과 연결된 일직선상 오름군 |
| 특 징 | 전망대, 정상부 큰 바위, 전사면 수림지대, 깊은 굼부리 |

| 치유탐방코스 |

붉은오름자연휴양림 주차장(0km) → 해맞이숲길 입구(0.91km) → 소낭삼거리(2.61km) → 제2목교(4.01km) → 말찻오름 삼거리(4.31km) → 말찻오름 입

구(4.51km) → 말찻오름 전망대(4.91km) → 말찻오름 정상(5.21km) → 말찻오름 입구(5.91km) → 말찻오름 삼거리(6.11km) → 제1목교 상산삼거리(6.81km) → 해맞이숲길 입구(7.81km) → 붉은오름자연휴양림 주차장(8.72km)

## ▲ 탐방지 날씨 및 실측정보

탐방일자 2018년 4월 25일  탐방인원 6명

탐방시간 09:41  종료시간 12:29

현장날씨 흐리고 비 조금 / 온도 17° / 체감온도 13° / 습도 95% / 풍속 2m/s

실측현황

걸은 거리 8.72km  걸은 시간 2시간 48분(휴식시간 등 제외)

만보기 14,609보  칼로리소모량 512kcal  난이도 중

## ▲ 관찰된 주요 산림치유인자

| | |
|---|---|
| 생물 요소 | 소나무, 삼나무, 버섯, 이끼, 때죽나무, 조릿대, 산뽕나무, 상산, 꽝꽝나무, 참식나무, 새우란, 동백나무, 천남성 등 |
| 오감 요소 | 물먹은 숲의 청아함, 연초록 잎의 생명력, 잎에 매달린 투명한 이슬방울 자태, 꼬불꼬불 탐방길의 다양한 모양 등 |
| 지형 요소 | 아늑한 탐방길, 반달 모양 붉은오름 봉우리, 상잣성, 동쪽으로 움푹 꺼진 말찻오름 굼부리와 정상의 암석 등 |
| 기후 요소 | 미세먼지 없는 맑은 공기, 미세한 바람, 물먹은 숲의 봄 안개비, 싱그러움으로 가득 찬 저고산지대 봄철 날씨 |
| 심리 요소 | 탈출감, 해방감, 영롱함, 깨끗함, 생명력, 청아함, 고요함, 적막감, 순수함, 자신과의 대화, 자기 이해, 긍정적 사고 등 |
| 사회 요소 | 대화의 기회, 이해와 배려, 소통, 교감, 관계 형성, 넉넉한 마음 등 |

## ▲ 적절한 치유요법

- 물안개로 가득 찬 숲속의 오르막길과 내리막길을 걷는 유산소 운동요법
- 물을 가득 흡수한 나무와 풀들이 키워내는 푸른 생명력이 넘치는 숲지대를 걷거나 쉬면서 날숨과 들숨의 호흡조절작용을 통해 심폐를 건강하게 하는 심폐활성화·지구력요법
- 저고산지대 숲과 오름에서 자라는 나무와 버섯 등을 관찰하며 배우는 지식요법과 사진 등으로 남기는 기록요법
- 복잡하게 얽혀 있는 머릿속 문제들이 자연스럽게 풀리고 비우고 새롭게 채울 수 있도록 하는 정화요법
- 서로 함께 어울려 걸으며 마음을 열어놓고 교감하는 소통요법
- 물안개 가득한 숲속과 물을 품은 식물들, 나뭇잎마다 대롱대롱 매달린 물방울로부터 공급되는 음이온과 식물의 광합성으로부터 나온 풍부한 산소가 융합된 숲속을 걸으며 생리기능의 증진과 피부의 아름다움을 가꿔주는 미백요법
- 도심보다 주파수가 고르게 분포하는 숲속의 고요한 백색소음과 지저귀는 새소리로부터 뇌파를 안정시켜 마음을 편안하게 하도록 유도하는 알파($a$)파와 세타($\theta$)파요법

## ▲ 산림치유 체험

붉은오름자연휴양림 해맞이숲길과 말찻오름은 표선면 가시리 저고산지대 숲길을 특징으로 하는 치유인자가 있는 곳이다. 4월 25일 6

명의 일행은 여느 때와 마찬가지로 오전 8시 40분에 제주시종합경기장에서 만난다. 당초에는 영실탐방로를 통해 한라산 윗세오름을 탐방할 예정이었다. 그런데 이틀 전부터 내린 비 날씨가 이날까지 이어진다. 비는 거의 그쳤지만 짙은 안개가 탐방길을 가로막는다. 어쩔 수 없이 탐방코스를 붉은오름지연휴양림으로 변경한다. 일행을 태운 차량은 제주시 봉개동을 경유해 번영로와 남조로를 따라 달린다. 물먹은 도로는 축축하게 젖어있다. 도로변에 있는 연초록 나뭇잎이 싱그럽다. 50분쯤 걸려 자연휴양림 주차장에 도착한다. 구체적인 치유탐방계획을 세운다.

| 붉은오름자연휴양림 |

2012년 11월에 개장한 붉은오름자연휴양림은 표선면 가시리 산 158번지에 위치해 있다. 도내 자연휴양림 가운데 가장 늦게 문을 연 곳이다. 한라산 동쪽을 가로질러 제주시와 서귀포시를 잇는 남조로 서쪽에 자리 잡고 있다. 표고(붉은오름과 말찻오름 비고 제외)는 해발 420~530m이다. 조성면적은 190$ha$(570,000평)에 이른다. 50년 된 삼나무림과 천연림 등이 울창하다. 주변에는 상잣성숲길을 비롯해 말찻오름을 연계한 해맞이숲길, 붉은오름 산책길 등이 조성돼 있다. 이용객 편의시설은 숲속의집·산림문화휴양관·방문자센터·잔디광장 등이 있다. 최근에 지어진 목재문화체험장은 개장을 앞두고 있다. 이곳에서는 편백·삼나무체험과 목재전시관을 관람할 수 있다. 숲속의집은 4인실에서부터 8인실까지 마련돼 있으며 세미나실도 준비돼 있다.

붉은오름자연휴양림 광장에서 바라본 붉은오름 모습이 마치 반달처럼 둥글고 미끈하다.

| 해맞이숲길 |

휴양림주차장에서 내린 일행은 매표소에서 입장료를 지불하고 본격적인 치유탐방에 나선다. 휴양림 진입로는 황토색 컬러아스콘으로 단장돼 있다. 길옆에는 소나무들이 군락을 이룬다. 오른쪽에는 불쑥 솟은 붉은오름이 있다. 흉터 하나 없이 미끈한 반달 모양이다. 부드럽다. 붉은 부인이 부르는 것 같다. 일행은 들머리에서 잠시 머뭇거린다. 만나고 갈까 고민하다 그냥 지나친다. 휴양림 중심 도로를 따라 직진한다. 가장자리에 있는 소나무들은 부지런히 새순을 키우고 있다. 지난 이틀간 내린 비는 대지를 흠뻑 적신다. 너른 광장에서 자라는 잔디에도 이슬방울이 맺어있다. 연한 물안개가 땅바닥을 기고 있다. 오늘만큼은 태양도 외출을 삼가고 있다. 그만큼 대지의 목마름을 해소할 수 있는 기회를 주고 있다. 날카로운 예초기가 멈춤 없이 잔

해맞이숲길 초입구에 있는 울창한 삼나무숲이 장승처럼 하늘을 향해 곧게 뻗어 있다.

디를 자르고 지나간다. 잘려진 잔디가 푹푹 쓰러진다.

광장 반대편에는 큰 건물이 들어서고 있다. 목재처럼 둥그런 모양이다. 간판을 보니 목재문화체험장이다. 곧 개장을 앞두고 있다. 이어서 삼나무숲이 드러난다. 50년은 족히 넘은 것 같다. 몇 개의 삼나무 줄기에는 쇠밧줄이 묶여 있다. 도르래를 이용해 이동하는 집라인 시설이다. 나무가 아파할 것 같다는 생각이 든다.

곧이어 삼거리를 만난다. 오른쪽 삼나무숲길로 들어선다. 말찻오름 해맞이숲길 초입구이다. 안내판이 길을 안내한다. 삼나무숲 사이로 둥근 돌방석 길이 놓여 있다. 옅은 물안개가 숲을 뒤덮고 있다. 비온 날의 숲은 평소보다 더 어둡다. 흐트러짐 없이 도열해 있는 삼나무가 장승처럼 보인다. 호위를 받는 기분이다. 돌방석길을 넘으니 통나무로 가장자리를 표시한 야자매트길이 나온다. 삼나무 아래에는 참식나무가 자라고 있다. 가지 끝에 매달린 듯 돋아난 새잎이 연한 갈색을 띠고 있다. 꽃이 핀 것처럼 보인다. 가는 솜털 잎에 물방울이 조롱조롱 맺혀 있다. 조금 지나자마자 천연림이 나타난다. 얽히고설켜 제멋대로 자라는 것 같다. 쓰러진 것, 부러진 것, 꼬부라진 것 등…. 자세히 보니 나름대로 질서를 유지하고 있다. 필요한 만큼의 공간에 만족하는 것 같다. 뿌리째 뽑혀 쓰러진 나무가 보인다. 굵고 긴 중심축 뿌리가 없다. 지표면을 중심으로 넓고 얕게 퍼진 뿌리들뿐이다. 천근성 뿌리의 특징을 갖고 있다. 조금의 바람에도 제 몸을 이기지 못해 쉽게 넘어지고 있다.

상산삼거리에 이른다. 상산이 많이 자라는 곳이다. 운향과의 낙엽활엽 관목이다. 새잎이 돋아나면서 4~5월에 꽃이 핀다. 잎은 윤이 난다. 씨나 잎은 독성이 있다. 잎의 유액은 진딧물이나 해충 방제용으로 사용한다. 꽃이 필쯤에 강렬한 향기가 숲을 휘감는다. 봄의 중반에 들어섰음을 알리는 향기이다. 냄새가 독특해 송장나무라고도 한다. 비에 흠뻑 젖은 잎을 따서 냄새를 맡는다. 향기가 스멀스멀 풍겨 나온다. 한쪽에는 죽은 나무가 있다. 줄기에는 목이버섯이 피어 있다. 손으로 만지니 물렁물렁하다. 쓰러진 나무 밑에서는 어린 상황버섯이 자라고 있다. 물을 먹어서 그런지 싸한 향기가 코끝을 자극한다.

죽은 나무줄기에 붙어 자라는 목이버섯이 왕성하게 몸집을 키우고 있다.

숲속 깊이 들어갈수록 싱그러움은 더욱 넘친다. 물을 가득 품어서 그런 것 같다. 신선한 산소가 넘친다. 초

해맞이숲길에 놓여 있는 경사지 나무계단이 비에 젖어 미끄럽다.

록색이 빛을 발한다. 곳곳에서 들려오는 새들의 소리가 우렁차다. 잠시 가던 길을 멈춘다. 일행 중 한 사람이 말을 건넨다. "숲은 게으름이 없다. 자신에게 주어진 일을 시간에 맞춰 확실하게 해낸다. 채우고 비우는 것을 반복하면서…." 일행들이 고개를 끄덕이며 수긍한다. 생명력 넘치는 숲의 에너지에 매료된다. 지루함을 느낄 수 없다. 이름 없는 작은 하천에 놓인 제2교목을 넘는다. 물먹은 나무계단이 제법 미끄럽다. 경사진 나무계단을 지나 오름삼거리에 이른다.

| 말찻오름 |

오름삼거리는 해맞이숲길 내에 있는 3개의 길이 만나는 교차점이다. 제1교목길과 제2교목길, 그리고 말찻오름길이 그것이다. 삼거리에서 오름 방향으로 200m 더 들어가면 말찻오름 입구가 나온다. 다른 탐방객들도 몇 몇 보인다. 부인의 이름은 말의 방목장에서 유래하고 있다. 조선시대 이곳은 거대한 말 목장지대이다. 숲속에 길게 쌓

여진 돌담이 말해준다. 부인의 주소는 조천읍 교래리 산137-1번지이다. 해발 553.3m 위에 지어진 집은 그 높이가 103m에 이른다. 거대한 바윗덩어리가 옥상을 꾸미고 있다. 탐방객들이 전망대로 이용한다. 하나 뿐인 안방은 동쪽으로 트여 있다. 움푹 팬 안방은 온갖 수림으로 가득 차 있다. 쉽게 접근하기 어렵다. 부인의 가꾸고 있는 정원은 403,935$m^2$이다. 부인은 그 옛날 이곳에서 말 목장업을 크게 했다. 잘 나갈 때도 있었지만 영원하지는 못했다. 세월 따라 쇠퇴의 길을 걷는다. 이후 업종을 수림지대로 완전히 탈바꿈시킨다. 치유사업으로의 길을 열고 있다.

일행은 오름삼거리를 넘어 앞으로 나간다. 부인이 오름 들머리에서 기다리고 있다. 이틀 동안 내린 비로 부인의 옷은 흠뻑 젖어 있다. 반갑게 인사를 나눈 후 건물 위로 오른다. 오른쪽 계단을 탄다. 경사가 조금 가파르다. 나무들이 빼곡하게 들어차 있다. 숲 공간은 옅은 물안개의 놀이터가 되고 있다. 햇볕이 없고, 바람도 없다. 오로지 물안개만이 가득하다. 어쩌면 안개와 햇볕은 함께 할 수 없는 상극의 운명인지 모른다. 나뭇잎에는 이슬방울이 대롱대롱 매달려 있다. 물 먹은 연초록이 빛난다. 봄의 중심

말찻오름에 있는 상산이 푸른 잎과 함께 꽃을 피우고 있다.

에서 만난 초록숲이다. 산소가 가득하고, 음이온이 넘친다. 그렇게 싱그러울 수 없다. 시원하고 상쾌하다. 옥상에 마련된 바윗덩어리 전망대에 선다. 안개가 가시거리를 막는다. 전망대 표지판이 넘어져 있다. 바윗덩어리를 넘어 좁은 흙길로 나선다. 시루떡 모양의 돌무더기가 보인다. 돌무더기는 큰 놈을 기준으로 나란히 줄지어 있다.

바위를 뚫고 나무들이 자란다. 신기하다. 얼마 지나지 않아 가장 높은 곳을 만난다. 사방이 숲으로 막혀 있다. 특징적인 것은 하나도 없다. 정상이라는 팻말이 현 위치를 알려주고 있을 뿐이다.

건물 옥상을 한 바퀴 돌아 내려온다. 이름을 알 수 없는 풀꽃이 바위 위에 하얗게 피어 있다. 아름답다. 조릿대는 깊게 팬 골짜기 바닥까지 점령하고 있다. 나뭇가지 쪽을 본다. 울창한 연초록이 하늘을 가린다. 새 생명의 잔치가 벌어지고 있다. 몇 개월 전까지만 하더라도 볼품없는 앙상한 가지가 아니었던가. 어느새 푸른색 옷으로 갈아

나무들이 말찻오름 전망대 인근의 바윗덩어리 위에 뿌리를 내려 자라고 있다.

입고 있다. 탐방로에는 송전 선로 전봇대가 서 있어 눈살을 찌푸리게 한다. 오름 입구에서 부인과 작별인사를 하고 오름삼거리를 거쳐 제1목교로 빠져 나온다. 그리고 잔디광장 너머로 붉은오름을 다시 본다.

### |붉은오름|

붉은오름 탐방은 이번 일정에 포함되지 않는다. 일정상 다음으로 미룬다. 먼발치에서 보기만 한다. 그냥 떠나는 것이 못내 아쉽다. 그럼에도 불구하고 지난날 탐방 경험을 떠올리며 부인의 삶을 더듬어 본다. 부인의 이름 '붉은赤岳'은 글자 그대로 붉은 데서 유래한다. 오름을 덮고 있는 흙이 유난히 붉은 색을 띤다는 것이다. 그러나 실제 오름 어느 곳에서도 붉은색을 띠는 곳은 찾을 수 없다. 그래서 검은오름黑岳이라는 명칭을 갖기도 하다.

부인의 주소는 표선면 가시리 산158번지에 두고 있다. 그럼에도 오름 정원은 하나의 주소가 아닌 둘로 나눠져 있다. 실제 제주시(조천읍)와 서귀포시(표선면)의 경계를 이루고 있다. 그리고 해발 440m에 지어진 건물 안방 역시 특이하다. 터진 곳 없이 둥그런 모양을 하고 있다. 그런데 이 모양은 상층부에서는 터진 모양(말굽형)으로 흘러내리다 남사면 중턱에 이르면 움푹 팬 원형으로 바뀐다. 이중형이다. 안방은 잡목과 넝쿨 등으로 빼곡하게 들어차 들여다볼 수 없다. 쉽게 접근할 수 없다. 외부와의 관계를 거부하는 것 같다. 이 외에도 부인의 건물은 백록담에서 뻗어 내린 기다란 오름 능선줄기 선상 중간에 위치해 있다. 이 능선줄기의 최종 정착지는 성산 해안이다. 오름 동쪽 기슭으로는 남조로가 뚫고 지나간다. 널따란 아스팔트길이다. 이웃 오름과의 어울림을 멀어지게 한다. 그래서 부인의 삶은 복잡하다. 한동안 누렸던 인기마저 말찻오름 해맞이숲길이 생기면서 예전만 못하다. 기존에는 휴양림의 주된 탐방코스로 붉은오름을 빼놓을 수 없다. 휴양림 탐방객 대부분이 부인을 만나고 간다. 지금은 그렇지 않다. 탐방코스에 포함되는 것조차 선택의 기로에 의존하고 있다. 굴곡 많은 부인의 삶의 궤적을 더듬어 본다.

### 〈붉은오름의 굴곡진 삶〉

아! 나는 / 능선·기슭·바닥 / 피부색 그 어디에도 / 붉은 데가 없는데 / 모두 붉었다고 하니 / 붉지 않을 수 없습니다.

아! 나는 / 사는 집 굼부리마저 / 부르는 이에 따라 / 원형이라 하고 / 복합형이라 하니 / 도저히 종잡을 수 없습니다.

아! 나는 / 집 주소마저 / 이쪽저쪽도 아닌 / 교래리와 가시리 / 양쪽에 걸쳐 있어 / 혼란스럽기 그지없습니다.

아! 나는 / 백록담에서 일출봉까지 / 흘러내린 / 길고 긴 능선 줄기 / 중간에 끼어 / 마치 샌드위치 같습니다.

아! 나는 / 더 신선한 길 / 해맞이숲길 생긴 후 / 지난날 인기마저 / 서서히 시들며 / 변방으로 내몰리고 있습니다.

아! 나는 / 이것도 운명인지라 / 말없이 받아 안고 / 불안한 경계선에서 / 외줄 타듯 / 오늘도 살아가고 있습니다.

일행은 아쉬움을 뒤로하고 넓은 길을 따라 휴양림주차장으로 이동한다. 마가목이 주차장 울타리에 심어져 있다. 하얀색 꽃봉오리가 피어나고 있다. 안개는 걷히고 있다. 햇볕이 마중을 나온다. 4월 하순이 싱그러운 말찻오름의 치유탐방을 마감한다. 이날 치유탐방은 2시간 48분에 걸쳐 8.72km을 걷는다. 걸음 횟수는 14,609보이며 에너지 소비량은 512kcal이다.

### ▲ 참여자 소감

붉은오름자연휴양림 해맞이숲길과 말찻오름 치유탐방을 마친 후 참여자들이 느낀 소감을 설문조사를 통해 확인한 결과를 종합적으로 정리하면, 이번 치유탐방은 안개비 드리운 촉촉하고 고요한 숲길을 걷는다. 며칠 간 내린 비로 나무는 물을 흠뻑 머금고 있다. 나뭇잎이 싱그럽다. 안개 덮인 숲은 신비로움을 자아낸다. 물을 잔뜩 먹은 목이버섯이 나무줄기에 대롱대롱 매달려 있다. 나뭇잎을 부여잡은 물방울이 투명하다. 물방울 속에 투영된 그림자는 탐방로·흙길·하늘까지 모두 끌어안고 있다. 숲은 신바람이 난다. 나무들은 서로 경쟁하듯 쑥쑥 자라고 있다. 지난겨울과는 완전히 다른 세계가 펼쳐지고 있다. 새들의 지저귐이 활기 넘친다. 다시 살아나지 않을 것 같았던 눈 속의 이끼류는 푸른빛으로 탈바꿈한다. 참식나무 새순은 예쁜 꽃으로 착각하게 한다. 촘촘히 난 새순 솜털이 벨벳 같은 부드러움으로 전해온다.

커다란 바윗덩어리 위에는 나무들이 자란다. 잔디도 함께 자란다.

마치 분재한 것 같다. 숲 바닥에는 조릿대가 많이 퍼져 있다. 안개 덮인 삼나무숲은 다른 세계로 들어가는 기분이다. 숲속에 가득히 퍼진 형언할 수 없는 다양한 향기가 코끝을 떠나지 않는다. 상산향기가 강렬하다. 연초록에서 짙은 초록으로 변화하는 녹색의 그러데이션이 멋진 조화를 이룬다. 녹음을 더하며 여름을 향해 달려가고 있다. 180°로 둘러싸인 능선 아래 펼쳐진 계곡 같은 말찻오름 굼부리가 웅장하다.

  치유적 관점으로는 적당하게 낀 안개와 싱그러운 초록이 정신적인 평화와 안정감을 갖게 한다. 미세먼지와 바람, 햇빛이 없으니 마스크와 선글라스를 벗고 숲의 향기를 직접 맡는다. 촉촉한 음이온으로 피부와 눈에 마사지를 받아 온몸이 저절로 상쾌하다. 미세먼지 가득 찬 도심지 거주공간에서는 호흡의 답답함을 느낀다. 맑은 공기로 가득 찬 이곳에서는 폐까지 깨끗하게 청소하는 기분이다. 물기 가득한 상황버섯의 싸한 향기는 머리를 맑게 한다. 숲길 걷는 자체만으로도 머리가 맑아진다. 시원함이 뼈 속까지 스며든다. 평화로운 숲속 전경이 좋다. 안개·바위·나무·까마귀까지 정겹다. 말찻오름 오르막길을 오르며 체득한 에너지가 체력증진으로 이어진다. 삼나무 아래에 놓인 평상은 어제의 나와 내일의 나를 생각하게 하는 사유공간으로서의 느낌을 갖게 한다. 마치 이 모든 것이 하나로 엮어진 숲이라는 책을 읽는 것 같다. 속독과 정독을 번갈아가며 읽는다. 마음의 소리가 들린다. 참으로 경건해진다. 어느새 몸과 마음이 가볍고 발걸음이 가볍다. 60세인 이순에서 자화상을 그린다. 앞으로 10년의 삶에서는 건강과

독서를 생각한다. 돌아오는 길은 가벼운 발걸음과 상쾌한 마음이다.

개선사항으로는 잘 정돈된 탐방로임에도 불구하고 비가 올 때에는 나무계단이 미끄러워 넘어질 우려가 있어 보강대책이 있어야 할 것으로 보인다. 길 안내 이정표 표시판은 헷갈릴 정도로 복잡하게 설치돼 있어 누구나 알기 쉽게 동서남북 표시의 명확화 등 단순화할 필요가 있다.

### ▲ 치유적 시사점

이번 치유탐방은 해발 500m 숲속에서 펼쳐진 붉은오름자연휴양림 해맞이숲길과 말찻오름을 소재로 한 영화 한 편을 본다. 봄의 중반에 선 시점이다. 비가 멎고 안개가 낀다. 물 먹은 숲은 연초록을 벗어던지며 짙은 초록으로 달려가고 있다. 싱그러움으로 활기가 넘친다. 풍성하다. 그럼에도 이곳에 있는 오름들만이 갖고 있는 특별한 이면을 볼 수 있다.

말찻오름은 사방으로 탁 트인 조망권을 내주지 않는다. 붉은오름도 마찬가지이다. 전망대는 있지만 많은 부분이 숲에 가려져 있다. 말찻오름의 경우 가까이에 있는 물찻오름 방향 정도가 보일뿐이다. 이들 오름 내부 또한 꽉 막혀 있다. 가시덤불과 나무들이 빽빽하게 들어차 손쉽게 접근할 수 없다. 외부와의 관계를 차단하고 있다. 자신의 모습을 드러내지 않으려한다. 개방보다는 폐쇄적이다. 이 뿐만이 아니다. 이들 오름에는 굴곡진 삶도 있다. 붉은오름은 제주시와 서귀포시를 나누는 경계선상에 놓여 있을 뿐만 아니라 기슭을 가로지르는 남조로가 뚫려 있다. 지난날 거대한 목장지대였던 말찻오름은 숲으로 완전히 뒤덮여 수림지대를 이루고 있다. 그런 과정들이 오히려 전화위복이 되고 있다. 지난날 어두웠던 시련을 극복하고 깊고 그윽한 숲의 맛으로 탈바꿈하는 도약의 치유력을 선보이고 있다.

Part 4
# 고산지대 치유탐방 2선

시간이 흐르고 흘러 마지막 노을을 만난다.
수평선 너머 사라지는
노을의 찬란함처럼 다음을 기약한다.

# 성판악탐방로와 사라오름

## ▲ 사라오름 현황

| 대표명칭 | 사라오름(한라산) |
|---|---|
| 세 대 주 | 사라부인(원형 굼부리) |
| 주 소 | 남원읍 신례리 산2-1 |
| 시설규모 | 해발높이 1,324.7m / 건물높이 150m / 시설면적 440,686$m^2$ |
| 이웃시설 | 성판악, 백록담, 진달래밭, 샘터, 속밭대피소, 성널오름 등 |
| 특 징 | 접시 모양의 산정호수, 전망대, 나무계단, 정상 쉼터, 탁 트인 경관 등 |

| 대표명칭 | 제2사라오름(건입동) |
|---|---|
| 세 대 주 | 사라부인(북서쪽 굼부리) |
| 주 소 | 제주시 건입동 387-1 |
| 시설규모 | 해발높이 148.2m / 건물높이 98m / 시설면적 233,471$m^2$ |
| 이웃시설 | 별도봉, 제주항, 우당도서관, 국립박물관, 배드민턴장 등 |
| 특 징 | 사봉낙조, 체력단련시설, 망양정, 봉수대, 산지등대, 보림사 등 |

| 치유탐방코스 |

성판악 입구(0km) → 속밭대피소(4.1km) → 사라오름 입구(5.8km) → 사라오름 전망대(6.9km) → 사라오름 입구(8.0km) → 속밭대피소(9.7km) → 성판악 입구(13.8km)

## ▲ 탐방지 날씨 및 실측정보

탐방일자  2018년 3월 28일    탐방인원  6명

탐방시간  9:41               종료시간  15:07

현장날씨  맑음 / 온도 20° / 체감온도 9° / 습도 64% / 풍속 2m/s

실측현황

**걸은 거리** 13.8km    **걸은 시간** 5시간 26분(휴식시간 등 포함)

**만보기** 22,919보    **칼로리소모량** 931kcal    **난이도** 상

## ▲ 관찰된 주요 산림치유인자

| | |
|---|---|
| 생물 요소 | 서어나무, 졸참나무, 때죽나무, 굴거리나무, 겨우살이, 삼나무, 아그배나무, 야광나무, 참빗살나무, 산딸나무, 말오줌나무(접골목), 까마귀 등 |
| 오감 요소 | 산정호수에 들어찬 맑은 물의 잔잔함, 눈앞에 솟아 있는 백록담의 자태, 끝없이 동녘으로 펼쳐진 하향 능선의 파노라마 모습 등 |
| 지형 요소 | 물 가득 찬 산정호수, 가파른 나무 계단, 길고 긴 오르막길, 천연림 둘러싼 탐방로, 눈앞에 있는 백록담, 속밭대피소, 성판악 등 |
| 기후 요소 | 3월 말에도 녹지 않고 남아 있는 눈, 15℃쯤 되는 기온, 숲속의 선선한 바람 등 1,000고지 이상의 고산지대 초봄의 날씨 |
| 심리 요소 | 탈출감, 해방감, 포근함, 고요함, 순수함, 깨끗함, 청명함, 광활함, 웅장함, 자신과의 대화, 자기 이해, 긍정적 사고 등 |
| 사회 요소 | 대화의 기회, 이해와 배려, 소통, 교감, 관계 형성, 넉넉한 마음 등 |

## ▲ 적절한 치유요법

• 길고 긴 오르막과 내리막 거친 돌길을 장시간 왕복함으로써 온몸

의 근육을 강화시켜주는 유산소 운동요법
- 따뜻한 봄 날씨 한라산 천연림 숲 지대를 걷거나 쉬면서 날숨과 들숨의 호흡조절작용을 통해 폐를 건강하게 하는 미기후요법
- 아직 푸른 새순이 돋아나지 않은 벌거벗은 나무숲과 오름 꼭대기에서 끝없이 뻗어 내린 능선 등을 조망할 수 있는 경관(관찰)요법
- 한라산 고산지대 숲에서 자생하는 식생들을 관찰하며 배우는 지식요법과 사진으로 남기는 기록요법
- 하늘과 맞닿아 있을 듯한 양지바른 오름 꼭대기나 물속까지 투명하게 비치는 맑은 물가에 앉아 마음의 탐욕을 떨어내는 명상요법
- 복잡하게 얽혀 있는 머릿속 문제들이 자연스럽게 풀리고 비우고 새롭게 채울 수 있도록 하는 정화요법
- 햇살이 따듯하게 비치는 오름 정상에 마련된 평상에 둘러앉아 각자 준비한 간식을 나눠 먹으며 이야기를 나누는 친교·식이요법
- 서로 함께 어울려 걸으며 마음을 열어놓고 교감하는 소통요법
- 길고 긴 오르막과 내리막의 울퉁불퉁한 돌길을 걸을 때 발바닥 자극으로 혈액순환을 원활하게 하는 지압요법 / 신진대사 촉진요법
- 숲속의 신선한 공기와 따뜻한 햇볕을 쬐며 부족할 수 있는 비타민 D를 보충하는 일광요법

### ▲ 산림치유 체험

성판악탐방로와 사라오름은 한라산 동부지역 고산지대를 특징으로 하는 치유인자가 있는 곳이다. 이곳 치유탐방은 그동안 여러 차례

계획을 세웠지만 폭설과 폭우가 겹치면서 뜻을 이루지 못했다. 마침내 날씨가 따뜻해지면서 미뤘던 계획이 이뤄진다. 3월 28일 6명의 일행은 기존처럼 아침 8시 40분에 제주시종합경기장에서 모인다. 차에 탄 일행은 아라동을 지나 5·16도로를 따라 한라산 성판악휴게소로 내달린다.

많은 차량들이 도로를 누빈다. 날씨는 초여름처럼 매우 따뜻하다. 그렇지만 도심지의 대기는 미세먼지로 뿌옇다. 고지대로 갈수록 미세먼지는 사라진다.

| 성판악코스와 한라산 |

한라산 성판악코스는 백록담을 치유탐방하는 코스 중의 하나이다. 백록담을 치유탐방할 수 있는 코스는 이외에도 4개가 더 있다. 어리목(6.8km)·영실(5.8km)·관음사(8.7km)·돈내코 코스(7.0km)가 그것이다. 성판악코스는 한라산 동쪽에 위치해 있다. 경사가 완만하고 전체 길이가 9.6km로 가장 길다. 탐방로에는 속밭대피소와 사라오름 입구, 진달래밭대피소 등이 있다. 천연림까지 빼곡하게 우거져 산림욕을 즐기면서 걷기에 너없이 좋은 코스나. 진달래밭대피소를 시나 해발 1,800m에는 구상나무 군락지대를 만난다. 1시간쯤 걸으면 백록담 동릉 기슭에 이른다. 이곳에서 급경사 계단을 타고 20분쯤 오르면 정상에 이른다.

지금으로부터 2만 5천 년 전까지 화산활동에 의해 만들어진 한라산은 우리나라 3대 영산 중의 하나이다. 한반도 최남단에 위치해 있고 남한에서 가장 높은 해발 1,950m에 이른다. 고도에 따라 다양한 식생이 분포하는 등 동·식물의 보고이다. 그래서 1966년 10월에 한라산을 천연기념물 제182호인 천연보호구역으로 지정해 관리하고 있다. 1970년 3월에는 국립공원으로, 2002년 12월에는 UN의 'UNESCO 생물권 보전지역'으로 지정된다. 제주섬 중앙에 우뚝 솟은 한라산의 웅장한 자태는 어머니처럼 자애로우면서 강인한 기상을 지니고 있다. 태고의 신비를 간직한 한라산은 제주도민들뿐 아니라 모든 탐방객들에게 최고의 선물이며 보물이 아닐 수 없다.

| 성판악탐방로 |

사라오름으로 가기 위해서는 성판악입구에서 속밭대피소를 거쳐야 한다. 속밭대피소까지는 4.1km에 이른다. 여기에서 사라오름 정상까지는 2.3km이다. 전체 거리는 6.4km이다. 일행은 성판악코스로 들어선다. 곧바로 숲속과 연결된다. 주변에는 천연림으로 가득하다. 지난 가을에 나뭇잎을 떨어뜨린 나무들이 줄기만 앙상하게 남아 있다. 새봄 햇살을 먹은 나무들이 가지 끝에서부터 새순을 돋기 위한 준비를 하고 있다.

탐방로는 오름 정상까지 오르막이다. 울퉁불퉁 돌덩이 길이다. 돌부리에 걸려 넘어지지 않기 위해서는 발바닥에 신경을 집중해야 한다. 뾰쪽한 돌부리가 발바닥을 지압한다. 발이 아프면 온몸이 아프다고 한다. 그만큼 발은 밑으로 내려온 혈액을 심장으로 다시 되돌려보내는 펌프(제2의 심장)와 같은 역할을 한다. 그래서 발바닥 지압은 몸

전체를 자극하는 것과 같다. 얼마나 많은 탐방객들이 오고 가면서 밟았는지 돌부리가 미끈하게 다져 있다. 돌에서 윤기가 나는 것 같다.

계곡 등 굴곡진 곳은 나무데크시설이 놓여 있다. 길 가장자리 따라 늘어선 일부 나무에는 이름표가 붙어 있다. 한라산 숲을 이루고 있는 나무들이다. 졸참나무를 비롯해 당단풍나무·사람주나무·서어나무·때죽나무·아그배나무가 눈에 들어온다.

길고 긴 오르막 성판악 탐방길이 울퉁불퉁 돌길로 이뤄져 있다.

사이 사이에는 푸른 잎을 가진 굴거리나무가 자라고 있다. 얼른 가서 만지고 싶어도 만질 수 없다. 탐방로를 벗어난 지역은 천연보호구역으로 통제되고 있다. 탐방로만을 따라 오고 갈 뿐이다. 탐방로를 따라 숲 한편(상행길의 오른편)에는 모노레일이 설치돼 있다. 물건을 실어 나르기 위한 것으로 보인다.

놀멍쉬멍 1시간 40분쯤 걸었을까? 그렇게 울창했던 천연림은 없어지고 삼나무 군락지가 들어온다. 왼쪽 너머에는 나뭇가지 사이로 맹주처럼 크고 불쑥 솟은 오름이 보인다. 성널오름(성판악)이다. 울창한

굴거리나무가 앙상한 낙엽활엽수들 사이에서 푸르름을 뽐내고 있다.

숲으로 덮여 있다. 동남쪽 비탈에는 수직의 암벽이 있다. 마치 널빤지를 쌓아 성을 만든 것처럼 보인다고 하여 '성널'이라고 부르고 있다. 먼 거리에서나마 오름의 가파름을 느낄 수 있다.

얼마 지나지 않아 속밭대피소가 나타난다. '속밭'은 인근에 초원처럼 평평한 곳의 이름이다. 이 명칭을 따서 속밭대피소라 부르고 있다. 지금은 나무들로 우거져 옛 모습을 찾을 수 없다. 속밭대피소는 오고 가는 탐방객들이 쉴 수 있는 휴식의 정거장이다. 간이휴게소와 함께 화장실이 마련돼 있다. 일행은 이곳에서 잠시 쉬면서 숨을 고른다.

이내 몸을 일으켜 목적지를 향해 움직인다. 나무들이 반기는 길을 따라 걷는다. 고지대 숲 바닥은 조릿대들이 차지하고 있다. 물줄기가 끊겼는지 폐쇄된 샘터가 있다. 숲속과 탐방로에는 다 녹지 않은 눈이 남아 있다. 질퍽한 눈이 미끄럽다. 나무 위를 본다. 겨우살이가 군락을 이뤄 교목인 서어나무 곳곳에 덕지덕지 붙어 있다. 까치집 같다. 열매는 분홍색을 띠어 붉은겨우살이라고 한다. 길바닥에 떨어진 열매를 주워 손으로 눌러본다. 끈적끈적하다. 새들이 좋아한다. 배불리 먹은 새들이 날아다니며 배설을 한다. 이것이 나뭇가지에 떨어져 마르면 마치 방수성 접착제처럼 단단하게 달라붙는다. 비가 오나 눈이 와도 떨어지지 않는다. 알맞은 환경이 오면 그곳에 뿌리를 내리고 큰 나무의 영양분을 빨아먹으며 성장하고 번식한다. 얌체족이 아닐 수 없다.

| 사라오름 |

숲속 너머 나뭇가지 사이로 오름 하나가 눈에 들어온다. 사라오름이다. 들머리가 다가오고 있음을 알리고 있다. 마음이 설렌다. 눈 덮인 길을 걸어 사라오름 입구에 이른다. 진달래밭으로 가는 방향에서 왼쪽 나무계단을 밟고 가야 한다. 백록담으로 가는 길은 직진이기 때문이다.

올라서기에 앞서 사라 부인과 인사를 나눈다. 부인 이름의 유래에 대해서는 명확하지 않다. 한자로는 '紗羅' 또는 '沙羅'로 표기한다. 이는 '신성한 곳'이라는 뜻으로 해석되고 있다. 부인은 남원읍 신례리 산2-1번지에 주소를 두고 있다. 해발 1,174.7m에 집을 지어 살고 있다. 건물 높이는 150m에 이른다. 건물을 둘러싼 정원 규모는 440,686 $m^2$이다. 건물 옥상까지는 600m에 이른다. 경사가 심해 나무계단으로 길을 낸다.

사라오름 굼부리 산정호수가 지난주에 내린 비로 고이면서 거대한 물바다를 이루고 있다.

일행은 부인의 안내를 받으며 계단을 밟고 오른다. 숨이 차 헐떡거린다. 'S'모양의 계단을 쉬지 않고 걷는다. 고산으로 올라갈수록 나무들 크기가 작아진다. 아그배나무·야광나무·참빗살나무·산딸나무 등 하나 같이 작달막하다. 눈앞에 넓은 공간이 펼쳐진다. 하늘이 확 트인다. 부인의 안방이다. 안방은 거대한 저수지로 활용하고 있다. 숲속에 숨겨진 장엄한 산정호수이다. 만물에게 제공하는 생명수이다. 원형 굼부리가 만들어 낸 보물이다.

호수둘레는 250m에 이른다. 직경은 80~100m 정도이다. 지난주에 갑자기 몰아친 폭설이 만수위에 가까운 호수를 이룬다. 물이 맑아 지나칠 정도로 투명하다. 능선의 나무들이 물속 그림자로 나타난다. 물속은 깊지 않아 바닥이 훤히 들여다보인다. 수상생물은 보이지 않고 고요하기만 하다. 백록담 호수보다 더 아름답다. 제주에 있는 368개 오름 가운데 가장 높은 곳에 있다. 일명 하늘호수라고 불린다. 태고의 신비가 물씬 풍긴다.

한참을 넋 놓고 있는데 부인이 재촉한다. 건물 옥상 전망대로 안내를 한다. 전망대로 가기 위해서는 호수 가장자리에 마련된 나무데크시설을 밟고 가야 한다. 데크시설은 조금 흔들리는 듯 출렁인다. 출렁거림은 독특한 기분을 자아낸다. 데크시설을 넘고 계단을 따라 조금 올라가니 전망대가 보인다.

까마귀 한 마리가 보초병처럼 사라오름 전망대 감시팻말 위에 앉아 주위를 살피고 있다.

전망대에서 본 풍광은 말로 표현할 수 없다. 서쪽으로는 백록담이 코앞에 있다. 동남쪽으로 흘러내린 거대한 하향능선은 끝 모를 지평선처럼 아래로 아래로 내달린다. 북쪽으로는 흙붉은오름과 돌오름이 녹다 남은 하얀 눈을 뒤집어쓴 채 뾰쪽하게 드러나 있다. 마치 구름 위에 떠 있는 느낌이다. 위로는 하늘과 백록담뿐이다. 나머지 대자연은 발아래 있다.

저 멀리 광활하게 수놓은 수많은 나무들이 그렇다. 감탄과 경외감만이 있을 뿐이다. 옥상에 마련된 평평한 편의시설에 앉아 차 한 잔을 마신다. 따뜻한 햇살이 얼굴에 와 닿는다. 바람도 시샘하듯 경쟁한다. 자연과 함께 있는 이 시간이 꿀맛이다. 어디에 있었는지 까마귀들이 떼 지어 날아와 먹이를 달라고 조른다. 부인은 그렇게 우리들에게 말없이 최고의 선물을 건넨다.

사라오름 정상에서 바라본 백록담이
코앞에 있는 듯 가까이에 있다.

〈사라오름에 들면〉

깊고 높은 숲속 / 백록담 동녘 능선에서 / 한결같이 / 세상을 관조하며 사는 / 신성한 오름 '사라'

가쁜 숨 몰아쉬며 / 찾았을 땐 / 울창한 숲으로 / 포근히 감싸주고

부질없는 욕심 / 가득 찰 땐 / 굽이친 능선으로 / 깨끗함 담아주고

이 생각 저 생각 / 머리 복잡할 땐 / 맑은 호수로 / 잔잔함 심어주고

누구라도 / 사라오름에 들면 / 마술처럼 / 세속의 때 벗기고 / 고운 심성 채워주네.

일행은 부인의 베풀어준 호의를 받아 안고 전망대를 나선다. 되돌아오는 길은 한결 가볍다. 몸도 마음도 즐겁다. 어느새 출발했던 성판악휴게소를 빠져나온다. 그렇게 해서 실제 걸은 거리는 5시간 26분에 걸쳐 13.8km를 걸었으며 걸음 수는 22,919보이다. 이로 인한 에너지 소모량은 931kcal이다.

| 건입동 사라오름 |

한라산 사라오름과 동명인 오름이 있다. 한자명까지 같다. 둘 다 신성한 오름이다. 위치만 다른데 있을 뿐이다. 제주시 건입동 해안가에 있는 사라오름(사라봉)이다. 이 오름은 해발 50.2m에 있다. 봉우리 높이가 98m이다. 오름 전체 면적은 233,471$m^2$에 이른다. 제주시민과 애환을 함께해 온 오름이다. 그만큼 도심지에 있어 시민들이 즐겨 찾는 곳이다. 영주10경의 하나인 사봉낙조의 명소로도 유명하다. 이름이 똑같은 한라산 사라오름과 건입동 사라오름의 특징에서 얻은 수 있는 치유 관련성을 생각해볼 수 있다.

▲ 참여자 소감

성판악탐방로와 사라오름 치유탐방을 마친 후 참여자들이 느낀 소감을 설문조사를 통해 확인한 결과를 종합적으로 정리하면, 이번 치유탐방은 쾌청한 날씨에 길고 긴 한라산 숲과 오름을 탐방하면서 산림욕을 즐길 수 있는 시간이다.

성판악 탐방로는 처음부터 끝까지 조금씩 높아지는 오르막 돌길이다. 돌길은 울퉁불퉁해 자칫하면 넘어질 수 있어 발 디딤에 집중할 수밖에 없다. 다리 근육이 단련되지 않은 탐방객은 오히려 하산길을 더 조심해야 함을 느끼게 한다. 한라산 나무들은 아직도 새 옷을 갈아입지 않은 앙상한 가지로 남아 있다. 나뭇가지 끝에서는 봄맞이 준비가 한창이다. 나무에 붙여진 이름표를 보면서 그동안 몰랐던 나무 이름을 알아간다. 서어나무·때죽나무·졸참나무·굴거리나무

이름을 운율에 맞춰 노래 부르듯 외운다. 그래서인지 걷는 것이 지루하지 않다. 굴거리나무가 헐벗은 나무들 사이에서 싱싱한 푸른 잎을 뽐낸다.

해발 1,000m 이상에는 아직도 녹지 않은 눈이 남아 있다. 숲속은 하얗게 덮여 있고 탐방로의 눈은 탐방객들의 발길에 밟혀 질퍽하게 녹고 있다. 1,000m에서 1,300m 사이에는 겨우살이 군락지대이다. 이렇게 많은 것을 보는 경우는 처음이다. 숙주인 교목이 잎을 키워 햇빛을 독차지하기에 앞서 마음 놓고 햇빛을 빨아들이고 있다. 가파른 나무계단을 넘어 사라오름에 들어선다. 드넓고 물이 들어 찬 산정호수가 시원하게 펼쳐진다.

잔잔하게 일렁이는 물결이 햇빛을 받으며 수정처럼 반짝인다. 물바닥이 훤히 보일 정도로 투명하다. 물에 있는 풀뿌리가 드러나 있고 능선의 그림자가 호수에 비친다. 호수 왼쪽 가장자리 데크 길을 따라 걸으며 백록담을 본다. 전망대에서는 백록담이 코앞에 있다. 까마귀 떼가 모여든다.

치유적 관점에서는 따뜻한 초여름 날씨와 눈 쌓인 늦겨울 날씨를 동시에 느낀다. 울퉁불퉁 돌길이 발바닥 지압에 큰 도움을 준다. 넘어지지 않으려 몸의 균형에 신경을 쓴다. 돌부리에 걸려 넘어지지 않기 위해 걷는 데 집중한다. 주변 나무를 살필 여유가 별로 없다. 길고 긴 오르막길을 걸으며 체력이 증진된다. 사람의 손길이 닿지 않는 나무 꼭대기에 기생하는 겨우살이 생존본능이 신기하다. 모든 것은 관심을 갖고 봐야 제대로 느낄 수 있음을 알게 된다. 어쩌면 사람도 자연에 의존해 사는 기생동물이 아닌가 하는 생각이 든다.

거의 들어찬 만수위 산정호수를 보며 마음이 편안해진다. 말로 표현할 수 없는 감동이다. 힘들게 오른 전망대에 올라서니 그동안의 힘든 과정은 봄눈 녹듯 사라진다. 가슴이 확 뚫리고 시원하다. 탄성이 절로 난다. 푸른 숲을 이룬 여름, 단풍으로 물든 가을, 눈으로 덮인 호수 등 계절마다 보여주는 아름다움이 눈앞에 선하다. 대자연의 위대한 힘 앞에 한껏 마음이 맑아지는 카타르시스를 경험한다. 그리고 내려온다. 하산길이 더 조심해진다. 어쩌면 인생도 내리막길에서 더 겸손해야 한다는 생각이 든다. 어려운 도전을 무사히 마친 자신이 대견함을 느낀다.

개선대책으로는 각기 체력 등에 차이가 있어 일사불란한 보조 맞추기보다는 조금 격차가 벌어지더라도 각자의 특성에 맞게 탐방하는 것이 필요하다. 탐방로가 울퉁불퉁한 돌길로 돼 있어 자칫 넘어지는 안전사고 등의 우려가 있어 어느 정도의 평평한 길을 만들어야 할 것으로 보인다. 속밭대피소에 있는 간이화장실이 넘어질 듯 기울어져 있는 등 흉물로 남아 있어 철거하거나 새롭게 단장하는 것이 필요하다.

## ▲ 치유적 시사점

이번 치유탐방에서는 한라산 숲길 따라 돌길 따라 기나긴 오르막길을 걷고 걸어 신성함이 있는 오름 '사라'라는 영화 한 편을 관람한다. '사라' 이름을 가진 오름은 368개 오름 가운데 2개이다. 한자명 쓰임까지 똑같다. 하나는 한라산 정상 가까운 곳에 위치해 있고 하나는 제주시의 관문인 제주항 인근에 위치해 있다. 이는 최상 지점에서 최저 지점을 연결하는 의미를 가진다. 오름이 위치한 지점은 남북으로 거의 일직선상에 있다.

한라산 사라오름을 가기 위해서는 울퉁불퉁 돌길을 걸어가야 한다. 정상까지 가는 길 또한 멀고 먼 오르막길이다. 많은 시간이 필요하다. 다른 데 소비할 여유가 그리 많지 않다. 부지런히 걸어야 목적지인 사라오름에 도착할 수 있다. 특히 돌길을 걸어야 하기 때문에 발아래를 집중해야 한다. 자칫 한눈을 팔다가 돌부리에 넘어져 사고를 당할 수 있다. 그러기에 주위에 있는 아름다운 숲을 주의 깊게 볼 수 없다.

마침내 사라오름에 도착한다. 사라오름은 백록담 가까운 동녘 능선에 위치해 있다. 주위로는 웅장한 오름들이 포진해 있다. 서쪽에는 백록담을 필두로 동쪽에는 오름의 맹주격인 성널오름이 있다. 남쪽에는 숨겨져 잘 드러나지 않는 입석오름이, 북쪽에는 흙붉은오름과 돌오름이 자리하고 있다. 오름과 능선으로 둘러싸인 중심에는 접시 모양인 거대한 산정호수가 원형을 그리고 있다. 비가 많이 올 때는 수정처럼 맑은 물을 담아놓는다. 풍수지리에서는 최고의 명당으로 손꼽히고 있다.

호수를 건너면 사라오름 정상이다. 위로는 하늘과 백록담만이 있고 나머지는 모두 발아래 있다. 그래서 떠오르는 해를 일찍 맞이한다. 최상의 자리에서 맛보는 즐거움이 남다르다. 그렇다고 오래 머물 수 없다. 내려와야 한다. 아무리 좋은 곳이라도 영원히 머물 수 없기 때문이다. 내려오는 길 또한 한꺼번에 뛰어내릴 수 없다. 한 발씩 내딛어야 한다.

그렇게 힘든 오르막길을 걸어 최고의 위치까지 갔다가 내려왔다고 해도 그것이 여정의 전부가 아니다. 마지막이 남아 있다. 그것을 말해주고 있는 곳이 가장 낮은 곳에 위치한 사라오름(사라봉)이다. 이 오름은 떠나는 노을을 대변한다. 사봉낙조처럼 마지막을 지켜보는 오름이다.

### 〈사라봉은 압니다〉

사라봉은 압니다. / 그렇게 찬란하던 태양도 / 마지막 빛을 불사르며 / 서녘 너머로 / 저물어간다는 것을

사라봉은 압니다. / 그렇게 발 묶였던 여객선도 / 긴 고동소리 울리며 / 수평선 저쪽으로 / 사라져간다는 것을

사라봉은 압니다. / 그렇게 사랑하던 그 님도 / 한마디 말없이 / 홀연히 떠나가면 / 가슴이 미어진다는 것을

사리봉은 압니다. / 그렇게 얽히고설켜 / 한 세상 살다가 / 또 다른 세계로 / 영원히 떠난다는 것을

사라봉은 압니다. / 그렇게 떠난 빈자리도 / 동녘 저편에서 / 서서히 동살 걷히며 / 새 빛으로 채워진다는 것을

이렇듯 이들 사라오름은 우리네 삶의 의미를 대변한다. 한눈을 팔 여유조차 없이 집중해서 돌길을 걸어 높고 높은 곳에 도달한다. 최고

의 자리에 도달하면 오래 머물 시간 없이 곧바로 내려온다. 내려오는 길도 한발 한발 조심스럽게 내딛는다. 그리고 시간이 흐르고 흘러 마지막 노을을 만난다. 수평선 너머 사라지는 노을의 찬란함처럼 다음을 기약한다. 그래서 이들 사라오름 치유코스는 인간 삶의 여정을 일깨워주는 교훈적 치유력을 갖고 있다.

# 윗세오름과 영실기암

## ▲ 윗세오름과 영실기암 현황

| 대표명칭 | 큰윗세오름(붉은오름) |
|---|---|
| 세 대 주 | 붉은선비(원추형) |
| 주　소 | 애월읍 광령리 산183-1번지 |
| 시설규모 | 해발높이 1,740m / 건물높이 75m / 시설면적 273,416$m^2$ |
| 이웃시설 | 백록담(부악) 인접, 방애오름, 윗세오름대피소(산장) 등 |
| 특　징 | 윗세오름 중 가장 위쪽에 위치, 제주시와 서귀포시 경계지역, 붉은 흙 등 |

| 대표명칭 | 샛윗세오름(누운오름) |
|---|---|
| 세 대 주 | 누운선비(원추형) |
| 주　소 | 애월읍 광령리 산183-1번지 |
| 시설규모 | 해발높이 1,711.2m / 건물높이 71m / 시설면적 144,548$m^2$ |
| 이웃시설 | 선직지왓, 노루샘, 대피소, 큰윗세, 족은윗세, 만세동산 등 |
| 특　징 | 윗세오름 중 가운데 위치, 가로로 길게 누운 모양, 산철쭉 등 |

| 대표명칭 | 족은윗세오름(새끼오름) |
|---|---|
| 세 대 주 | 새끼선비(원추형) |
| 주　소 | 애월읍 광령리 산183-1번지 |
| 시설규모 | 해발높이 1,698.9m / 건물높이 64m / 시설면적 116,502$m^2$ |
| 이웃시설 | 볼레오름, 이스렁·어스렁오름, 선작지왓, 샛윗세, 오백장군, 영실계곡 등 |
| 특　징 | 윗세오름 중 가장 아래 위치, 전망대, 털진달래, 구상나무 등 |

| 대표명칭 | 영실기암(천불봉) |
|---|---|
| 세 대 주 | 영실부인(복합형 굼부리) |
| 주 소 | 서귀포시 하원동 산1-1번지 |
| 시설규모 | 해발높이 1,639.3m / 건물높이 389m / 시설면적 599,856$m^2$ |
| 이웃시설 | 존자암, 영실탐방로, 가파른 계단, 적송, 영실휴게소, 볼레오름 등 |
| 특 징 | 영주십경, 5백바위, 한라산 3대 聖所, 병풍바위, 숲, 계곡 등 |

| 치유탐방코스 |

영실휴게소 주차장(0km) → 병풍바위(1.6km) → 족은윗세오름 전망대(2.1km) → 윗세오름대피소(4.35km) → 병풍바위(6.65km) → 영실휴게소 주차장(8.25km)

## ▲ 탐방지 날씨 및 실측정보

탐방일자  2018년 5월 9일      탐방인원  7명

탐방시간  10:09                 종료시간  14:11

현장날씨  흐림 / 온도 16° / 체감온도 12° / 습도 77% / 풍속 3m/s

실측현황

**걸은 거리**  8.25km      **걸은 시간**  4시간 02분(휴식시간 등 포함)

**만보기**  15,340보      **칼로리소모량**  638kcal      **난이도**  상

## ▲ 관찰된 주요 산림치유인자

| 생물 요소 | 적송, 구상나무, 박새, 보리수나무(볼레낭), 털진달래, 시로미, 주목, 조릿대, 설앵초, 흰그늘용담, 분단나무, 새바람꽃, 구름미나리아재비, 까마귀 등 |
|---|---|

| | |
|---|---|
| 오감 요소 | 영실(깊은 골짜기) 둘러싼 급사면의 웅장함, 깎아지른 병풍바위의 위용, 오백장군의 늠름한 모습, 넓은 평지 선작지왓의 넉넉함, 백록담의 포근함 등 |
| 지형 요소 | 급경사 이룬 계곡, 벼랑 이룬 병풍바위, 돌기둥 오백장군, 평평한 선작지왓, 윗세삼형제 오름, 윗세오름휴게소, 불쑥 솟은 부악(바위덩어리)과 백록담 등 |
| 기후 요소 | 연초록 나뭇잎 새순, 분홍색·노란색 등 구상나무 수꽃, 양지 바른 곳에서 피기 시작한 털진달래, 새순보다 먼저 핀 분단나무꽃 등 고산지대 5월 초 날씨 |
| 심리 요소 | 웅장함, 장엄함, 늠름함, 엄숙함, 탈출감, 해방감, 포근함, 청순함, 깨끗함, 고고함, 뿌듯함, 경외감, 신비감, 자신과의 대화, 자기 이해, 자아 존중감, 긍정적 사고 등 |
| 사회 요소 | 대화의 기회, 이해와 배려, 소통, 교감, 관계 형성, 넉넉한 마음, 체험의 추억, 깊고 넓은 마음씨 등 |

## ▲ 적절한 치유요법

- 5월 초순 한라산 영실탐방로와 가파른 벼랑 끝을 힘겹게 타고 오르며 걷는 유산소 운동요법

- 고산지대 따뜻한 봄 날씨 가파른 계단과 평지를 걸으며 날숨과 들숨의 호흡조절작용을 통해 심폐를 건강하게 하는 심폐 활성화·지구력요법

- 고산지대에서 자생하는 식생들을 관찰하며 배우는 지식요법과 흰그늘용담·설앵초 등 다양한 식물과 꽃 등을 사진으로 남기는 기록요법

- 새 생명들로 가득 찬 자연환경의 에너지를 받아 복잡하게 얽혀 있는 머릿속 문제들이 자연스럽게 풀리고 비우고 새롭게 채울 수 있도록 하는 정화요법

- 족은윗세오름 정상에 서서 끝없이 펼쳐진 푸른 숲바다의 광활하고 거대한 자연의 파노라마와 제주의 최정상 부악을 바라보며 생각에 몰입하는 명상요법
- 윗세오름휴게소에 마련된 나무평상에 둘러앉아 준비해 간 음식을 나눠 먹으며 이야기를 나누는 식선·친교요법
- 서로 함께 어울려 걸으며 마음을 열어놓고 교감하는 소통요법
- 울창한 나무숲은 없어지고 짤막한 관목지대를 이루는 고산지대 봄철 따듯한 햇볕을 쬐며 얻는 호르몬 분비의 활성화와 비타민D를 보충하는 일광요법
- 고산지대 시원한 봄바람이 얼굴 등에 와 닿는 촉감 자극을 받으며 즐기는 풍요법

### ▲ 산림치유 체험

영실기암과 윗세오름은 한라산 서부지역 고산지대를 특징으로 하는 치유인자가 있는 곳이다. 7명의 일행은 5월 9일 8시 40분 제주시 종합경기장에서 모여 목적지인 윗세오름대피소를 향해 출발한다. 아침 한때 흐렸던 날씨는 점차 개면서 맑아진다. 치유탐방하기에 안성맞춤이다. 일행을 태운 차량은 제주시 아라동을 경유해 애조로를 따라 1100도로로 진입한다. 나무마다 푸른 옷을 입고 있다. 꼬불꼬불하게 난 길을 따라 한라산 치유탐방코스 중에 하나인 어리목 입구를 지난다. 차창 너머로 웅장한 한라산 등성이가 눈에 들어온다. 연초록 빛깔로 몸뚱이를 감싸고 있다. 봄의 에너지를 받은 세포들이 왕성한 활

동을 하고 있다. 어느덧 차량은 1100도로를 벗어나 영실입구로 진입한다. 영실관리사무소에서 주차권을 발급받고 영실휴게소에 도착한다. 1시간 10분쯤 걸린다. 일행은 휴게소에 잠시 앉아 탐방계획을 세운다.

| 영실탐방로 |

영실탐방로는 한라산 백록담을 치유탐방하는 5개 코스 중의 하나이다. 한라산 서남쪽 코스로 들머리가 한라산 중턱에 있다. 해발 1,280m에서 시작한다. 그래서 탐방길이가 5개 코스 가운데 가장 짧다. 초입에 들어서자마자 영실 적송지대를 만난다. 적송은 해발 1,200m 고지에 많이 분포하고 있다. 2001년 산림청에서 주관한 제2회 아름다운 숲 공모에서 '22세기를 위해 보전해야 할 아름다운 숲' 부문 우수상을 수상한 곳이다. 수림지대를 넘으면 계곡이 드러난다. 영실 골짜기에서 흘러내린 하천이다. 그리고 가파른 오르막길이 이어진다. 영실기암 병풍바위로 둘러쳐 있다. 웅장한 병풍바위 울타리를 넘으면 구상나무 군락지대가 드러난다. 그리고 고산 초원지대인 선작지왓이 펼쳐진다. 노루샘을 건너 윗세오름대피소에 이르게 된다. 대피소에서 남벽순환로를 따라 1시간 정도 가면 남벽분기점에 다다른다. 더 이상은 출입이 제한돼 있다. 탐방객이 늘어나면서 부악(화구벽)이 많이 훼손돼 있기 때문이다.

일행은 본격적인 치유탐방에 나선다. 영실휴게소 주차장은 숲속의 공간이다. 북동쪽으로 거대한 절벽이 둘러있다. 뾰쪽뾰쪽 솟아난 바

영실탐방로 들머리에 세워진 영실 돌간판이 해발 1,280m에서 출발함을 알리고 있다.

위들이 줄지어 늘어서 있다. 휴게소 방향으로 내려오는 듯하다. 영실탐방로 입구로 들어선다. 해발 1,280m라고 적힌 돌안내판이 세워져 있다. 울창한 적송 숲이 일행을 맞이한다. 붉은 색을 띠는 줄기가 하늘을 향해 꼿꼿하게 뻗어 있다.

탐방로는 나무계단으로 돼 있다. 돌길도 있다. 비교적 평평하다. 적송지대를 벗어나니 잡목들이 빼곡하다. 고산지대라 그런지 나뭇잎들은 이제야 연한 초록색을 내며 모양을 갖추고 있다. 햇살이 나뭇잎 사이를 뚫고 들어온다. 빛줄기가 선명하다. 800m정도 전진한다. 하천이 가로놓여 있다. 영실계곡이다. 맑은 물이 졸졸 흐르고 있다. 요 며칠 새 비가 내렸던 것 같다. '알려드립니다.'라는 안내판이 보인다. "이 계곡 물은 식수원입니다. 오염되지 않도록 출입을 자제해 주십시오."라는 문구가 쓰여 있다. 돌계단을 밟으며 하천을 넘는다. 계곡 위로는 나무들 사이로 절벽이 보인다. 영실기암(천불봉, 千佛峰)이다.

| 영실기암(천불봉) |

영실기암은 오름이다. 368개 오름에 포함된다. 복합형 굼부리를 갖고 있어 부인으로 부른다. 부인의 이름 '영실靈室'은 산신령이 사는 골

짜기를 뜻한다. 오름 등성이로 둘러싸인 깊은 계곡을 말한다. 이외에도 5백여 개의 바위가 있어 오백나한(오백장군), 또는 인근에 존자암이 있어 천불봉이라고도 한다. 부인이 사는 주소는 서귀포시 하원동 산 1-1번지이다. 백록담 서남쪽 허리에 위치해 있다. 해발 1,250.3m에 건물을 지었다. 건물의 높이는 389m에 이른다. 오름 건물 가운데 두 번째로 높다. 산방산이 395m로 가장 높다. 세 번째는 어승생악(350m)이다. 건물은 기암절벽으로 돼 있다. 기괴한 돌기둥이 500개나 솟아 있다. 이를 오백나한, 또는 오백장군이라고 한다. 오백장군에 대한 슬픈 전설이 전해진다.

먼 옛날 오백 명의 아들을 거느린 어머니가 있었다. 흉년이 든 어느 날 아들들이 모두 사냥을 나간 사이 어머니는 아들의 저녁 먹거리를 위해 죽을 끓인다. 정성껏 죽을 끓이던 어머니가 그만 실수를 해서 펄펄 끓고 있는 솥 속에 빠진다. 사냥에서 돌아온 아들들이 이런 사실을 모른 채 죽을 맛있게 떠서 먹는다. 막내아들이 어머니를 찾았지만 그 어디에서도 어머니를 찾지 못한다. 마침내 바닥이 드러난 솥에는 뼈마디가 앙상하게 남아 있다. 그때서야 아들들은 어머니를 삶은 죽을 먹은 것을 깨닫는다. 대성통곡을 하던 아들들은 그 자리에서 바위가 되고 막내아들은 제주 곳곳을 떠돌다 섬의 끝자락 차귀도에서 장군바위가 된다.

북쪽 끝에는 웅장한 주상절리 암벽인 병풍바위가 둘러쳐져 있다. 그 안에 거대한 안방이 있다. 남서쪽으로 터져 있다. 안방에서 발원한 계곡물은 숲속 남서로 흘러 법정악 계곡을 따라 도순을 거쳐 강정바

영실계곡 사이에 형성된 두 줄기 계곡에서 흐르는 물은 마치 어머니를 잃은 아들들이 흘리는 눈물처럼 보인다.

다로 흘러간다. 계곡을 둘러싼 영실의 정원 규모는 599,856$m^2$에 이른다. 울창한 숲계곡과 어우러져 아름다움의 극치를 이룬다. 그래서 영실기암은 영주십경에 이름을 올리고 있다. 또한 백록담·물장오리와 더불어 한라산 삼대성소三大聖所의 하나이기도 하다.

 일행은 계곡을 넘는다. 영실 부인이 우리를 맞이한다. 서로 반갑게 인사를 나눈다. 부인은 말을 잇는다. 지금부터는 가파른 계단으로 돼 있어 조심해서 올라가야 한다고 덧붙인다. 조선시대에도 이곳을 이용해 백록담에 오르곤 했다. 당시에는 탐방로가 정비되지 않아 존자암을 전진기지로 삼았다. 선조들이 다녀갔던 그 길을 따라 걷는다. 계단은 가파르지만 왠지 발길은 가볍다. 어느 정도 올랐을까 울창했던 나무숲은 사라진다. 작달막한 나무들로 변한다. 처음 맞이하는 탐방로 전망대에 선다. 전경이 눈에 들어온다. 오랜 세월 풍파의 흔적이

거대한 벼랑을 이루고 있는 병풍바위가 지나가는 구름까지 쉬어 가라며 붙잡고 있다.

바위 곳곳에 새겨져 있다. 바람에 깎이고 시간에 닳아 있다. 벼랑 바위를 붙잡고 자라는 나무들이 신비롭다.

한발 한발 앞으로 발을 내딛다 보니 어느덧 해발 1,500m에 이른다. 영실의 진면목이 드러난다. 이곳은 아직 이른 봄이라 푸름은 덜하다. 움푹 내려앉은 계곡을 두른 기암이 눈앞에 서 있다. 낭떠러지 바위 사이로 두 개의 폭포 줄기가 보인다. 며칠 전에 비가 내려서 그런지 줄기에는 희끗희끗 물 흔적이 있다. 햇살을 받아 하얀색으로 빛난다. 마치 어머니를 잃은 500명 아들들의 슬픈 눈물이 지금까지 이어지는 것 같다. 그 위로는 오백장군 바위가 줄지어 서 있다. 앞에는 거대한 바위가 병풍을 두른다. 병풍바위 등성이 가까이로 이동한다. 해발 1,600m 병풍바위 둘레를 오른다. 바위 위로 구름이 쉬어간다. 탐방로 바위 밑 양지바른 곳에서는 털진달래가 이제 막 피어나고 있다. 북서쪽 해안으로 눈을 돌린다. 하향 능선 따라 끝없이 펼쳐진 숲들이 푸른 바다를 이룬다. 북서쪽 방향에 자리 잡은 볼레오름과 어스렁오름, 이스렁오름, 그 밑으로 쳇망오름이 삿갓버섯처럼 아름다운 곡선을 그리며 솟아 있다. 이렇듯 신들이 사는 영실, 신령스런 기운이 감도는 곳이라고 아니할 수 없다. 조선 초기 제주를 대표했던 학자 고득종은 이곳을 영곡靈谷이라 부르기도 했다.

### 〈영실기암과 어머니〉

그 옛날 아무 것도 없었던 불모지 허허벌판을 / 정성껏 다듬어 영실靈室 걸작품으로 승화시킨 것은 / 하나로 모아진 어머니 영혼이 깊숙이 녹아있기 때문입니다.

높디높은 등성이를 깊은 수직으로 깎아 내려 / 열두 폭 늘어진 치마처럼 병풍바위 펼쳐놓은 것은 / 사계절 고운 빛깔 빚어내는 아름다움 보여주기 위함입니다.

여기저기 흩어져 나뒹구는 암석들 한데 모아 / 반듯한 오백나한으로 환생시켜 도열시킨 것은 / 찾아오는 이들에게 올바름의 설법을 가르치기 위함입니다.

계곡물 흐르고 적송 늘어선 고요한 길을 지나 / 가파른 계단과 완만한 길 함께 섞어놓은 것은 / 삶의 고비 고비를 넘고 넘어야 함을 깨닫게 하기 위함입니다.

빼곡히 들어찬 수관樹冠들로 드넓게 펼쳐진 산물결 따라 / 바다와 맞닿은 송악산과 마라도로 흘러내린 능선은 / 처음과 끝이 무엇인지를 직접 보고 느끼게 하기 위함입니다.

들판마다 계곡마다 곱게 차려입은 색동옷 사이로 / 어느 가을 유난히 보리수열매 붉게 물들인 것은 / 어머니의 따뜻한 마음을 한때나마 보여주기 위함입니다.

이렇듯 모든 것이 나고 자라고 만들어지기까지는 / 혼이 담긴 정신과 마음과 땀이 스며들어있기에 / 구름마저 쉬어가는 안식처로 우리 곁에 영원히 남아있습니다.

| 선작지왓 |

일행은 병풍바위 울타리를 돌아 구상나무 군락지로 접어든다. 가파른 경사지는 조금씩 낮아지다 어느새 평지로 바뀐다. 구상나무들이 많다. 구상나무(쿠살낭)는 한국의 특산종이다. 학명까지 아비스 코리아나 Abies koreana로 돼 있다. '구상'이라는 이름은 제주어 '쿠살'에서 비롯됐다고 전해진다. 쿠살은 성게를 말한다. 구상나뭇잎이 성게 가시와 비슷하다고 해서 붙여졌다는 것이다. 구상나무가 세상에 처음 알려진 것은 1907년 프랑스의 포리 신부와 타케 신부가 한라산에서 채집해 보고되면서부터라고 한다. 서양으로 넘어간 때는 1917년경으로 보고 있다. 윌슨이 한라산에서 채집해 서양으로 가져가면서부터이다. 이들은 품종을 개량해 크리스마스트리용으로 널리 활용하고 있다.

'살아 천년, 죽어 천년'이란 이름에 걸맞게 살아 있는 나무와 죽어 있는 나무가 한데 어울려 살아가고 있다. 탐방길에 구상나무 수꽃이 눈길을 사로잡는다. 붉은색·분홍색·노란색 등 그 색깔이 다양하다. 한참을 들여다본다. 암꽃은 위쪽 가지 끝에 둥그런 원통 모양으로 달

구상나무 군락지에 핀 구상나무 수꽃이 한 덩어리로 모아져 붉은색을 띠고 있다.

려 있다. 그 아래쪽 가지에는 수꽃이 피어 있다. 한쪽 구석에는 백골 상처럼 보이는 고사목 구상나무가 서 있다. 강추위와 폭설이 내릴 때 뒤집어쓴 설의雪衣가 장관을 이루기도 한다. 고사목이라도 보기가 싫지 않다. 옆에는 분단나무가 하얀 꽃을 피우고 있다. 싱그러운 구상나무숲 터널을 벗어난다.

널따란 평원이 드러난다. 선작지왓이다. 해발 1,500~1,700m에 펼쳐진 고원이다. 고산식물의 보고이다. 바위(작지)들이 서 있는 들판(왓)이란 뜻이다. 고산지대라 나무들은 땅바닥을 기고 있다. 조릿대가 뒤덮고 있다. 그 사이로 고산식물들이 하나둘씩 얼굴을 내민다. 구름미나리아재비·흰그늘용담·설앵초 꽃이 앙증맞게 피어 있다. 매서운 시련을 받아서 그런지 몸은 왜소하다. 그러나 꽃은 하나같이 청아하고 고고하다. 바위틈에 있는 한줌의 흙이나 거친 땅바닥에서 힘겹게 빨아올린 양분으로 지탱하고 있다. 너른 들판에는 털진달래와 산철쭉이 듬성듬성 자리 잡고 있다. 시로미와 누운향나무가 낮은 자세를 취하고 있다. 이들은 5~6월경에 절정의 화원을 이룬다. 신의 정원으로 탈바꿈하는 곳이다.

| 윗세오름 |

부악 서쪽 벌판에 차례로 나란히 누워 있는 오름 세 개가 있다. 윗세오름이다. 위에서부터 큰윗세오름(붉은오름), 샛윗세오름(누운오름), 족은윗세오름(새끼오름)이 차례로 이어져 있다. 오름 사이에는 천상의 정원 선작지왓이 있다. 오름 기슭에는 영실탐방로와 어리목탐방로가 합류하는 장소인 대피소가 있다. 윗세오름은 굼부리가 없는 원추형으로 선비이다. 선비의 이름 '윗세'는 위쪽에 있다는 뜻을 담고 있다. 1100고지에도 오름 세 개가 연이어 있는 삼형제오름이 있다. 이들 오름보다 위에 있다는 뜻이다. 백록담 정점에서 제주시와 서귀포시의 서쪽방향을 구분 짓는 경계선이 지나고 있다. 윗세오름 등성이를 따라 이어진다. 이 경계선은 영실계곡을 넘어 저 멀리 한경면과 대정읍을 나누고 수월봉 옆을 통과한다.

• **붉은 선비**(큰윗세)

붉은 선비는 윗세오름 삼형제 중에서 가장 위에 있다. 흙이 유난히 붉어 붙여진 이름이다. 주소는 애월읍 광령리 산183-1번지이다. 선비는 해발 1,665m 위에 집을 짓는다. 건물높이는 75m로 나지막하다. 동쪽의 부악과는 불과 200여m 떨어져 있다. 거대한 부악의 몸집이

덮칠 듯 가까이에 있다. 서쪽 기슭에는 어리목탐방로와 영실탐방로
가 만나는 윗세오름대피소가 있다. 정원규모는 273,416㎡에 이른다.
정원에는 관목 등 고산식물이 자라고 있다. 계절의 냉혹한 변화 앞에
몸을 키울 수 없다. 에너지 소모를 최소화해야 하기 때문이다.

### • 누운 선비(샛윗세)

누운 선비는 윗세오름 삼형제 중에서 가운데에 있다. 길게 가로누
워 있어 붙여진 이름이다. 주소는 붉은 선비와 같다. 선비의 집은 해
발 1,640.2m 위에 지어져 있다. 건물 높이는 71m로 크지 않다. 건물
꼭대기에는 망대(望臺) 같은 바위가 있다. 정원 규모 또한 144,548㎡에
불과하다. 남쪽에는 노루샘이 있다. 샘물이 맑아 먹을 수 있다. 북쪽
기슭은 윗세오름대피소와 맞닿아 있다. 남서쪽으로는 새끼 선비와
만난다. 과거에는 선작지왓을 중심으로 이 일대가 방목지였던 것으
로 알려지고 있다. 건물옥상 망대에 올라 마소를 감시하곤 했다. 그래
서 이곳을 망오름이라 부르기도 한다.

### • 새끼 선비(족은윗세)

새끼 선비는 윗세오름 삼형제 중에서 가장 밑에 있다. 오름 크기도
가장 작아 새끼라고 부른다. 주소는 형들의 주소지와 같다. 선비의 집
은 해발 1,634.9m 위에 지어져 있다. 건물 높이는 64m에 불과하다.
정원규모는 116,502㎡에 이른다. 영실계곡과 이어지는 길목에 있다.
영실계곡을 넘고 구상나무 군락지를 지나 선작지왓의 드넓은 평원에
접어들 때 왼쪽에 솟아 있는 건물이다. 건물 꼭대기에는 전망대가 있
다. 맑은 날에는 제주도 서북쪽 일대가 한눈에 들어온다. 동쪽으로는

선작지왓 고원에 있는 새끼윗세오름이 둥그스름한 봉우리를 드러내고 있다.

부악의 웅장한 자태가 드러난다.

일행은 구상나무 군락지를 통과한다. 잘 조성된 나무데크 길에 이어 돌길이 나온다. 이곳을 벗어나니 드넓은 고원 선작지왓이 드러난다. 왼쪽에 우뚝 서 있는 새끼 선비가 빨리 오라며 손짓한다. 나무로 조성된 선작지왓 탐방로를 따라 걷는다. 나무데크 길은 길게 뻗어 있다. 최정상의 상좌인 백록담을 만나러 가는 특별한 길처럼 보인다. 길 좌우 너른 들판에는 조릿대가 들어차 있다. 틈 사이 공간에는 털진달래와 산철쭉이 보인다. 꽃봉오리 맺힌 털진달래가 반갑게 인사를 하는 듯하다. 멀지 않은 곳 정면에는 고고한 부악의 자태가 그 위용을 드러내고 있다. 맑은 날이라 그런지 더욱 또렷하게 보인다. 바로 눈앞에 있는 것 같다. 새끼 선비 옥상 전망대로 발길을 옮긴다. 전망대의 시야에는 광활한 대자연의 모습이 여지없이 펼쳐진다. 아름답게 흘러내린 곡선에 저절로 감탄사가 나온다. 서쪽 가까이에는 만세동산을 비롯해 쳇망오름, 이스렁·어스렁오름 능선 따라 부드럽게 흐르는 듯 푸른 생명들이 활기차다. 고개를 동쪽으로 돌린다. 윗세오름 사이로 부악이 늠름하게 서 있다. 부악 어깨에 걸쳐있는 엷은 드레스 실루엣 구름이 곱기도 곱다.

　전망대에서 마냥 머무를 수 없다. 오면 가고 가면 오는 것이 아닌가. 회자정리會者定離 거자필반去者必返이다. 아쉬움을 뒤로하고 새끼 선비와 작별 인사를 나눈다. 다시 선작지왓 나무데크 길로 들어선다. 누운 선비 기슭을 따라 간다. 길모퉁이에 노루샘이 있다. '식수용으로 양호하다.'는 관계당국의 수질검사표시가 표지판에 붙어 있다. 물줄기가 흐르며 떨어진다. 그 물에 입을 댄다. 어찌나 목이 말랐던지 벌컥벌컥 들이마신다. 시원하다. 모퉁이를 돌아 윗세오름대피소로 향한다. 곧이어 대피소가 보인다. 영실탐방로와 어리목탐방로를 이용한 탐방객들의 집합장소이다. 탐방객들로 북새통이다. 수학여행을 온 학생들의 재잘거림이 끝이 없다. 나무평상에 몸을 앉힌다. 준비해 온 먹거리로 허기진 배를 채운다. 까마귀들이 몰려들어 먹이를 달라고 쉼없이 졸라댄다.

　잠시 쉬면서 부악의 자태에 눈을 돌린다. 언제나 변함없이 그대로이다. 하얀 구름이 스치고 지나간다. 최정상의 상좌는 그렇게 소리 없이 우리 곁을 지키고 있다. 다음 기회에 백록담을 밟을 것을 기약하며 일행은 올라갔던 길로 되돌아 내려온다. 돌아오는 길은 즐겁다. 얻은 것이 많아 마음이 넉넉하다. 어느새 영실휴게소 주차장에 도착한다. 그렇게 해서 윗세오름 휴식시간 포함한 실제 걸은 거리는 4시간

2분에 걸쳐 8.25㎞를 걸었으며 걸음 수는 15,340보이다. 이로 인한 에너지 소모량은 638kcal이다.

### ▲ 참여자 소감

영실기암과 윗세오름 치유탐방을 마친 후 참여자들이 느낀 소감을 설문조사를 통해 확인한 결과를 종합적으로 정리하면, 이번 탐방은 최적의 날씨 속에서 이뤄진다. 덥지도 않고 춥지도 않고 소슬바람 부는 고산지대 초봄이다. 영실 들머리에서부터 수목이 우거지고 시냇물이 흐르고 새소리가 지저귄다. 영실계곡 가파른 오르막을 오르니 드넓은 초록 융단이 펼쳐진다. 융단 사이사이에는 오름 군락과 숲바다가 장관을 이룬다. 그 융단은 저 멀리 해안선과 맞닿아 있는 듯하다. 동북쪽으로 고개를 돌린다. 들쭉날쭉 기암괴석이 움푹 팬 계곡을 둘러싸고 있다. 기묘한 바위들이 하늘을 찌를 듯하다. 주변을 감싼 병풍바위가 웅장하다. 오백나한 사이로 옅은 구름이 지나간다. 병풍바위 능선을 넘으니 구

선작지왓 고원 사이로 난 나무데크길 너머 부악이 웅장한 모습으로 다가온다.

상나무 서식지가 드러난다. 살아 있는 것과 죽어 있는 것이 공존하고 있다. 모든 것은 태어나면 죽는다는 진리를 보여주고 있다. '생천生千, 사천死千'이란 말로 아름다움을 표현하고 있다. 기후변화로 인해 죽어 가는 모습이 안타깝다. 이어서 확 트인 너른 벌판, 선작지왓이 드러난다. 정면으로 부악(백록담)이 보인다. 옅은 구름은 부악까지 감싸 돈다. 한 폭의 동양화와 같다. 땅바닥에 핀 털진달래·양지꽃·구름미나리아재비·설앵초·흰그늘용담이 앙증맞다. 죽은윗세오름 전망대에 오른다. 숲지대와 바다 등 모든 것이 발아래 있다. 노루샘을 지나 1,700m 윗세오름대피소에 도착하니 많은 인파가 북적인다.

이렇게 해서 받은 치유는 행복 그 자체이다. 초입부터 영실계곡 시냇물소리에 무거웠던 마음이 봄눈 녹듯이 가벼워진다. 숲이 펼쳐놓은 녹색 융단 위에 누워 구르고 싶은 생각이 든다. 박새·동박새·까마귀의 지저귀는 소리는 마치 탐방객을 위한 환영의 오케스트라 연주를 하는 것 같다. 갓 피어난 털진달래의 붉은 모습 또한 탐방객의 마음을 사로잡고 있다. 어느 것 하나 놓치고 싶지 않다. 노루샘에서 마시는 물 한 모금은 꿀맛 이상이다. 고산지대에서 나는 물이라서 그런지 유난히 시원하다. 대자연의 경외감에 심취하지 않을 수 없다. 도심의 미세먼지와 매캐한 매연지대를 떠나 청정한 공기를 마시니 심신이 상쾌하다. 1,700m 윗세오름대피소에는 인파로 가득하다. 따뜻한 햇살을 맞으며 끼리끼리 모여 앉아 저마다의 이야기를 풀어놓고 있다. 모두 일상을 벗어나 자유를 만끽하는 탐방객의 얼굴에는 행복한 미소가 가득하다. 나도 좋다. 강아지처럼 달려가 누군가에 안기고 싶다. 아름답고 감동적이다. 한라산의 맛은 계절에 따라 색다른 맛을 느끼게 한다.

　육체적으로는 영실기암의 병풍바위를 넘어 선작지왓에 이르는 가파른 오르막길을 오르며 체득된 에너지로 심장과 폐가 활성화되는 것 같다. 맑은 공기에다 소슬바람을 맞으며 걸으니 저절로 마음의 평화와 안정감을 갖게 한다. 먹이를 달라고 조르는 까마귀 소리가 내게는 마치 잘 다녀가라는 인사의 말을 하는 것 같다. 돌아오는 길은 기운이 솟는다. 한라산 정기를 받아서 그런 것 같다. 걷는 것 자체가 행복이다. 걸음을 멈추면 생각도 멈춘다. 치유탐방 자체가 심상치유에 좋은 보약이 되고 자극이 된다.

　영실로 내려오는 길에 진주에서 온 노부부 탐방객을 만난다. 79세와 74세이다. 2년 전에는 영실코스를 넘어 돈네코까지 걸어서 갔다는 경험담을 들려준다. 멋진 노년의 모습이 부럽다. 나도 앞으로 10년이 있으면 70세이다. 노부부처럼 한라산을 다닐 수 있는 체력을 유지할 수 있도록 노력하리라는 다짐을 해본다. 이렇듯 제주의 오름과 숲, 한라산은 제주의 보물로써 잘 보전하고 관리해야 하는 마음가짐이 무엇보다 중요함을 느끼게 한다.

　개선사항으로는 영실탐방로에 설치한 나무데크가 많이 닳아 있고 못이 빠진 부분이 있어 보수작업이 필요할 것으로 보인다. 이 코스를 이용한 백록담 탐방로 개방이 언제쯤 이뤄질 것인지에 대해서도 기다려진다.

▲ **치유적 시사점**

이번 치유탐방은 한라산 탐방로 가운데 영실계곡을 넘고 선작지왓을 건너 윗세오름대피소에 이르는 고산지대의 웅장한 대서사시를 그린 영화 한 편을 감상한다. 비록 백록담과 조우하는 기회를 갖지 못했지만 한라산 어머니가 펼쳐놓은 서쪽 지역의 정원을 둘러본다. 영실탐방로는 신령스러움이 서려 있는 길이다. 영실기암이 그렇고 천상의 화원 선작지왓이 그렇다. 그리고 최정상의 상좌인 백록담은 신선이 하늘에서 흰 사슴을 타고 내려와 물을 마셨다는 전설이 있다. 설문대할망이 등짐으로 흙을 일곱 번 지어 날라 만들었다는 한라산 어머니. '한라漢拏' 명칭 또한 은하수를 끌어당길 만큼 높이 있다고 해서 붙여진 이름이다. 그만큼 한라산은 오름왕국 제주의 어머니이다. 거룩한 한라산 어머니를 그려본다.

〈거룩한 한라산 어머니〉

한라산은 오름왕국의 거룩한 어머니입니다.

화려하지 않으면서 부드러운 곡선으로 조각한 제주 땅 중심에서 / 백록담 최정상과 이어진 능선 따라 368명의 오름 분신들 거느리고 / 자락 밑으로 널따랗게 펼쳐놓은 치마폭 터전 삼아 나고 자라고 묻히는 / 모든 생명들의 애환과 사연을 1950미터에서 하루도 빠짐없이 / 묵묵히 지켜보며 영원히 살아가는 그분이 바로 한라산 어머니입니다.

어머니가 가장 먼저 고개 들고 일어나 아침 햇살과 인사를 나누고

/ 곧이어 오름왕국 전역으로 비친 여명 따라 부산한 하루가 시작되고 / 마지막 노을 또한 어머니와의 입맞춤을 끝으로 하루를 마감합니다. / 그 삶은 일주일이 되고 한 달이 되고 일 년이 되고 쌓이고 쌓여/수많은 세월과 함께 오름왕국만이 갖는 독특한 유전자를 만들어 냅니다.

강추위가 매서운 바람을 몰고 와 화구벽 얼굴을 내려칠 때에도 / 맨 몸으로 맞서 장구목 어깨 밑으로 내동댕이쳐 전멸시키고 / 다가올 '천상의 화원' 아름다운 봄의 향연 준비에 여념이 없습니다.

겨우내 얼었던 눈 녹여 흐르는 물소리 계곡으로 흘려보내면 / 깊은 잠에 빠졌던 생명들 하나둘씩 아래에서부터 기지개 켜고 일어나 / 어느새 만세동산·선작지왓 가슴에까지 전염병 같은 기세로 봄물결 뒤덮고 / 뒤이어 붉은 털진달래·산철쭉 꽃무리로 앞 다퉈 봄노래 합창하면 / 이에 뒤질세라 어디선가 날아든 딱따구리·곤줄박이도 한몫 거듭니다.

너는 순백의 꽃, 나는 새빨간 꽃, 그 색깔은 다르지만 목적은 하나 / 뜨거운 햇살 쏟아져 열매 맺히면 그 어떤 꽃잎도 과감히 도려내고 / 활기찬 숲바다 실록으로 색칠하며 열매는 더욱 알차게 여물어갑니다.

이 시기 사람에게는 힘든 계절이라 숲길 따라 심신 어루만져주고 / 포근한 곶자왈지대 열어 아픈 이의 따뜻한 보살핌까지 잊지 않습니다. / 오백 명의 장군이 수직으로 도열한 영실기암 어머니 휴식처에서는 / 떠돌다 지친 구름에게까지 잠시 쉬어가라며 마음의 자리를 내주고 / 비 그쳐 맑게 갠 하늘에 나타난 원형 무지개로 행운까지 선사합니다.

무덥던 기세 꺾이고 아침저녁으로 기온 차 크고 건조해지면 / 어머니는 활기 꺾인 생명들에게 언제나 그랬듯이 초연한 마음으로 / 자신부터 색동옷 갈아입은 후 자식들에게도 똑같이 갈아입혔다가 / 얼마 지나지 않아 매몰차게 입은 옷 다 벗겨 추위와 맞서게 한 후 / 그 속에서 어려움과 싸우며 이겨내는 끈기와 강한 정신 심어놓습니다.

그래서인지 새까맣게 농익은 시로미 열매는 고개 숙여 겸손을 체득하고 / 억새 밑동에서 올라온 야고는 조용히 태어나 홀연히 사라지고 / 모진 바람에 꺾이지 않고 견뎌내는 억새의 미덕은 오름을 휘감습니다. / 생애 단 한번 꽃이 피면 죽어야 하는 조릿대의 스산한 울림 속으로 / 떠나야 할 때를 아는 듯 쉬지 않고 울어대는 풀벌레소리 넘치면 / 지난 한해 살아온 여정을 한 줄의 나이테로 둥그렇게 그려 놓습니다.

또다시 어머니는 나무·바위 가릴 것 없이 찾아온 계절에 순응하듯 / 하얀 옷으로 갈아입혀 고립의 기나긴 겨울잠 속으로 빠져들게 합니다. / 칼바람 불어 닥친 선작지왓 그 가슴에도 붉은 꽃 대신 서리꽃 꽂고 / 폭설 멈추고 찾아온 햇살이 설원으로 내려앉아 눈부시도록 빛날 때도 / 윗세오름에 서있는 구상나무는 천년의 외길을 침묵으로 받아 안습니다.

그래서 한라산은 온몸 내던지며 이 땅의 생명들을 지키는 보금자리 / 오름·숲·곶자왈·우리들까지 가슴으로 품어 안은 거룩한 어머니입니다. / 어머니의 품은 영원한 고향이며 지친 영혼을 감싸 안은 안식처이기에 / 고향 떠난 이도 그 마음 잊지 못해 다시 찾아와 정겹게 안기곤 합니다.

이처럼 한라산은 거친 시련과 싸우면서도 꿋꿋한 생명력을 키워내고 있다. 백록담 정상에서 시작된 오름왕국 치유력은 방사선처럼 제주 전역으로 퍼져 모두를 품어 안고 있다. 그래서 이곳을 찾는 모든 이들에게 몸과 마음, 그리고 정신까지 맑고 깨끗하게 치유될 수 있는 산림치유의 최정점 집결지라고 말하지 않을 수 없다.

Epilogue

# 마치면서

　본문 내용을 통해 4개 고도권역에 따른 산림치유탐방코스 20곳에 대한 체험활동을 살펴봤다. 해발고도 1,950m인 한라산 백록담에서 드넓은 태평양 해안과 섬 속의 섬에 이르기까지 다양한 치유인자들이 분포하고 있다. 해안·저지대, 중산간지대, 저고산지대, 고산지대 등 고도권역별로 치유인자의 특성 또한 차이를 보이고 있다. 뿐만 아니라 산림치유력에도 많은 영향을 미치고 있는 것으로 나타나고 있다.

　4개 권역별 산림치유인자의 특성을 살펴보면, 해발고도 100m 이하의 해안·저지대를 대표할 수 있는 치유인자는 바다와 접한 해안선이다. 수많은 세월 동안 해식에 깎이면서 드러난 해안절벽이 있다. 해안·저지대 날씨의 영향을 받으며 모질게 자라는 식물이 있다. 바다를 생활터전으로 삼아 살아가는 어촌과 밭농사를 하는 농촌이 함께 어우러져 있다. 한편에는 섬과 오름이 자리 잡고 있다. 대표적인 심리적 치유요소는 농촌의 한적함, 해안포구의 고요함, 넓은 바다의 편안함 등이다.

　해안·저지대 탐방코스별 치유인자 에너지를 보면, 비양도와 비양봉은 원기를 회복시켜주는 치유력을 갖고 있으며 수월봉과 당산봉은 바닷가의 풍부한 먹거리 치유력을 갖고 있다. 두산봉과 지미봉은 시작과 마지막을 상징하고 있어 새 출발의 치유력을 담고 있다. 올레9코스와 월라봉은 태풍전야의 평온함과 긴장감이 공존하는 치유력을 갖고 있다고 할 수 있다.

다음은 해발고도 101~500m에 이르는 중산간지대이다. 이곳을 대표할 수 있는 치유인자는 넓은 들판을 따라 탁 트인 공간을 들 수 있다. 목장지대를 비롯해 돌담을 두른 밭들이 대표적이다. 불쑥 불쑥 솟아난 오름 군락들이 밋밋한 들판을 부드럽게 감싸주고 있다. 오름과 오름을 연결하는 능선의 유연함이 넘친다. 양지바른 오름 등성이에는 묘지들이 조성돼 있다. 구릉지 곳곳에는 마을이 형성되고 마을길·목장길·오름길이 뚫려 있다. 너른 들판과 오름 등성이에는 억새가 군락을 이룬다. 야고·복수초·산자고·청미래덩굴 등 들꽃들이 계절에 따라 아름다움을 뽐낸다. 해발고도 400m 이상에서는 울창한 천연림지대를 이룬다. 삼나무·편백나무 군락지가 있다. 곶자왈지대를 이루기도 한다. 중산간지대는 최적의 날씨 조건과 아름다운 경관을 갖추고 있어 개발의 현장이기도 하다. 대표적인 심리적 치유요소는 날씨 여부에 따라 드넓은 들판과 불룩불룩 솟아난 오름으로부터 오는 넉넉함과 부드러움, 탁 트인 경관이 주는 광활함, 맑은 공기에서 느끼는 상쾌함 등이다.

중산간지대 탐방코스별 치유인자 에너지를 보면, 쫄븐갑마장길과 따라비오름은 화목한 가족애의 치유력을 갖고 있으며 올레7-1코스와 고근산은 하나의 끈으로 이어주는 연결의 치유력을 갖고 있다. 백약이오름과 좌보미오름은 삶의 역경과 고난을 극복하는 치유력을 담고 있으며 교래자연휴양림과 큰지그리오름은 부활과 재생의 치유력을 갖고 있다. 새별오름과 이달오름은 새로운 변화와 희망, 그리고 무사안녕의 치유력을 담고 있다. 구두리오름과 가문이오름, 쳇망오름은 자유와 질서가 공존하는 순환의 치유력이 담겨 있으며 머체왓숲길과 소롱콧길은 돌과 숲을 상징으로 하는 행운의 치유력을 갖고 있다고 할 수 있다.

다음은 해발고도 501~1,000m에 이르는 저고산지대이다. 이곳을 대표할 수 있는 치유인자는 울창한 천연림지대를 들 수 있다. 한라산 중턱 경사진 등성이에는 여유 있는 공간 하나 없이 나무들로 가득 차 있다. 서어나무·붉가시나무·조록나무·산딸나무 등이 빼곡하다. 들어찬 나뭇잎으로 햇빛이 차단돼 숲속은 어슴푸레하다. 숲 바닥은 조릿대들이 넓게 펴져있다. 숲길에는 낙엽이 쌓여 푹신푹신한 부엽토길이나 돌길이 많다. 하천이 가로놓여 있다. 피톤치드와 음이온이 넘친다. 숲속 오름 정상에서 바라보는 한라산의 전경이 일품이다. 숯가마터·사농바치터·상잣성 등 선조들의 생활근거지가 있다. 임산물이나 표고버섯 등을 실어 나를 수 있도록 길을 낸 하치마키(병찰로)가 있다. 대표적인 심리적 치유요소는 숲으로 뒤덮인 어슴푸레한 공간이기 때문에 포근함과 함께 적막감을 자아낸다. 울창하게 자라는 나무들로부터 생명력을 느낀다.

저고산지대 탐방코스별 치유인자 에너지를 보면, 장생의숲길과 큰절물오름은 오래오래 살 수 있는 장생의 치유력을 갖고 있다. 추억의숲길은 과거를 되돌아보고 재충전의 치유력을 담고 있다. 큰노꼬메와 족은노꼬메는 협조와 조화의 치유력을 갖고 있으며 사려니숲길과 물찻오름은 신성함과 정도의 길, 참자아의 치유력을 갖고 있다. 천아숲길과 붉은오름은 관용과 용서의 치유력을 갖고 있으며 한라산둘레 동백길과 시오름은 하나로 모아지는 명경지수의 치유력을 갖고 있다. 해맞이숲길과 말찻오름은 새로운 도약의 치유력을 갖고 있다고 할 수 있다.

다음은 해발고도 1,001m 이상의 고산지대이다. 이곳을 대표할 수 있는 치유인자는 가파른 오르막 숲길과 1,700m 고지에 펼쳐진 넓은 고원이다. 해발 1,500m까지는 빽빽하게 들어찬 교목 중심의 천연림 지대를 이루다가 점차 작달막한 고산지대 숲으로 바뀐다. 한라산 고원의 넓은 평지나 등성이에는 구상나무와 시로미, 털진달래와 산철쭉 등이 분포하고 있다. 족은윗세오름이나 사라오름 정상에서 바라보는 하향능선 전망은 해안·저지대까지 펼쳐지는 광활한 파노라마를 연출한다. 반대로 상향 능선은 최고의 정상 부악(백록담)이 꿋꿋하게 서 있다. 대표적인 심리적 치유요소는 한라산 부악의 웅장함과 늠름함이며 밑으로 저 멀리 해안까지 아우르는 포용력이다.

고산지대 탐방코스별 치유인자 에너지를 보면, 성판악탐방로와 사라오름은 길고 긴 삶의 여정을 일깨워주는 치유력을 갖고 있으며 영실기암과 윗세오름은 구름마저 쉬어가는 배려의 치유력을 갖고 있다.

그리고 이 모든 것을 하나로 모아지는 치유력의 집결지는 한라산 최정상 부악이라고 할 수 있다. 그래서 제주는 부악을 최정점으로 해서 방사선처럼 퍼져 있는 산림치유의 섬이다. 누구든지 찾아와 언제 어디에서나 편안하게 쉬어 갈 수 있는 안식처이다.

감성치유탐방 20선
# 제주 숲과 오름 치유력

1판 1쇄 발행  2018년 6월 20일

지 은 이   한영조
펴 낸 이   노용제
편집·디자인  박화영
펴 낸 곳   정은출판

출판등록  제2-4053호(2004. 10. 27)
주    소   04558 서울시 중구 창경궁로1길 29 (3F)
전    화   02)2272-8807
팩    스   02)2277-1350
이 메 일   rossjw@hanmail.net
I S B N   978-89-5824-366-3 (03980)
ⓒ 한영조, 2018

| 탐방참여 |

집필 : 한영조   해설 : 김창집   감수 : 한삼인
참여(이상 가나다순) :
강정숙·고순심·김신숙·김정수·양재호·양진웅·현길호
주관 : 제주경실련 오름치유포럼

• 이 책의 저작권은 저자에게 있으며 저자의 서면 허락 없이 어떠한 형태나
  수단으로 책의 내용을 이용할 수 없습니다.
• 이 책은 제주특별자치도개발공사 사회공헌사업 지원으로 제작되었습니다.